火難の首里城

—大龍柱と琉球伝統文化の継承—

小著は、政治的には蟷螂の斧に過ぎないが、学術的には琉球沖縄の本格的な「伝統文化継承論」の一翼を担うものと自負しており、沖縄学の進展に寄与したいとの願いを込めて編まれたものである。

正　誤　表

頁・行	誤	正
11頁7行	あたかも	ナシ
63頁18行	衣匠	意匠
64頁3行	衣匠	意匠
64頁10行	衣匠	意匠
74頁6行	⑥-2	⑥-3
76頁1行	次頁	前頁
97頁ｷｬﾌﾟｼｮﾝ	⑯-1吽阿仁王像	⑯-1吽形仁王像
98頁9行	⑯-2	⑯-1
103頁2行	橋	〈結界〉
127頁11行	思想	信仰
150頁末行	24号	23号
198頁末行	みるとのは、	みえるのは、

火難の首里城――大龍柱と琉球伝統文化の継承――

目次

まえがき

狩俣　恵一

一　琉球伝統文化の継承について

琉球・沖縄の代表的な伝統文化には、首里城をはじめとする有形文化財と組踊・琉球舞踊の無形文化財がある。が、それらの伝統文化の継承は効果的に行われているだろうか。また、その継承は、正当な方法で行われているだろうか。伝統文化の復元・復興は、誰もが望むところであるが、その方法を誤れば莫大な経費を失うだけでなく、伝統文化は消耗・変質し、価値のないものとなろう。

現在の首里城復元は、「首里城復元に向けた技術検討委員会」（以下、「技術検討委員会」と称す）と沖縄総合事務局が中心になって進めているが、技能者の立場は著しく弱い。学識経験者の歴史中心主義が技能者を指導するという構図である。と、同時に技術検討委員会の報告書（内閣府沖縄総合事務局、二〇二二年一月三十日）を読むかぎり、役人がつくった枠組みの中で検討しているように思われる。それゆえに、技術検討委員会は、高良倉吉委員長を先頭に〈相対向き説〉を突き進まざるを得ない状況に追い込まれているように思われる。その混乱を収拾するには、〈相対向き〉というカタチに拘泥するよりも、首里城正殿の〈思想〉を探究する方向に進むべきであると考える。

本書は、首里城正殿前の〈大龍柱の向き〉について論じたが、そこには琉球・沖縄の伝統文化継承の問題点がわかりやすい形で表面化しているからである。なかでも、沖縄総合事務局のホームページに掲載された高良委員長の報告書は、沖縄特有の文化財継承の現状を明示しているように思われる。

二　報告書〈暫定的な結論〉の文体と論理の破綻

「技術検討委員会」の高良委員長は、報告会（内閣府沖縄総合事務局、二〇二二年一月三十日）で「Ⅳ暫定的な結論」として、次のように述べている。

(1)フランス海軍古写真と「寸法記」「御普請絵図帳」はほぼ一致しているが、正殿の内部や外部の仕様、つまり細部にわたる総体としての正殿を蘇らせるための根拠資料としたのは後者であり、大龍柱の向きについてもそれに依拠することとした。フランス海軍古写真が示すのは正殿の外観である。

(2)ただし、御普請絵図帳（一八四六年）からフランス海軍古写真（一八七七年）に至るまでの約三〇年間において、大龍柱の向き等に変更が加えられたと考えられるので、その経緯や理由を示す説得的な資料および認識が提示されるならば、上記の結論は再検討される。今後の学術的な論議を期待する故に、今回の決定は暫定的な結論であることを確認しておきたい。

右の(1)(2)は難解で飛躍した文章であり、これが高良氏の文章なのかと疑わざるを得ない。従来の高良氏の透明明晰な文体に比べると拙劣である。「文は人なり」というが、同一人物の文体とは思えないのである。いわゆる「霞が関文体」のようであり、高良氏の〈暫定的な結論〉は、大龍柱の〈相対向き〉を前提としているようだが、ここでは右の(1)(2)についての私見を述べる。

高良氏は冒頭の(1)で、フランス海軍古写真と「寸法記」（一七六八年、沖縄県立芸術大学蔵）、「御普請絵図帳」（一八四六年、那覇市歴史博物館蔵）はほぼ一致していると述べるが、それは明らかに誤りである。というのは、同報告書の「Ⅲ 検討結果の概要」では、「異なるのは大龍柱の向きである」と述べているからである。後田多敦氏が首里城陥落（廃琉置県）二年前（一八七七年）の写真であることを論証しても、それを認めようとはしなかった。高良氏をはじめとする「技術検討委員会」の頑なさを感じるのは私一人ではないだろう。

また、「寸法記」「御普請絵図帳」を首里城正殿復元の根拠資料としたので、大龍柱の向きについても、同資料で判断したと述べている。確かに、同資料は正殿建築の第一級資料とされるが、大龍柱は彫刻であり、向きの資料としての文字資料は記載されておらず、優れているわけではない。しかも、素人的な絵図のヨミで、〈相対向き〉と判断している。それにもかかわらず、高良氏は、「寸法記」「御普請絵図帳」を根拠資料として〈相対向き〉の大龍柱を暫定的結論とした。

換言するならば、「寸法記」が、建造物（正殿）復元の一級建築資料であることを根拠に、彫刻の大龍柱の向きの資料をも一級資料とみなしている。つまり、建築資料と彫刻資料の相違を問題にすることなく、大龍柱の〈相対向き〉を決定したということであるが、(1)の文はその事実を高良氏自らが認めている文であると、私には読み取れるのだが……。また、「フランス海軍古写真が示すのは正殿の外観である」と断定していることも奇妙である。あの写真は〈正殿の外観〉だけでなく、〈大龍柱の正面向き〉をも明示しているからである。高良氏に、大龍柱は見えないのだろうか。

つづく(2)の文で高良氏は、「寸法記」「御普請絵図帳」は〈相対向き〉だが、ルヴェルトガ写真は〈正面向き〉という前提で、「約三〇年間において、大龍柱の向き等に変更が加えられたと考えられるので……」と述べている。ところが、先述した(1)では「フランス海軍古写真と「寸法記」「御普請絵図帳」はほぼ一致している」

と述べており、(1)と(2)は矛盾している。それにもかかわらず、高良氏はその矛盾に頓着することなく、次の〈暫定的な結論〉を述べている。

御普請絵図帳（一八四六年）からフランス海軍古写真（一八七七年）に至るまでの約三〇年間において、大龍柱の向き等に変更が加えられたと考えられるので、その経緯や理由を示す説得的な資料および認識が提示されるならば、上記の結論は再検討される。

要するに高良氏は、正面向きを主張する者に対して「証拠の提示がなければ〈相対向き〉で進める」と宣言しているのである。これはあたかも「寸法記」や「御普請絵図帳」の絵図の誤読を根拠に〈相対向き〉を主張する高良氏が、確かな証拠の〈正面向き〉の写真に対して、「証拠を出さないと暫定的な結論を正式な結論にするぞ」と強引に迫っているようにみえる。証拠を提示するのは、高良氏をはじめとする技術検討委員会側にあるという認識さえも失っているのである。

〈暫定的な結論〉には、文体においても、論理性においても、著名な歴史学者としての高良氏の姿は微塵も窺えない。多くの研究成果と若い研究者を育てた高良氏はどうなってしまったのだろうか。不思議というほか言いようはないが、報告書の文体と論理からは同一人物とは思えないほどの乖離が窺えるのである。

三　碩学の沈黙と「琉球伝統文化継承論」の構想

技術検討委員会には、高良委員長を先頭に沖縄学の優れた学者が名前を連ねている。その委員会で、どのような議論が行われたかは知る由もない。報告書には、高良委員長・安里進委員・伊従勉委員の〈相対向き説〉が示されるだけである。また、碩学の先生方は高良氏の〈暫定的な結論〉を読んで、どのように考えておられるだろうか。新聞紙上の論争を読まれた沖縄学の研究者はどのような感想をもっておられるのだろうか。若手・中堅・ベテランを問わず、多くの研究者が沈黙をつづけている。

そして今、〈大龍柱の向き〉の論争は、〈正面向き〉が黙殺され、学問的な議論はフリーズ状態に陥ると同時に、沖縄学の脆弱さを露呈することになってしまった。

琉球沖縄の有形・無形の文化財の継承を稔りあるものとするには、歴史学のみならず、文化財の〈思想〉〈技能〉の研究にも取り組むべきであり、熟練した技能者の視点を加えた総合的な研究が必要であると考える。

ちなみに、鎌倉芳太郎の調査・研究が高く評価されるのは、紅型や首里城正殿の有形文化財の研究のみならず、自らも紅型制作者だったからである。つまり、鎌倉は有形文化財継承の研究者であり、技能者であると同時に「琉球伝統文化継承論」の先駆者的な存在でもあったと言えよう。幸いにも、沖縄県立芸術大学には、鎌倉芳太郎の資料が豊富に保管されており、『鎌倉芳太郎資料集』を発刊している。有能な若手技能者たちがそれらの資料を活用し、琉球伝統文化継承の方法を学んだうえで、自らの技能を磨くことが期待される。

I　首里城大龍柱の主な論点

一　はじめに

首里城焼失後、県民からは地元メディアを通じて多様な意見が聞こえた。首里城はレプリカに過ぎない、庶民から搾取した封建時代の産物、政府に頼らず独自に再興すべきなどであったが、首里城は沖縄のアイデンティティーの象徴であるとの認識が多数であった。

本章は大龍柱の向きの問題に絞って論じたものであり、歴史学のみならず、民俗学・図像学に加え技能者の視点から検討した。重複している部分もあるが、本書を読む手助けになれば幸いである。尚、一・二・三は、Q&A形式の回答として西里喜行氏にご執筆を依頼した。それで、西里氏は〈ですます調〉で書かれたが、お亡くなりになられたので筆者が独断で論題を付した形式に改めた。

（狩俣　恵一）

二　歴史学の視点から見た大龍柱の向き

首里城の正殿をはじめ九棟の建物が烈火に包まれて焼失したのは、四年前の二〇一九年十月三十一日深夜のことでした。その光景を目の当たりにした多くの人々と同様に、私もまた茫然自失し、自らのアイデンティティが大きく揺さぶられる感じでした。しかしまもなく、県内外から首里城再建（復元）への内発的な力強い動きが始まり、募金運動などの形で再建救援の輪は急速に拡大し続けました。その過程でウチナーンチュは首里城が自らのアイデンティティの重要な象徴であることに改めて気付いたのではないかと思います。

地元二紙（「琉球新報」「沖縄タイムス」）は首里城再建（復元）へのウチナーンチュの熱い思いを丹念に掬い上げて紹介するとともに、首里城に関わる多くの識者の論考を連日のように紙面に掲載し、首里城創建以来の歴史的変遷についても読者に新たな知見を提供し続けました。その中で、焼失前の平成復元の際に問題提起されていた論点も、多くの論者によって改めて論議されるようになりました。首里城正殿の大龍柱の「向き」をめぐる論点はその一つでした。歴史的には、大龍柱は「相対向き」であったのか、「正面向き」であったのか、という論点です。

「相対向き」説は、歴史的には「相対向き」の時期と「正面向き」の時期があったことを前提として、「向き」の変更があった時期の確定をめぐって諸説が提起されましたが、平成復元に当たっては、一七六八年の首里城大改修の際の絵図と一八四六年の改修の際の絵図で「相対向き」に描かれていることを根拠として「相対向き」で復元されたのでした。私も大龍柱の「向き」が「正面向き」から「相対向き」へ変更されたのはいつか、という視点から、絵図だけでなく歴史的な文献・史料でどのように検討されたのかを突き止めるために、『尚家文書』や『琉球王国評定所文書』などの史料集をかなりの時間をかけて博捜してみましたが、いまだに見つけることができません。そこで、大龍柱の「向き」はある特定の時期に変更されたという「相対向き」説の前提そのものに疑問を抱くようになりました。

というのも、王国時代の琉球の行政システムにおいては、政治・行政上の問題は、必ず諮問→審議（僉議《せんぎ》）→答申→最終決済というプロセスを経ることになっており（この点は現在の行政システムでも同様です）、このプロセスのどの時点でも記録（公文書）が遺されているはずですが、大龍柱の「向き」変更に関する問題については、いまのところ、その痕跡（記録）が見つからないからです。この事実をどのように理解したら良いのか、という問題意識が私の研究の出発点になっていて、現時点では、大龍柱の「向き」変更は歴史的に問題となることはなく、冊封副使徐葆光の来琉前後から王国末期までに限っても、一貫して「正面向き」であったと考えています。

（西里　喜行）

三　大龍柱の向きについての新資料

首里城の焼失から翌年にかけて、大龍柱への関心がかつてなく盛り上がり、メディアでも取り上げられる過程で、貴重な史資料の発掘・刊行も相次ぎました。とりわけ、正殿大龍柱の「向き」に関わるものとして注目すべき史資料は、第一に一七一九年に尚敬王冊封のために来琉した冊封副使の徐葆光が翌年（一七二〇年）に復命書として清国皇帝（康熙帝）へ進呈した『冊封全図』『琉球全図』の合冊の画像（画帳）と、第二に王国末期の一八七七年に首里城を訪問したフランス海軍所属のルヴェルトガが撮影した首里城正殿全容の写真です。

前者は国立劇場おきなわ監修（麻生伸一・茂木仁史編）の『冊封琉球全図――一七一九年の御取り持ち』に収録され、二〇二〇年三月に刊行出版されています。まさに大龍柱の「向き」など

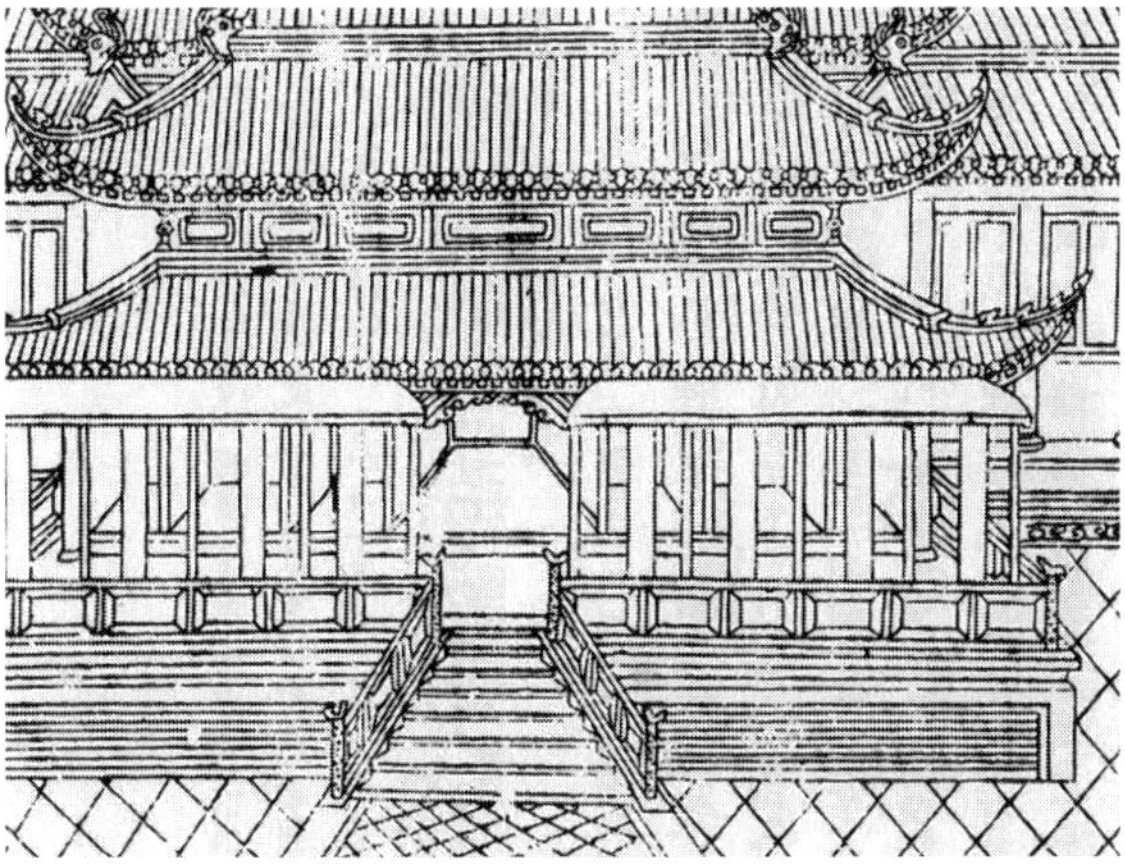

①『中山伝信録』「中秋之宴図」

②『冊封琉球全図』「中秋之宴図」

への関心が高まり、論争が過熱しはじめる直前のことです。他方で、一七二一年に出版された徐葆光の有名な『中山伝信録』は、康熙帝へ進呈された『冊封全図』『琉球全図』の「副墨」（複写された副本）であることが、本書収録の茂木氏の論考によって確認されています。

ここで重要なことは、①『中山伝信録』と②『冊封琉球全図』との著者はいずれも徐葆光（と随行の画工）であること、②『冊封琉球全図』の「中秋宴図」には大龍柱の「向き」は「外向き」（背中合わせ）に、小龍柱は「内向き」（相対向き）に描かれており、③「冊封儀注」の大龍柱は「正面向き」に描かれていますが、①『中山伝信録』の「中秋宴図」でも大龍柱は「正面向き」に描かれているということです。要するに、同時期の同一の対象物を、「正面向き」にも「外向き」にも描いているという事例を、冊封副使の徐葆光は明瞭に示しているにも関わらず、狩俣恵一氏の指摘を除けば、論争当事者は、その重要性を見逃しスルーし

③『冊封琉球全図』「冊封儀注」

ています。何故なのか、実に不可解です。

後者の写真資料はメディアに大々的に報道されたこともあって、研究者だけではなく一般読者にも周く知られるようになりましたが、後田多敦氏らによって、一八七七年に撮影された写真であることが確認・確定されるまでは、「首里城復元のための技術検討委員会」の委員の中にさえ、廃琉置県以前に外国人が首里城へ入ることはできなかったはずで、ルヴェルトガの撮影した写真は置県後の撮影ではないかという見解に固執し、平成復元の大龍柱の「向き」に変更を迫るほどの重要な資料ではないかのように主張し続ける委員もいただけでなく、置県前の一八七七年の撮影であることが確認・確定された後の二〇二二年一月の「技術検討委員会　報告会」においても、新たに発掘された「正面向き」説の最強力の根拠資料となるルヴェルトガ撮影写真は無視され、平成復元同様の「相対向き」説を「暫定的結論」として採用するという奇妙な判断が下されています。

（西里　喜行）

四　琉球王府の主体的外交と龍文様

世界史的視野から首里城に関わる重要な論点を提示されたのは、技術検討委員会の委員でもある伊従勉氏です。伊従氏の論点は多岐にわたりますが、ここでは、大龍柱の「向き」に限定して検討したいと思います。

伊従氏はかつて大著『琉球祭祀空間の研究』（中央公論社、平成十七年）において、一七一九年以前の「古絵図」や徐葆光『中山伝信録』の「中秋宴図」などを踏まえながら、「龍柱の向きは一七一二年から一七六七年まで前〈正面〉を向いていたものが、一七六八年に対向〈相向き〉に変えられたとみられる」とし、「一七六八年の〈首里城〉改修工事の際に」大龍柱の「向き」は正面向きから相対向きに変更されたと論断されていました（五六七頁）。

ところが、二〇二二年一月の「技術検討委員会」の報告会では、伊従氏は琉球国王の皮弁服（正装の冠と服装）や正殿唐破風の「龍文配置（相向龍＝行龍）」を根拠にして、「一七六八年重修時に龍柱は相向に変更された」とし、さらに「乾隆期（一七六四年）以後の大清会典冠服（郡王）規定には正龍使用が禁じられた。唐玻豊出御の舞台装置の龍文配置についても、正龍の多用が禁止されたと久米村の重臣は理解したはずだ。これが、一七六八年重修時の相向への変更の理由と考えられる」と想定しています。

技術検討委員会委員の安里進氏も、「報告資料（改訂版）」の中で、「正殿と御庭は、中国皇帝による冊封儀礼の場という国際政治の場でもあった。琉球側の主体性で思いのままにできるものではなかった」としながら、「清朝以後にあっては、龍文様は、皇帝と琉球国王のような冊封国の関係を規定する政治的意味合いを帯びた文様だった。首里王府側の意向で思いのままに、あるいは絵師の技量で適当に変えられるものではなかった」などと強調しています。

清朝中国（清国）と琉球国との関係について言いますと、「中国は琉球を冊封して中山王と為す。蓋《けだ》し琉球は自ら一国たるを認むればなり。（中略）夫れ冊封を頒《わか》ちて職貢を受くる者は属邦の実なり。政教禁令も亦て遙制を為さざる者は、自ら一国たるの実なり」（『日本外交文書』一二巻、一八六～一八七頁）というのが清国側の公式見解でした。つまり、琉球は清国の属国であると同時に一つの自主国である、冊封を受け進貢しているという意味では属国であるが、清国は琉球の内政に一切干渉していないという意味では、琉球は自主の国である、というわけです。ですから、正殿や御庭、石階段や欄干、台石の設置や大龍柱の向きに関する事項も、琉球側では内政問題と見なされ「琉球側の主体性」に基づいて決定されたのです。

むろん、琉球側は二年一貢の進貢、福州経由の進貢ルートなどについては清国側の規定に従ったものの、琉球の内政については、清国側から干渉されることはないと認識しており、事実、歴史的に干渉された事例はありません。冊封・進貢の規定についてさえも、琉球側は清国側の規定や規定変更の上諭（皇帝の命令）を無視し、〈主体的〉な外交交渉を粘り強く繰り返すことによって、規定や上諭を撤回させた事例も少なくないのです。

唐破風の龍文様や大龍柱の向きなどは琉球の内政問題であって、大清会典の龍文様規定によって決定されるべき問題ではなかったと言うべきです。ルヴェルトガ撮影の古写真は、伊従氏や安里氏の推論・想定が合理的ではないことを、一瞬の間に確証しているように思われます。

（西里　喜行）

五　古絵図の解釈をめぐる基本的問題

今、沖縄は、古絵図（絵図・古地図）ブームといっても過言ではない状況にある。そのきっかけとなったのは、平成二十九（二〇一七）年に県立博物館・美術館で開催された「琉球・沖縄の地図展」における、各種の絵図・地図類の展示と資料集の発刊である。その後、連続して絵図集が出版された状況を見ると、従来の文献史学・地域史には見られなかった研究が進展し、新たな一ページが加わった感が強い。いわば、それまで取り上げられることの少なかった地図・絵図を「文字史料」として扱うことで、地域の歴史を検証する方向性が見えてきたのである。

しかし、詳しく見ていくと、何か物足りない点があることに気付く。それは、古絵図を解釈するための方法論に関する記述が少ないばかりか、それがまったく意識されていない文献もある、ということである。とくに古絵図は、歴史資料だけではなく、美術資料や地理資料としても扱われ、歴史学のみならず美術史や建築史、地理学（地図史）などの周辺領域でも研究されてきたため、それらを包括的に理解するための方法論の確立が必要であった。しかし、そのことが意識されず、むしろ放置されてきたため、「書かれている（描かれている）ことを、そのまま解釈する」という、文献史学特有の実証的方法のみが採用されてきたと考えられる。

そのような状況から生じた陥穽の例を挙げると、まず、「寸法記」（一七六八年）に描かれた首里城正殿における龍柱の絵図を、「相対向き」と誤読した問題がある。この問題については、多くの論考があるので詳細は省くが、問題の本質を端的に述べるとすれば、それは、絵図に描かれた景観要素（道、橋、家、寺院、神社、鳥居、石垣など）を、シンボルとしての記号に置き換えるアプローチを看取できなかった、という点にある。絵図を描く側からの、読み取る側に対するメッセージ（表現主体）の意味を考えてみると、「寸法記」の絵図からは、建物全体の配置・意匠以外に、建築様式における細部の事象（向き・形態）を解読させることの合理的意味はみつからない。結局は、一八七七年にルヴェルトガが撮影した、龍柱が正面を向いている写真が確認されて、絵図の誤読が間接的に証明されることになった。

また絵図の史料批判という視点からの例として、「間切集成図」の記載情報の扱い方が挙げられる。この絵図は、琉米歴史研究会の尽力によって、二〇〇一年にアメリカから里帰りしたもので、間切ごとに色分けされ、川、道、集落、杣山などが豊富な色彩を用いて描かれてはいるものの、作成年代や作成主体、作成手順などが証明されない状況にあった。ところが、那覇空港第二滑走路建設の埋立て事業において、那覇市と豊見城市の境界線の問題が持ち上がった際に、絵図の中に記載された間切（市町村）の境界から海上に伸びる「海方切《うみほうぎり》」と記載された直線の情報が、裁判で使用されることになったのである。滑走路の面積の大小が供用開始後の国有資産等所在市町村交付金の多少に影響する、という事情を背景としたこの裁判では、結局、この「海方切」の情報が、市町村の境界として認定され、那覇市側に有利な判定がなされた。その情報がはたして間切（市町村）の海岸の境界を意味するのか、といった基本的な事項も含めて、作成の目的、作成年代、作成主体、作成手順、表現形式などといった、絵図を読み解くための「文法」があいまいなままで現代の行政問題に応用されたことは、大きな問題であったと言える。

これらの事例から言えることは、歴史的文脈や現代の感覚のみで絵図を解釈する、といった「史料批判」の視点が足りない状況が常態化しないために、絵図をより正確に解釈するための「文法」を学際的視点で検討していく必要がある、ということであろう。

（崎浜　靖）

〈参考文献〉
安里進・外間政明編『古地図で楽しむ首里・那覇』風媒社 二〇二二年
沖縄県立博物館・美術館編『琉球・沖縄の地図展～時空を超えて沖縄がみえる～』沖縄県立博物館・美術館 二〇一七年
葛川絵図研究会編『絵図のコスモロジー（上巻）』地人書房 一九八八年
後田多敦著「首里城正殿大龍柱の向きの検討―近代における大龍柱「改変」史から―」『非文字資料研究第23号 神奈川大学日本常民文化研究所 非文字資料研究センター 二〇二一年
杉本史子・磯永和貴・小野寺淳・ロナルド トビ・中野等・平井松午編『絵図学入門』東京大学出版会二〇〇一年
杉本史子著『絵図の史学』名古屋大学出版会 二〇二二年
平井松午・安里進・渡辺誠編『近世測量絵図のＧＩＳ分析 その地域的展開』古今書院 二〇一四年
琉球船と首里・那覇を描いた絵画史料研究会編『琉球船と首里・那覇を描いた絵画史料研究』思文閣出版 二〇一九年

六　〈相対向き説〉の主な問題点

〈相対向き説〉は、「寸法記」（沖縄県立芸術大学蔵、一七六八年）及び「御普請絵図帳」（那覇市立歴史博物館蔵、一八四六年）の絵図を根拠に展開されている。が、〈相対向き説〉の問題点の第一は、『寸法記』の絵図を詳細に検討しておらず、近世の絵図と近代絵画の描画法の相違を認識していないということである。

例えば、〈相対向き説〉は「近世絵画は近代絵画とは異なり、写実的な描画法ではない」ということにも、気づいていないように思われる。というのは、大龍柱の阿形を比較すると、④西村貞雄氏作図と⑤『寸法記』には差異がある。『寸法記』の頭髪はフサフサであるが、西村作図の頭髪は彫刻の鑿跡が窺える描き方で、より写実的である。ちなみに、植物学者の牧野富太郎は日本の伝統的な絵師の石板画に満足せず、採集した植物を自ら石板に描いた。それは、近世絵画が細密な写実ではなかったからである。

ただし、近世絵図と近代絵画の共通点もある。

⑤『寸法記』

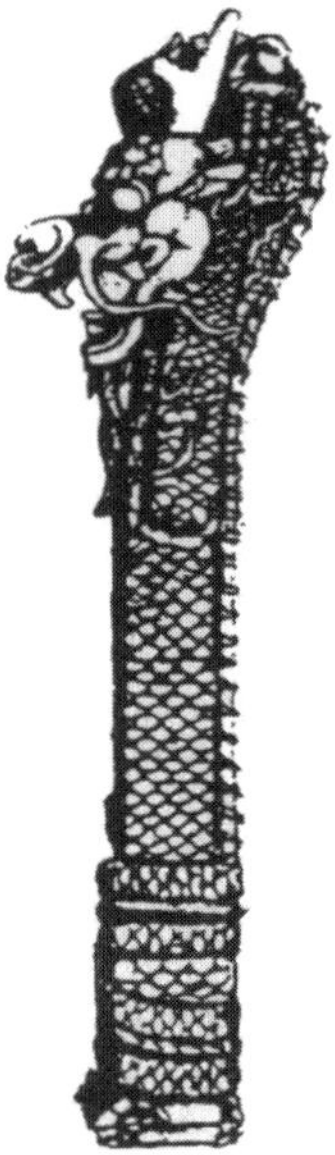

④ 西村作図

そもそも〈相対向き〉とは、双龍が向き合うことであり、正面から見ると真横を向いていることであるが、⑤『寸法記』の大龍柱の頭部や腹部は真横を向いていない。特に頭部（龍顔）は、龍であることがわかるように斜め向きに描いている。同じく、正面向き説の④西村氏作図の龍頭（龍顔）も、真正面ではなく、真横でもない。やや斜めの角度である。『寸法記』も西村氏も龍顔をはっきりと描くには、その角度がよいと考えたからである。その理由は、絵画は写真とは異なり、「見えないところを見えるように描く」からであり、それゆえ絵画における角度は、正確ではないのである。

第二の問題点は、大龍柱はもともと〈正面向き〉だったが、一七六八年・一七二九年以降もしくは十八世紀中葉に〈相対向き〉に変えたと述べるが、向きを変えた理由についての明確な説明がないことである。そのことについて伊従氏は今後の課題としているが、安里氏は「正面を向いて威嚇する大龍柱を相対向きに変えたのは、沖縄の優しさである」と述べるのみである。

第三の問題点は、昭和の正殿改修（一九二八〜一九三三年）の『國宝建造物沖縄神社拝殿図』には〈正面向き〉と〈相対向き〉の両方の大龍柱の図が残されているが、〈相対向き説〉はそのことについては検討していない。その両方の図の存在は、相対向き説の問題点を浮き彫りにすると思われるのだが。

（狩俣　恵一）

七　大龍柱の正面向きと琉球の風水

中国の龍は皇帝の権威の象徴とされるが、琉球では王の権威だけでなく、日本と同じく大蛇と重なって風雨をつかさどる。また、首里城正殿前の阿吽《あうん》の大龍柱は、その名が示すように柱の形をしており、大蛇のように曲がりくねっていない。が、そのカタチ（形）に、琉球の独自性がある。

⑥ 1877 年ルヴェルトガ撮影（沖縄県公文書館蔵）

琉球国の史書『球陽』は、「一五〇八年に欄干（勾欄）と大龍柱をはじめて建てた」と記す。また、百浦添欄干之銘《ももうらそえらんかんのめい》（首里城正殿前欄干の碑文）の前文は、「この欄干がないと宮殿としては十全でない」と記し、後段では「中国にならって青石を削って石階段に欄干を造った」と述べる。ちなみに、ムンダスイ（百浦添）と称された首里城正殿は高い場所にあり、その前の広場（御庭《ウナー》）は低い位置にある。フランス海軍のルヴェルトガ少尉撮影のハの字型の石階段欄干は、高い正殿と低い御庭をつないでいる。

　石階段に欄干を必要としたのは、正殿と御庭を繋ぐハの字型階段を〈橋に見立てた〉からであろう。つまり、正殿前のハの字型階段は橋であり、橋の向こう側が聖なる正殿で、こちら側が俗なる御庭であると考える。そして、その思想は、久高島のイザイホー祭りの〈七つ橋渡り〉という儀礼にも窺える。

　イザイホーの七つ橋は、七段の梯子《はしご》を砂のなかに埋めたようなもので、神アシャギの前に設置される。が、その七つ橋は、神アシャギと地上を繋ぐと同時に、聖なる空間と俗なる空間の〈結界〉でもある。換言するならば、首里城正殿と地上の広場を繋ぐ石階段欄干は〈境界の橋〉であり、〈結界〉であると言えよう。ちなみに、民俗学者の川野和昭氏は、「東南アジアの高倉等に架かる梯子段の数は三段・五段・七段・九段・十一段・十三段・十五段など、奇数である」と語っていたが、七つ橋はその名のとおり七段であり、正殿の石階段は九段である。また、奉神門の石階段も九段であり、いずれも奇数である。

また、大龍柱は欄干と同時に建てられたが、その理由は欄干に接続した大龍柱が悪霊や邪神の進入を防ぐ役目を担っているからである。琉球の風水では、直進する悪霊や邪神の防御に熱心である。首里城正殿と奉神門が直行せず、御庭の浮道《うきみち》が斜めに走行するのも、防御のためである。沖縄各地のT字路の石敢當《いしがんとう》、屋敷門内の石垣積みの屏風《ヒンプン》、赤瓦屋根の獅子《シーサー》も直進する悪霊や邪神を防御する装置である。

（狩俣　恵一）

八　ハの字型石階段への改変と大きな台石の設置

一五〇八年、はじめて建てられた大龍柱は、正面向きで低い台石（台座）上にあった。その大龍柱は背のホゾ穴を介して平行型石階段の欄干親柱に連結し、大龍柱を安定させていた。しかし、相対向き説の安里進氏は、一七二九年の大きな台石設置以降にハの字型石階段と相対向きへの改変が行われたとし、高良倉吉氏は一七六八年としている。

伊従勉氏は、『琉球祭祀空間の研究』で「現存する絵図により判断するかぎり、唐破風向拝の三間の拡幅と「ハの字」形階段、および大龍柱の向きの意匠変更は連動しており、それは一七二九年にではなく、一七六八年の改修工事の際に初めて施工されたと考えざるを得ない（五六七頁）」と述べている。また、「正殿正面石階

西暦	相対向き説	西暦	正面向き説
1508年	正面・平行型・大龍柱・低い台石	1508年	正面・平行型・大龍柱・低い台石
1729年	正面？・玉座の正中（伊従氏）	1729年	正面・玉座の正中・大きな台石・ハの字型（筆者）
1729年以降 18世紀中葉 1768年	相対・ハの字型・大きな台石（安里氏） 相対・ハの字型・大きな台石（伊従氏） 相対・ハの字型・大きな台石（高良氏）	1760年	正面・平行型・大きな台石（西村氏）
1877年	正面・ハの字型・大きな台石	1877年	正面・ハの字型・大きな台石
?	相対・ハの字型・大きな台石	1928〜1933年	昭和の改修で相対向き
		?	正面向き・ハの字型・低い台石（西村氏）

段の耳石を平行にではなく御庭側に末広がりの「ハの字」形に変え」たのは、「正殿の中心軸と真東を向く御庭浮道の軸の屈折を巧みに隠すことでもあったと推測できる」（同書五六一頁）と述べる。つまり、伊従氏は、一七二九年に玉座を正中にしたこと、それが浮道の斜行を目立たせたと考えたが、ハの字型石階段の改変と大龍柱の相対向きは一七六八年であるとされた。

ただし、伊従氏は「技術検討委員会」（二〇二二年一月）の報告書で、相対向きへの改変を十八世紀中葉と修正し、「なぜ正面向きに変更されたかを説明する文献が発見されるまで、あるいは、その理由が学術的に確認されるまで、研究の進展を待つべきである」と述べ、新資料の発見や学術的に確認できるまでは相対向きとすべきであると、限定付きでの相対向き論に変更している。要するに、伊従氏の見解は、一八八七年のルヴェルトガ少尉撮影の正面向きの大龍柱を意識しつつも、相対向きが正しいとする高良氏の見解と一致しているのである。

それに対して、正面向き説は、大龍柱は設置当初から、一七二九年の大きな台石設置後も正面向きであったが、昭和の改修時（一九二八年〜一九三三年）に相対向きに改変されたと考える。また、正面向き説の西村貞雄氏は「一七六〇年の地震で大龍柱が倒壊したため応急措置として大きな台石が設置された」と述べ、大きな台石は本来の姿ではないと主張するが、ハの字型石階段への改変の年代については明示していない。西村氏の大きな台石を低い台石にすべきという主張は、大龍柱の向きとは別問題である。が、彫刻家の西村氏は、大きな台石を不要とする大龍柱の理想の姿を追求していると思われる。また、同じ正面向き説の筆者は、一七二九年に正殿一階の玉座を中央に移動したことと、大きな台石の設置及びハの字型石階段への改変は連動していると考える。以上を表にまとめる。

前頁の表は〈相対向き説〉と〈正面向き説〉を年代順にまとめたものであるが、この表から相対向き説は、伊從氏の「ハの字型石階段への改変は浮道の斜行を隠すため」という見解を共有していないように思える。また、伊從氏の「一七二九年の玉座の正中」と安里氏の「一七二九年の大きな台石の設置」の連動性についても共有していない可能性が窺われる。それで筆者は、両論者の個々の論考を検討した結果、次のような結論に至った。

一七二九年、正殿一階の玉座の偏りを正中に移動したところ、御庭の浮道の斜行が目立ったので、それをカムフラージュするためにハの字型石階段に改変した。また、大きな台石設置の理由は、石階段をハの字型にすると、大龍柱もハの字型に開くので、欄干親柱と大龍柱の背のホゾ穴との連結の強度が弱まり、大龍柱倒壊の危険性が高くなる。それで、大きな台石を設置して大龍柱を自立させ、正面向きを保持したのである。

（狩俣　恵一）

九　大龍柱を相対向きに変えた昭和の改修

「國寶建造物沖縄神社拝殿実測図」は、一九二八～一九三三年にかけての昭和の首里城改修のために作成された。実測正面図や実測側面図の他、石階段欄干と大龍柱の図、台石の部分など複数の図面が描かれた。

当初は文化庁蔵であったというが、現在は沖縄県立図書館に所蔵されている。次の二つの⑦図⑧図は、沖縄神社拝殿正面図である。

　両図を細かく見ると、⑦図の左屋根はワイヤーのようなもので繋がれているが、⑧図にはそれがない。また、⑦図の正殿一階正面は白い空白部分が多いが、⑧図は連子や格子のようなものを細かく描いている。以上のことから、西村貞雄氏をはじめ多くの研究者は、⑦図は修復前であり、⑧図は修復後であると判断している。

　しかも、⑦図の大龍柱は正面向きであるが、⑧図の大龍柱は相対向きである。つまり、「國寶建造物沖縄神社拝殿」の修復前の大龍柱は正面向きであり、修復後は相対向きに変わったということである。

　ところで、昭和の改修（一九二八～一九三三年）が完工した後、比嘉春潮は（沖縄タイムス、昭和四十七年一月六日）で、「大龍柱は正面向きと思ったが相対向きに改変

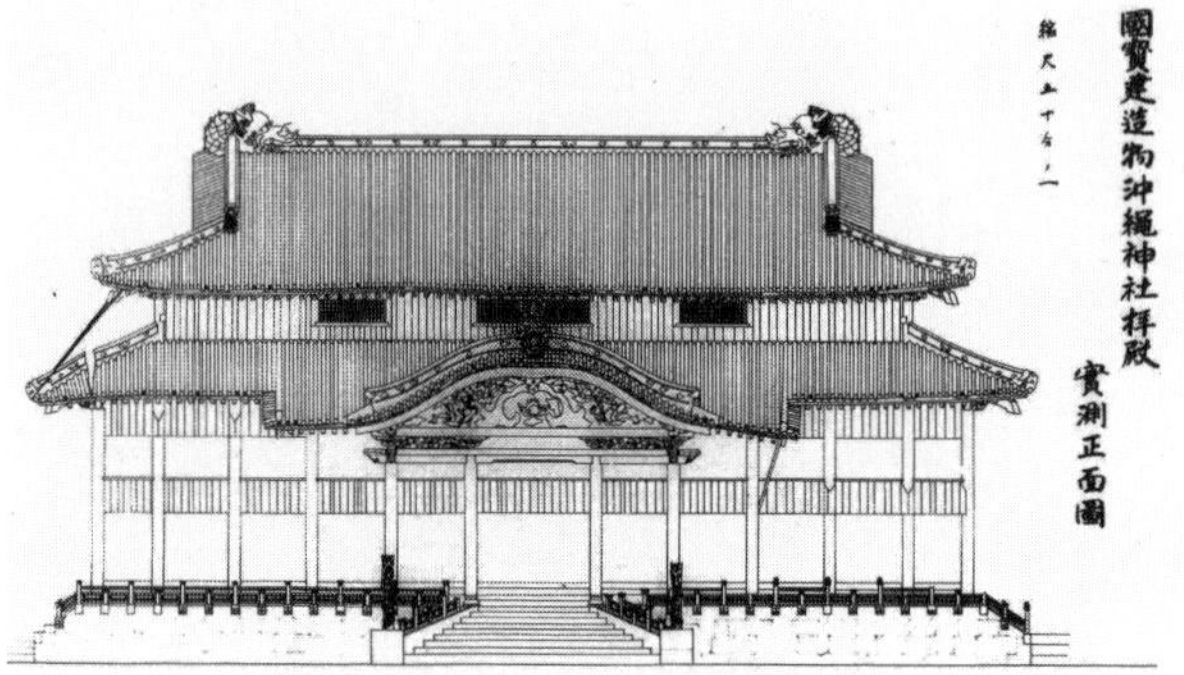

⑦大龍柱の正面向き（沖縄県立図書館）

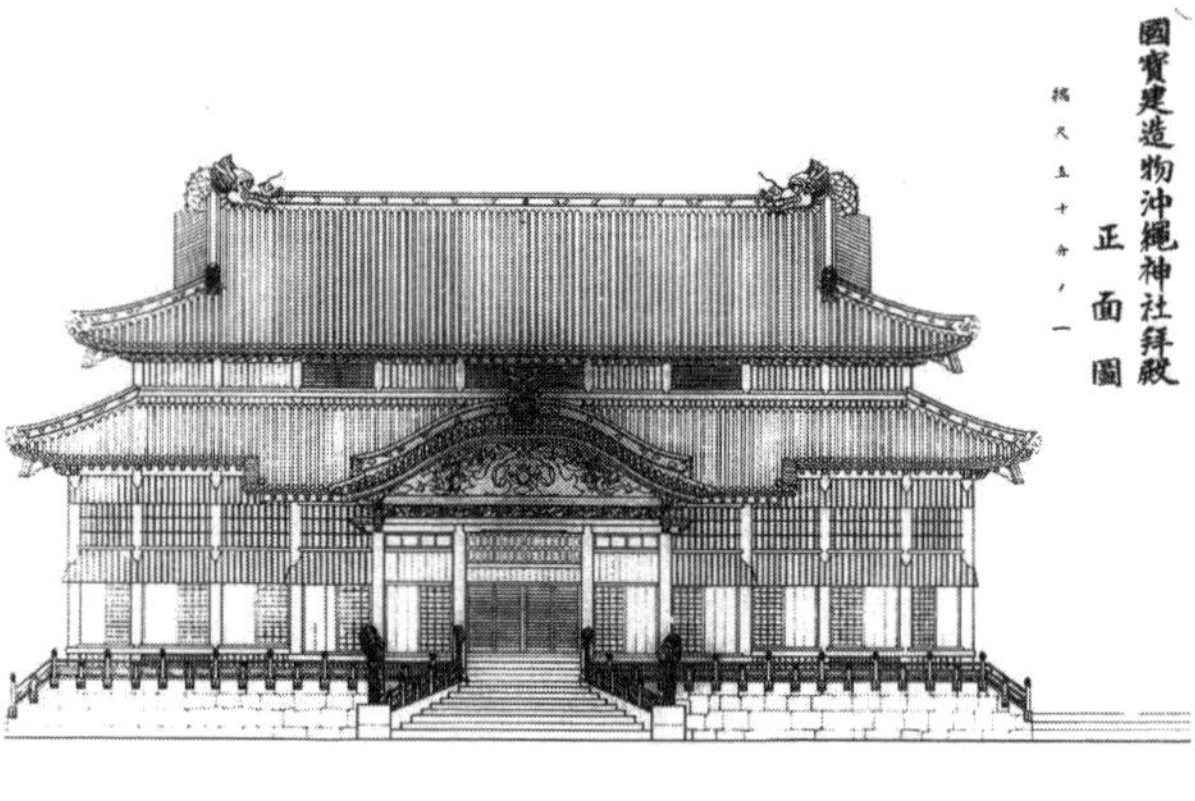

⑧大龍柱の相対向き（沖縄県立図書館）

されたことを写真で知った」と述べ、伊東忠太博士に申し上げると博士は「相対向きは誤りだ、修復を監督した役人に話そう」と述べたという。しかし、その後戦争が勃発し大龍柱の正面向きの件は沙汰止みになったというが、春潮は「今度の正殿復原には、是非伊東博士に代わって、鎌倉芳太郎氏に観ていただきたいものである」と記している。

つまり、沖縄で暮らしたことのある歴史研究家の比嘉春潮、首里城関係の多くの資料や写真を残した鎌倉芳太郎、昭和の首里城改修をリードした建築家の伊東忠太博士は各々の立場から、大龍柱の向きが正面向きであると一致していたのである。

（狩俣　恵一）

十　ＮＨＫの「祈りの首里城」と大龍柱の相対向き

ＮＨＫの「祈りの首里城」には高良倉吉氏、安里進氏、上里隆史氏が出演している。上里隆史氏が「中国の紫禁城・日本の紫宸殿・朝鮮の王宮は南向きであるが、首里城は西向きである」と述べ、「正殿が東を背にしているのは、太陽の恩恵を受けるため」と説明された。要するに、「琉球王はティダガナシ（太陽加那志）ともいわれるように太陽信仰とのつながりがあり、その関係上首里城正殿は西向きであるとの見解である。

しかし、太陽信仰と王権を結びつけるのは、東アジアにかぎらず世界共通である。日本の天皇家も、天照大御神の太陽神信仰を基本としているが、御所は紫宸殿と同じく南向きである。換言するならば、太陽信仰で首里城の西向きを説明するには無理がある。それどころか、『球陽』は風水思想で首里城の立地を説明する。それについては、本論で詳述するが、首里城正殿の西向きを太陽信仰で説くのは無理であると思われる。

御庭の浮道の斜行については、次のように説明される。「斜めに伸びる道は、（首里杜）御嶽とつながるため、正殿を取り囲むエリアの形には人知を越えたパワーを得るための仕組みが隠されていました」とアナウンサーが述べると、上里氏は「斜行する浮道が奉神門から下の御庭の首里杜御嶽につながる」という見解を披露する。しかし、浮道の斜行は風水で説明するほうが妥当であると考える。

また、安里進氏は語りのアナウンサーと大龍柱が相対向きに変わった理由について、次のようなやり取りをしている。

〈安里氏〉 朝鮮・中国は石垣をビシッと積むわけですが、そういう技術が入ってくるとそういう積み方を最初はすると思うのですけど、それが沖縄の中で定着していく中で、だんだん沖縄的な琉球的な曲線・曲面・ゆがみとか、こういうのがこの中にどんどん加えられてゆくと思います。要するに、緩さをつけて緊張感を抜いているんだろうと僕は見ているんですね。

〈アナウンサー〉 身を守るために築いた高い城壁、それが曲線でつくられているのは人々に威圧感を与えないためだと言います。正殿前でもある変化がありました。それが入り口に立つ龍の柱、元々は人を威圧するように正面を向いていたといわれています。しかしその後、緊張感を取り除くかのように、互いを向かい合わせるようにしたと考えられています。

〈安里氏〉 研ぎ澄まされた緊張感ではなくって、ゆるさの中にホッとする。たぶん、これがいわゆるやさしさに僕はつながっていると思うですけどね。ええ、そういう、まぁ美意識をもっているかなというふうに思いますね。

〈アナウンサー〉 緊張感を感じさせない、ゆるさを大切にした美意識、それはやさしさの文化、今の沖縄にも息づいています。

〈安里氏〉首里城は沖縄戦で焼けたものを、また、もう一回作ろう。沖縄戦で焼けた当時そのものではなくって、琉球王国時代の状態にできるだけ近づけようということで、やっているわけです。ええ、当時の沖縄全体のシンボルという、その自分たちの歴史の独自性というものの一つ、存在を示す象徴的なものとして首里城があると思います。

安里氏は、人を威圧しないために大龍柱の向きを相対向きにしたと説明する。そして、ゆるさの中にホッとする。これが沖縄の美意識であると述べるが、それが「沖縄の美意識」だろうか。しかも、首里城城壁の曲線のカタチと大龍柱の相対向きのカタチを同列に論じていることも奇妙である。ところで、首里城城壁の曲線的な石垣積みについて、大正時代に沖縄を訪れた画家・小杉放庵は、次のように述べている。

琉球の城の日本内地との違う所は建築にもあるが、石垣にもある。石垣は弧線をなして続いている。弧と弧との合う点は鈍角をなしている。これについての伝説には初めて石垣を作る時、何度積んでも崩れるので困っていると、八重山島出身の一人の女が、直線に組むから崩れるのだ、屏風は直線でたっているかと言ったげな。

要するに、首里城の城壁は、八重山の女が「屏風のように積めば石垣は崩れない」と言ったので、曲線的な積み方になったという逸話を述べているが、類似の伝説が八重山の竹富島でも伝えている。それを要約すると、「園比屋武御嶽の石門を建造した竹富島出身の西塘《にしとう》は何度も崩れる首里城の城壁を屏風のように積み上げて名を残した」という逸話である。

さて、その伝説と安里氏の「緩さ・優しさ」説とはどちらがより真実に近いだろうか。筆者は、「倒壊しない石垣を築くため、屏風のように積んだ」とする伝説に軍配をあげたい。伝説のほうが、安里氏の「緩さ・優しさ」説よりも、石垣積みを構造的に説明しており、科学的であると考えるからである。

（狩俣　恵一）

十一　「突撃！　カネオくん」とメディアで報じられた首里城の復興

二〇一九年の首里城火災の様子は、全国にテレビ中継された。烈火に見舞われた正殿の棟木が次々と崩落していく様子は、人々の心を痛めつけた。焼け焦げた首里城を見つめ、茫然自失となった県民の姿も繰り返し報道され、日本中を悲しみに包みこんだ。

メディアは、首里城火災に心を痛める人々に寄り添う形で報道する一方、首里城火災を〈我が国の痛恨事〉として位置づけ、再建・復興にむけた機運をどんどん盛り上げていった。二〇二二年十一月三日には起工式が行われ、正殿再建工事は、二〇二六年秋に完了する予定で進むという。

国と県は、今回の復元で「見せる復興」をテーマに掲げ、首里城の再建の様子を来場客に「見せる」ことによって、観光地としての存在感が薄れないような取り組みも行われている。北殿側の仮設デッキから工事の様子を「見せる」ことによって、首里城の再建・復興に寄せる人々の思いに応えようとする国と県の考えには一定の評価が得られたと思われる。ただし、この圧倒的な早さで行われる再建・復興は、琉球伝統文化の継承という大義が、「早く、効率よく」再建・復興するということにすり替えられ、伝統文化の継承に関わる諸問題の結論を「暫定」という言葉によって議論の決着をはかり、事実上「先送り」とすることとなった。

二〇二四年二月三日、NHKで放送された「有吉のお金発見 突撃！ カネオくん」の特集「激アツ！カネオ的最強のお城ガイド2024」において、首里城の再建・復興が取り上げられた。技術検討委員会の委員長である高良倉吉氏が出演し、現在の進捗状況や、新たに発見された資料等について解説していた。番組の中で、違和感を覚えたのは、次の二点である。

一点目は、番組中多用される「オリジナル首里城」という言葉である。

最初にナレーションで、

「今回の令和の復元では、平成の頃より琉球時代のオリジナル首里城に近づけることが可能になった」

と紹介したあと、高良氏が平成の復元と今回の違いを解説する。

「平成の復元のときも、琉球王国時代のオリジナルに近いものを目指して復元されました。まあ、しかし、ディテールとか細かい点でいけば、記してあるような、そういう資料がない、その未解明部分というんですかね、それを残して復元したんですよね」

しかし、それ以降の研究で大きな進歩があったとし、それにもとづいて復元を目指すという。その際述べたのが、

「琉球の王家に伝わる古文書が確認できまして、分析にもとづいて、よりオリジナルに近い首里城をめざそうと……」

述べ、「オリジナル首里城」を強調した解説をしていることに違和感を覚えた。これは、番組中、もっとも多く使われた用語であった。あたかも、「オリジナル首里城」が存在し、それを目指して着々と再建が進んでいるような印象を与えているが、首里城に関する過去の記録は、他の有形文化財に比較して、圧倒的に少ない。ましてや、その工法や伝統的な技法に関していえば、琉球のオリジナルを見出すことが、ほとんど

不可能な状態である。

二点目は、ナレーションが「そして、古文書以外にも新たな発見が……」といった後に、高良氏が「驚くべき写真が見つかりました」といって紹介したものである。それは、本書でも取り扱っているジュール・ルヴェルトガの首里城正殿の写真であった。その写真を提示すると、すかさずマスコットキャラクターのカネオくんが「おぉ～！これが当時のオリジナル首里城か！」とコメントを述べ、ルヴェルトガの写真についてナレーターとカネオくんが説明をする。

番組で紹介されたルヴェルトガの首里城正殿写真には、大龍柱が正面向きで写し出されていた。正面向きであることはだれの目にも明らかである。一方、獅子の彫刻は、高度な画像解析によって形状が明らかになり、その知見をもって変更されるという。だれの目にも明らかな大龍柱の向きは、一顧だにせず、その他の構造物には最新技術で解析して、変更するという。この矛盾は、どう理解すればよいのだろうか。不審を抱かざるをえない。それは、バラエティー番組で「オリジナル首里城」を喧伝することによって、首里城復元に関わる諸問題が解決したような錯覚を視聴者に与えているからである。伝統文化の継承というコアな問題を、「早く、効率よく」再建・復興することを優先するようにメディアが上手にコントロールしているように見えるのは、恐ろしいことである。

（田場　裕規）

II　伝統文化の継承と技能

田場　裕規

一　はじめに

本書執筆に関わって、数度に亘って西村貞雄氏のアトリエを狩俣恵一氏と訪れた。訪問は、いつも午前九時か十時であったが、すでに何かしらの製作が始まっていた。石膏像が所狭しとアトリエの中にあり、その中央に、大龍柱の石膏像があった。西村氏は、「平成の復元」以来、大龍柱に関する論考を数々発表されている。その大龍柱の石膏像の脇に置かれたテーブルを囲んで話を聴かせてもらった。

訪問の目的は、首里城正殿大龍柱に関わる諸問題について、インタビューすることであったが、お話しを伺いながら、宮大工棟梁の西岡常一[1]と姿を重ねていた。西岡は、法隆寺大工（法隆寺の修復等に従事した法隆寺工匠）としての誇りをもって、数々の修復を担当してきた。折々に発言してきた言葉は書籍化され、評伝も多数残されている。西村氏からも西岡の発言同様、長年の研究と実践に裏打ちされた言葉が感じられた。アトリエには、数人の作業人があり、聞けば、西村氏のもとで文化財修復を学びながら、作業にあたっているという。作業人は、ただひたすら造型物と向き合い、黙々と手だけが動いていた。話し声は勿論、物音さえ聞こえず、手だけが動いていた。

伝統文化の継承は、人から人へワザを継承することにほかならない。西岡は、法隆寺大工の家に生まれ、厳しい徒弟制のなかで、ワザを継承していった。いわば、家制度のなかで、ワザを継承していったと言っても良い。しかし、西村氏の場合、首里城に関わる伝統文化のワザの継承は、ゼロの状態から始めなければならなかった。龍柱の材質や残されたノミ跡から技法を特定し、形状を確定していく作業は、まさに職人の視点でなければ見出すことのできないものであった。

例えば、大龍柱について、平行型石階段であった時代は、欄干と直結したものと想定した主張は研究としての質の高さだけでなく、大龍柱を製作するときのワザと関わる見解として、重要な指摘だと考えられる。もちろん、大龍柱が欄干と直結していたとする紙媒体の資料はなく、また、今、実際に復元しようとしている大龍柱は、台石に据えられた形状であるので、欄干との直結は採用されていない。しかし、西村氏の作成した想定図は、ワザの論理が透徹した、理想的で、美しい形状である。それは、誰の目にも明らかであろう。

論者は、〈大龍柱問題〉の根底に次のような対立を見ている。すなわち、経験の中で蓄積されたワザに基づく知見と、歴史学等、文献に基づく知見との対立である。この対立は、ヒューマニティー（人文学）とサイエンス（自然科学・社会科学）の対立として理解することができる。唯一無二の理論や知見の独自性を強く求め、実証的な方法による定量的学問を目指すサイエンスに対して、ヒューマニティーは、人間の精神的な活動や経験を対象とし、人間本性の探求を目的とする定性的学問である。このような決定的な違いが〈大龍柱問題〉には潜在しており、それは、伝統文化の継承に対する見方・考え方にも、大きな違いを引き起こしている。

先に結論を述べれば、伝統文化の継承の土壌は、ヒューマニティーにこそ存在し、サイエンスはそれを支えることによって、学問の意義が見出されるということである。本章では、伝統文化の継承に関わる「ワザ」の継承について考察し、〈大龍柱問題〉に潜在する諸問題を指摘していきたい。

二　技能と技術

首里城復元に向けた技術検討委員会（以下、技術検討委員会という）が発足して六年目を迎える。技術の用語がなぜ使用されているのか、注意を払う必要がある。後述するが、技術という用語には、ヒューマニティーを排除した認識があり、定量的な見方・考え方によって、伝統文化に対する認識を十分にはとらえたものになっていない。まず、はじめに、この用語を巡る問題について述べていく。技術と似た言葉に、技能というものがあるが、この用語の違いについて、まず、整理しておきたい。

技能と技術は近接する用語で混用する場合がある。その為、技能と技術の実態に照らしてみたとき、その認識を誤る恐れがある。とくに、本来技能に言及すべきことを、技術と言い表してしまうことによる認識の誤謬は、注意を払わなければならない。

例えば、琉球舞踊の実技を保持している人物について、一般に重要無形文化財技能保持者と呼ぶ。琉球舞踊の実践力を技能と捉えているのである。重要無形文化財技術保持者と言わない理由は、何なのだろう。技術という語の用法を考えてみる。科学技術という言い方は、日常よく目にするが科学技能とは言わない。この二つの例から、技能と技術の明確な使い分けを見い出すことができる。

そこで、まず辞書的な意味（『日本国語大辞典』）の違いを指摘しておきたい。

【技能】　物事を行う腕まえ。技芸。わざ。

【技能】の意味の説明には、「物事を行なう腕まえ」とある。「腕まえ」は、「物事をうまくやりこなす力やわざ」のことを指す。「物事をうまくやりこなす力やわざ」というものは、人間を介して実現される。「腕まえ」は、

人間の行為のことであり、人間の動作をもって顕在化することなので、【技能】とは、人間によって保障される現象だということができる。ただし、辞書には、「技芸。技術。わざ。」が並記されているので、意味のゆれがあることは否めない。

【技術】(1)物を取り扱ったり、事を処理したりする方法や手段。(2)科学の論理を実際に応用し、自然を人間生活に役立つように利用する手段。(『日本国語大辞典』)

【技術】の意味の説明には、「方法」、「手段」が確認される。方法や手段も、人間を介して顕在化されるものではあるが、人間の動作から離れたところでも存在しうる点が見出される。ある目的を達成する手立てとして、統合したイメージを持ち、だれがやっても同様の結果が得られるものとして理解されている。あるいは、個人が実現しえなかったとしても、その手立てとしての方法や手段は、マニュアル等の記述によって保存することができる。そして、【技術】は、ある程度汎用性のあるものとして理解されていることも見出される。

そこで、以下、「ノコギリで板を切る」ことを捉えながら、技能と技術の違いを確認してみたい。「ノコギリで板を切る」時の手順を示す。

①切り始め　刃がぶれないように指の関節や当て木を使って固定し、刃を押して引き溝をつくる。

②目の位置　刃の真上にもってくるようにする。

①切り始め：刃がぶれないように指の関節や当て木を使って固定し、刃を押して引き溝をつくる②目の位置：刃の真上にもってくるようにする。③刃の動かし方：引くときにだけ軽く力を入れる。④刃の角度：四十五度以下にし、立てすぎない。⑤切り終わり：ゆっくり、刃をねかせ、切り落とす板を支える。
技術
技能

③刃の動かし方　引くときだけ軽く力を入れる。
④刃の角度　四十五度以下にし、立てすぎない。
⑤切り終わり　ゆっくり、刃をねかせ、切り落とす板を支える。

これは、誰でも同じような手順ですすめることによって、「ノコギリで板を切る」ということを可能にする。ただし、できるか、どうかは個人次第である。また、この手順で示された工程が技術として理解されることもある。ゆえに、個人の実現可能性を問わないものを、技術と呼ぶことができる。

一方、技能は、右記の技術を身に付けたものが、その能力を実現する時に使われる。ゆえに、「ノコギリで板を切る」ことを技能として考えると、個人の能力が浮かび上がってくる。そして、その能力は、①〜⑤の工程だけにとどまらない細かな能力を具有しており、それは、たとえマニュアルなどに記述することができたとしても、実現することは難しい。技能は、人間に蓄積される能力のことを指し、その能力の質的な差異は、個人によって大きな違いをみせる。

ゆえに「ノコギリで板を切る」技術を、方法として理解していたとしても、その熟練度は、個人によって大きな違いをみせ、その発揮される能力は技能の違いとして評価されるのである。

森和夫(2)は、技能と技術の違いについて、次のように言及している。

「技能は能力」であると答えたい。「技能とは人間がもつ技に関する能力であり、それを使って仕事などを行う行為」を指している。能力は人に備わっていて、直接見ることはできない。見えるのは作業している状態か、作業の結果である。ビデオで記録しても所詮、映像と音声にすぎない。これは平面的でしかも時間で流れる。しかし技術は記録できる。技術は技を記録したり、伝えるように何かに置き換えられたものを指している。時には数式であったり、図面であったり、文章であったりする。「科学を人間の生活に役立てるように工夫したもの」と言う意味を含んで使う場合もある。技術とはやり方、方法、手段を表している。技能は人間の行為・能力を表し、技術はやがて知識となるものと言える。

つまり、一般化された「技」を技術と呼び、個人の実現可能性に言及した「技」を技能と呼ぶのではないだろうか。森のこの指摘をもとに、技能と技術の概念の違いについて、便宜的に対比させ、左の表にまとめてみた。技能は、ワザを習得する際、非論理的なことが多い。

例えば、琉球舞踊家の佐藤太圭子は、伊舎堂正子から鳩間節を伝授されたとき、「あっちゃがちー、もーれー〈歩きながら踊れ〉」と言われたという。これは、いわゆる、〈わざ言語〉といわれるものに相当する。能力を引き出すために、独特の言い回しや比喩によって、ワザの内実を言い表そうとしているのである。このようにいわれたからといって、歩きながら踊るわけではない。日常動作として行われる「歩く」という動作を直接的に指して、歩きながら踊れといっているのではなく、歩くときのようなしっかりとしたリズム感を持ちながら、はつらつとした雰囲気で踊れという意味である。ただし、このような理解が正解であるとは限らない。

ここで示した例のように、非論理的で〈抽象的・感覚的〉なものを技能として捉えることができる。師匠と弟子が、濃密な関係を結ぶことによって、技能の習得を目指すところに、技能の意味が見出

技　能	技　術
非論理的・実践的	論理的・説明的
複　雑	簡　潔
抽象的・感覚的	具体的・実証的
多面的	一面的
身　体・口承的	機　械・記述的
個人性・個別性	集団性・体系性
一対一の継承	一対多の継承

されるが、それは、目には見えないワザの世界を共有しようとするがゆえに〈抽象的で感覚的な指導語〉になってしまうのである。その複雑なワザは、身体を通じて伝授され〈多面的な〉理解をしなければ習得できない。ゆえに、〈一対一〉の継承に限定されていく。

一方、技術は、いわば学校教育的に進められるものとして理解される。学校教育の機能は、一定期間に一定の知識や〈技能〉を身につけさせることを目的としているので、カリキュラムに基づいて、定量的に学習を進めていく。学校教育で提供しているものは、いわば技術的なものが多い。だれが、やっても同じ結果が得られるような方法や手段を提供することによって、一定期間に一定の知識・〈技能〉が習得できるようにしているのである。ただし、技術のみの習得でも事足りるカリキュラムになっている。このようなことを踏まえると、その技術というものは、論理的なものでなくてはならず、そして、簡潔な説明でもって具体的に実証できるものでなければならないということがわかる。あるいは、個人が能力として実現することができなくても、その記述をもって技術と捉えることも可能となる。そういう意味では、先生が一人、生徒が多数という状況(一対多)であっても、その技術の伝達は可能となるのである。

伝統文化に関わるワザの継承を考えたとき、そのワザについて、技能と考えるのか、技術と考えるのかによって、大きな差異を引き起こすと前述した。そこで、首里城復元に関わって、現在行われている「技術者の育成」に関わる動向を次の項で確認したい。

三　技術者の育成に関わる動向

令和元年十二月二十七日、技術検討委員会が設置(3)された。委員会の検討事項は、第4条に「委員会は、首里城復元について検討するものとする。」とあり、いわゆる「技術」についての言及はないが、委員会の名称は、「首里城復元に向けた技術検討委員会」となっている。第5条では、議事の公開について定められ、会議に提出された資料等は原則として公開されることになっている（ただし、個人情報等で公表することが適切でない資料等は公表しない）。また、議事録も速やかに公開するものとしている（議事録の公開により当事者若しくは第三者の権利若しくは利益又は公共の利益を害するおそれがあるときは、議事録の全部又は一部を非公開とする）。

内閣府沖縄総合事務局のホームページには、随時、「議事概要」と関係資料の公開が行われており、会議の内容について知ることができる。ただし「議事録」は公開されておらず「議事概要」が公開されている。

その公開内容を概観すると、検討されていることは、「技術」だけではないことがわかる。技術検討を主たる目的としながらも、その関連事項についても検討できるように、第4条において「委員会は、首里城復元について検討するものとする。」としていると考えられる。

ただし、伝統文化の継承を考えたとき、技術検討委員会で話し合われていることは、当座のことを検討しているに過ぎず、その主体や当事者が不明瞭である。首里城が復元された後、首里城に関わる伝統文化がどのように継承されていくのか、その見通しや将来像について、不安を払拭することができない。復元を急ぐあまり、伝統文化に関わるワザの継承に対する認識の甘さが露呈している。

例えば、「技術者の育成について」という議題で、技術検討委員会が開かれている。その「技術者育成」の一つの事業展開として、内閣府沖縄総合事務局、沖縄県、一般財団法人沖縄美ら島財団、沖縄県立芸術大学は、正殿や北殿・南殿等の焼失建物の復元、さらに復元後の保存修復等に必要となる伝統技術を継承すべく、持続可能なかたちで復元、保存修復等の技術を有する人材の育成を目的に、連携協定(4)を締結したことが報告されている。しかし、この連携協定は、有効期間を四年としており、長期的な力量形成を標榜しているものではない。ただし、有効期間が満了する一か月前までに、各機関が書面により特段の申出を行わないときは、有効期間が満了する日から一年間、本協定は更新され、その後も同様とする、とある。連携協定は、四年間の有効期間であるが、四機関の判断により一年ごとに更新されることがうたわれている。しかし、四機関の内、一つでも連携協定をやめる意思を示せば、事業は終了することとなり、事業の継続性や人材育成における長期的な力量形成についての不安を払拭することはできない。

第二回技術検討委員会（令和五年三月九日）、「⑦技術者（職人）の育成について」の議題があり、関係資料には、連携協定の第二条二項と関わる事業として、「各技術分野（建造物木工、塗装、彩色、赤瓦、彫刻、焼物、染織）ごとに必要に応じて部会を設置し、各機関の実務担当及び工事関係者が出席して、各分野での人材育成の実施方針の検討・策定、OJT・OFF-JTの実施方法の調整等を行う」ことに言及している。OJTとは、"On the Job Training"の略称で、職場の上司や先輩が、部下や後輩に対して、実際の仕事を通じて指導し、知識、技術などを身に付けさせる教育方法のことである。OFF-JTとは、"Off-the-Job Training"の略称で、日常の仕事を通じて教育を行うOJTに対し、職場や通常の業務から離れ、特別に時間や場所を取って行う教育・学習をさす。

連携協定を踏まえた今後の本格的なOJT・OFF-JTの実施に先立ち、現在、首里城公園内で実施している広福門の塗り直し工事において、沖縄県立芸術大学の学生等を対象とした見学・実地研修（令和四年十一月十四日）を試行したことが参考資料に示されている。

研修に参加した沖縄県立芸術大学の学生（二十名）及び沖縄県工芸振興センターの研修生（八名）を対象にアンケートを行ったところ、首里城復元事業への参画意向については、「携わりたい」という回答が五十七・一%と最も多かった。「携わらない」七%、「検討中」二十五%、「不明」十・七%であった。「携わりたい」と回答した者に対し、参加時期を聞いたところ、卒業後、研修終了後すぐに参画意向を示す者が五十六・三％であったことも、同参考資料に示されている。

また、令和五年九月から半年間、首里城歴史文化継承基金事業として、首里城に象徴される伝統的な建築等の技術に係る人材育成・技術継承を図るため、首里城復元整備等の関連事業と連携した研修が実施されている。[5]共通講義十時間、専門講義十時間、実習五十五時間、計七十五時間のカリキュラムによって、建造物木工、木彫刻各四名程度が研修を受講している。OFF-JT の具体的な事業が開始されたと考えてよいだろう。

伝統文化を担う人材の育成は、首里城復元に関わってもっとも重要な案件と考える。首里城に関わる伝統文化の継承について不安を感じるのは、現在進行している諸事業の主体や当事者が、不明なまま実施されていることによる。事業の継続性や人材育成における長期的な力量形成について不明確なまま、その伝統文化の継承を担おうとする者たちが主体的に、この事業に参加し、自分自身の将来を託すことになるのであろうか。

現代におけるキャリア形成において、“own risk”[6]を前提にするような環境では、伝統文化は守れないのではないか。いわんや、そのワザをやである。OJT・OFF-JT の不安は払拭されない。一見、合理的に見える、人材育成に関わるプログラム等には、伝統文化のワザの継承に対する認識の甘さがあると言わざるをえない。

このような認識の甘さが生じるのは、ひとえに伝統文化のワザを、技術と捉えているところにあると考える。人から人へ継承される技能ではなく、記述、表現、伝達が簡便な技術ととらえるからこそ、短期的なプログラムで人材育成を考えるのではないか。首里城がこの先数百年にわたって、残り続けるには、やはり、人から人に継承されるものを見出さない限り、ワザは継承されないだろう。まして、学校教育的な学習プログラムやカリキュラムなどで、技能の習得は難しい。試用プログラムとして、首里城復元に向けた研修が実施されているならば、単に技術の記録、保存を優先していることになり、伝統文化に関わるワザに拘泥しなくてもよいことになってしまう。大龍柱は、首里城を代表する伝統文化のワザが結集している造作物として、人が継承しなければ技能は維持することが難しい。

技術検討委員会は、その名称が象徴するように、技能や技能者へのリスペクトを欠いていると言わざるをえない。記述、表現、伝達された技術にのみ拘泥するのは、サイエンスの立場から、伝統文化を考えていることであり、人間の精神的な活動や経験に基づいて、人を介したワザの継承という視点が欠落しているように思われる。

四 〈大龍柱問題〉の深層

技術革新の華々しい現代では、モノを手作りするということはコストとして判断され、何事もスピーディーに処理することが是とされる。AIの深化に代表される、人間の能力を代行するシステムの開発はとどまるところを知らない。大龍柱の製作も、3Dプリンターを活用すれば、すぐさま模造することができるはずである。実証主義的なサイエンスが人間の能力を技術に代行させても、人を介して蓄積された技能をこえることはできない。それは、ヒューマニティーとサイエンスの決定的な違いである。精神的な営みとして製作される大龍柱には、単に形象だけをもとめているのではなく、その技能の習得をもって、人間本性の探求という大きな目的を実現しようとしているからである。

〈大龍柱問題〉は、ややもすると、正面向きか相対向きかという黒白判定のような様相を呈しているが、決してそうではない。人間の営みの証としてのワザを、技能とみるか、技術とみるかということに関わっているのである。

首里城が焼失したとき、流した涙や傷ついた心は、ヒューマニティーに基づいた感情の吐露であり、首里城を復元することよって、われわれが守りたいと思っているものの正体である。はじめに述べたことを、最後にもう一度提示したい、

伝統文化の継承の土壌は、ヒューマニティーにこそ存在し、サイエンスはそれを支える側となることによって存在意義が発揮される。なぜなら、伝統文化を継承する当事者は、人間だからである。

《註》

(1) 一九〇八年、奈良県斑鳩町生まれ。法隆寺の修復工事など多年にわたり宮大工として修業したのち、法輪寺三重塔の再建、薬師寺金堂および西塔復興の棟梁をつとめる。一九九五年没。

(2) 森和夫『技術・技能伝承ハンドブック』一五頁。二〇〇五年五月、JIPMソリューション。

(3) 「首里城復元に向けた技術検討委員会設置規則」(令和元年十二月二十七日施行) 沖縄総合事務局開発建設部建設産業・地方整備課が委員会の庶務を担当している。(https://www.ogb.go.jp/-/media/Files/OGB/Kaiken/kyoku/matidukuri/syurijou_hukugen_kentouiinkai/PDF_01_kisoku.pdf)

(4) 首里城復元における技術継承・人材育成に係る連携協定(令和四年十一月二十二日)

(5) 令和五年度首里城歴史文化継承基金事業 研修生募集要項 (https://churashima.okinawa/sp/userfiles/files/autoupload/2307_kenshu_boshu.pdf) 研修時間の手当が支給される。当局に確認したところ、最低賃金相当との回答を得た。

(6) 「自分で利益を求めようとして自分で決定した場合には、予期せぬ不利益(リスク)も併せて背負わなければいけない」という考え方。

Ⅲ　首里城正殿の大龍柱論争についての論評と問題提起

――『冊封琉球全図』／ルヴェルトガ「写真」とその周辺――

西里　喜行

一　はじめに

二〇一九年十月三十一日深夜、突然首里城の正殿をはじめ九棟の建造物が烈火に包まれて焼失した。その光景を目の当たりにした人々は暫く茫然自失し深い悲しみに包まれたが、まもなく琉球／沖縄内外のウチナーンチュは首里城再建への力強い動きを始め、募金運動などの形で救援の輪は全県／全国から全世界へと急速に拡大した。その過程で琉球／沖縄人（ウチナーンチュ）は首里城が自らのアイデンティティの重要な象徴であることを改めて自覚し、首里城再建のために何らかの貢献をしたいという熱い思いが新聞紙上にも数多く寄せられた。

「沖縄タイムス」と「琉球新報」は、首里城再建（復元）への琉球／沖縄人（ウチナーンチュ）の熱い思いを丹念に掬い上げるとともに、首里城に関わる多くの識者の論考を連日のように紙面に掲載し、首里城創建以来の歴史的変遷についても読者に新たな知見を提供し続けた。両紙の紙面では、焼失前の平成復元のプロセスで問題提起されていた論点も、多くの論者によって改めて論議されるようになった。首里城正殿の大龍柱の「向き」をめぐる論点はその一つである。この論点は大衆的関心の焦点にもなり、首里城正殿焼失から三年半を経過した現在でも、学術的に決着したわけではなく、今なおこの論点をめぐる論争は継続中である。

この間、筆者は地元両紙に掲載された首里城関連の論説・記事、専門研究者の洞察に富んだ諸論考を精読し、丹念に切り抜きを重ねながら、さらに他の関連著書／論文をも加えて、これまでの膨大な先行研究を踏まえた首里城関連の論文リスト作成に多くの時間とエネルギーを費やすこととなった。そのプロセスで、新聞掲載の首里城正殿の大龍柱に関する諸氏の論考には大いに啓発され共鳴しながらも、同時に学術的視点から見て違和感を覚える論考／論点も少なくなかった。とりわけ、直近の新聞掲載論考における「論争」の推移には違和感が募るばかりであった[1]。

大龍柱論争についての違和感の主な要因は、論争当事者が相互に提起された論点に真摯に向き合わず、論点ずらしで議論がかみ合っていないという点にあった。そこで、論争当事者の一人で学友の狩俣恵一氏に、論争への違和感を吐露したところ、同氏も同様に違和感を表明され、論争がかみ合わなくなっているという感想を述べられるとともに、論争を正常な軌道に乗せるために、首里城正殿の大龍柱を主要テーマにした論文集（著書）の刊行を企画しているので、この企画に参加して欲しい旨勧められた。以上の経緯で、大龍柱論争への違和感を踏まえて、本章をまとめることにした次第である。学術論争を正常な軌道へ戻し、さらなる展開を期待するが故に、忌憚のないご批判とご教示を頂ければ幸いである。

二　注目すべき二つの史資料の発掘・公開

首里城焼失からほぼ一年を経て、首里城再建への気運と正殿への関心、とりわけ大龍柱への関心がかつてない規模で盛り上がり、メディアでも連日のように取り上げられるようになったが、そのプロセスで貴重な史資料の発掘も相次いだ。とりわけ、正殿大龍柱の向きに関わるものとして注目すべき史資料は、第一に一七一九年尚敬王冊封のために来琉した冊封副使の徐葆光が一七二〇年に復命書として熱河で康熙帝へ進呈した『冊封全図』と『琉球全図』の画像、第二に王国末期の一八七七年に首里城を訪問したフランス海軍所属のルヴェルトガが撮影した首里城正殿全容の写真である。

前者は国立劇場おきなわ監修(麻生伸一・鈴木仁史編)の『冊封琉球全図──一七一九年の御取り持ち《うとぅいむち》』に収録され、二〇二〇年三月三十一日に刊行されたことによって、一般に公開されたものである。本書が刊行されたのは、まさに首里城正殿の大龍柱の向きなどへの関心が高まり、論争が過熱しはじめる直前であったことに注目したい。

刊行/公開された『冊封琉球全図』は三部構成であって、第一部は『冊封全図』と『琉球全図』の画像および解説、第二部は関連する諸論考、第三部は関係資料の画像および解説である。本書の凡例によれば、『冊封全図』と『琉球全図』の画像は「北京故宮博物院から提供された原図のデジタルデータをそのまま掲載した」ということである。美麗な色刷りの『冊封全図』に収録されている画像の中の「中秋宴図」は、本書の白眉として表紙にも用いられ、首里城正殿大龍柱の向きを検討する上で重要な位置を占めているにも関わらず、論争の過程で言及されることは希で、(2)ほとんどの論者はその重要性や意義を見逃しスルーしている。これまた不可解な現象のように思われる。

第二の注目すべき資料はフランス海軍所属のルヴェルトガが撮影した首里城正殿全容の写真であるが、この方はメディアに大々的に報道されたこともあって、大龍柱の向きをめぐる論争にも多大の影響を与え、研究者だけでなく一般的にも周く知られるようになった。とは言え、後田多敦氏らの論考などによって、一八七七年に撮影されたことが確認/確定されたのは、二〇二〇年の後半から二〇二一年の初頭にかけてのことであった。その間、「首里城復元のための技術検討委員会」の委員の中にさえ、廃琉置県以前の王国時代に外国人が首里城へ入ることはできなかったはずで、ルヴェルトガの写真は置県後に撮影されたものではないかなどという見方に固執し、平成復元の大龍柱の向きに変更を迫るほどの重要な資料ではないかの如く主張し続ける論者もいて、これまた重要な論点の一つであったことは周知の通りである。

首里城正殿大龍柱の向きをめぐる論争において、最も重要な位置を占めるはずの上記二つの史資料とその周辺の諸問題を検討することによって、これまで積み重ねられてきた首里城に関する膨大な研究成果の蓄積の上に、なにほどかの知見を加えることができるのではないかという思いから、以下、論争についての若干の論評と問題提起を試みることにした次第である。

三　『冊封琉球全図』（一七二〇年）と『中山伝信録』（一七二一年）

琉球へ渡来した歴代の冊封使たちは、琉球と福州の往来の旅程や琉球国王の冊封に関わる諸儀礼だけでなく、琉球の風俗／物産や人々の生活に至るまで、琉球滞在中に見聞したところを皇帝へ報告するための復命書としてまとめ、明代の冊封使の陳侃以来、冊封使録として出版するのが通例であった。

冊封使録の中でも最も著名なのが、尚敬冊封の副使として一七一九年に来琉した徐葆光の『中山伝信録』（一七二一年刊行）であることは周知の通りであるが、『冊封琉球全図』が徐葆光から康熙皇帝へ献上された冊封復命書であることは、最近まであまり知られてはいなかった。今回刊行された本書の編集者の一人である茂木仁史氏の論考によって初めて明快に論証されたことであり、特筆すべき成果である。もっとも、すでに徐葆光の従客として同行した翁長祚が、『中山伝信録』の「後序」で復命書の進呈に言及しているという事実に着目し、一九九九年の時点で徐葆光の復命書として『冊封琉球図本』なるものが存在すること、『中山伝信録』は復命書の「副墨」（副本）であることを指摘したのは、岩井茂樹氏の「徐葆光撰『中山伝信録』解題」である(3)。

茂木氏は岩井氏の指摘をも踏まえた上で、翁長祚の「後序」と『中山伝信録』の封面（表紙）などをさらに詳細に分析し、『冊封琉球図本』が『冊封全図』と『琉球全図』の二冊を一組のセットにした画帳であることを論証し、その特徴をも指摘している。ちなみに茂木氏や岩井氏が言及された翁長祚の「後序」は二友斎刊本の『中山伝信録』、宮内庁蔵本の『中山伝信録』（沖縄県立図書館蔵マイクロ複製本）に収録されているが、関連する範囲の記述は次の通りである（正確を期すため、［原文］と［読み下し文］を並記し、句読点と必要最小限の語注を付す）。

［原文］太子日居小樓、手自題署。因并海舟針路・封宴礼儀・世系・官制・官服・風俗・物産之詳、一一備其形狀、右圖左録。凡二十餘目、分爲上下両冊、縹装錦褁、以為使歸之獻。庚子秋七月十一日、至熱河行宮復命。既陳乙覧、藏之秘府矣。茲以副墨排纂、分爲六巻、而少加詳焉。命曰中山傳信録、今年秋鋟板始成。余遊京師、適與校讐之末、獲觀其全。先後銓次、不支不漏、有典有則、以云傳信、誠哉、其無媿斯目已。

［読み下し文］太子（徐葆光）日々小楼（天使館の一室）に居り、手もて自ら題署す。因りて海舟の針路・封宴の礼儀・世系・官制・官服・風俗・物産の詳を并《なら》べ、一一其の形状を備え、図（絵）を右にし録（記録）を左にす。凡そ二十余目、分かちて上下の両冊と為し、縹もて装い錦もて褁《つつ》み、以て使して帰るの献と為す。庚子（康熙五九、一七二〇年）秋七月十一日、熱河の行宮（避暑宮殿）に至りて復命す。既にして乙覧（御覧）

に陳（開陳）したれば、之《これ》を秘府（宮殿の書庫）に蔵せられたり。茲《ここ》に副墨（複写の副本）を以て排纂（編纂）し、分かちて六巻と為して少《や》や詳を加えたり。命（名）して中山伝信録と曰い、今年（康熙六十、一七二一年）秋、鋟板（印刷）始めて成る。余（翁長祚）京師に遊び、適々《たまたま》校讐（校正）の末に与《あずか》り、其の全を観るを獲たり。先後に次（順位）を銓《はか》り、支（齟齬）せず漏（洩）せず、典（拠）有り則（規）有り、以て伝信（信《まこと》を伝う）と云うは、誠なるかな、其れ斯《こ》の目（名）に媿《は》ずる無しとする已《の》み。

翁長祚の「後序」を手がかりに、北京故宮博物院を訪問調査された茂木氏は、その成果をも踏まえて『冊封琉球全図』の著者と年代と書名」と題する貴重な論考をまとめられた。その中で、茂木氏は『冊封琉球全図』の著者（編者）が『中山伝信録』の著者と同一人物の徐葆光であること、著作（編集）された年代は尚敬を冊封して帰国後の翌年、翌々年であること等を指摘した後、「絵を描いたのは、翁長祚の『後序』を信じれば徐葆光ということになるが、故宮博物院の学芸員は、その絵のタッチから、文人画ではなく画工の描いたものではないかと私見を述べられた。たとえそうであっても、監修者である徐葆光の意向に沿って書かせたならば（中略）、徐の著作といえるのではないか」と問題提起されている。確かに、徐葆光自身が画家としての素養をもっていたのかどうかをも含めて検討の余地はあるが、たとえ随行の画家が描いたとしても、描かれた対象物については、監修者の徐葆光も同様に目にしていたはずであるから、茂木氏の問題提起は説得的であるように思われる。

ここで注目すべき問題は、徐葆光や随行の画工の目に、首里城正殿とその周辺がどのように映っていたのか、という問題である。『冊封琉球全図』には「中秋宴図」「冊封儀注」の絵図が収録され、『中山伝信録』にも「中秋宴図」「冊封中山王図」が収録されているが、両者は全く同じではなく、首里城の構造や祝宴の舞台の描かれ方などに重要な違いが存在することは、茂木氏が詳細に指摘したところである（一七一九年の御庭舞台」『冊封琉球全図』「論考」編参照）。しかし、茂木氏は正殿の龍柱の「向き」については言及していない。
当面の関心の対象を首里城正殿の龍柱に据えるならば、『冊封全図』の場合、「中秋宴図」には小龍柱は内向き（横向き＝相対）に、大龍柱は外向き（背中合わせ）に描かれ、「冊封儀注」には、大龍柱は正面向きに描かれていることを確認できる。他方で、『中山伝信録』の「中秋宴図」や「冊封中山王図」に描かれた大龍柱も正面向きであるように判別できる。この事実は安里進氏も確認されている通りである。(4)

図①『冊封琉球全図』「中秋之宴図」

要するに、徐葆光や随行の画工の目には、同時代の首里城正殿の大龍柱は外向き（背中合わせ）にも、正面向きにも見立てられたということを、『冊封琉球全図』や『中山伝信録』は雄弁に物語っていると言えるのではないか。換言すれば、同時代の同一の対象物が正面向きにも外向き（背中合わせ）にも描かれているという事例から、対象物の実像をどのように確定するかが問われているのである。
歴史上の多くの絵図を収集し検討された安里氏は、『冊封琉球全図』の「中秋宴図」に描かれた大龍柱は外向きであることを、どうして見逃されたのであろうか。徐葆光らが観た大龍柱の実像は正面向きであっても、外向きにも描

図②『冊封琉球全図』「冊封儀注」

かれているという事実が存在することは一目瞭然である。逆に言えば、外向きに、あるいは内向き（相対）に描かれた大龍柱でも、その実像が正面向きである可能性は否定できないということである。[5]

従って、描かれた絵図を根拠に、大龍柱の向きが時代の推移によって何度も変遷したかのように理解することはできず、絵図によって大龍柱の向きを判断することは慎重であるべきだろう。因みに、大龍柱の向きの変更について、王国の行政機関内部で「僉議《せんぎ》」（政策協議）の対象となった事例は、管見の限りでは、全く見当たらないという点にも留意しておきたい。

「僉議」の対象となった事例として知られるのは、大龍柱の向きではなくて、大龍柱を支える台石の設置である。台石がいつ、何のために設置されたのかという論点については、安里進氏や狩俣恵一氏らが問題提起している。安里氏は前掲の「報告資料」〈改訂版〉の中で、「大龍柱の台石は一七二九年の重修で設置された」ことを指摘しながら、「王府絵師が業務遂行上描いた絵図では、一七二〇年以前はAパターン〈無台石・正面向き大龍柱〉という構図だが、一七六八年『寸法記』～一八四六年『尚家文書』の間はBパターン〈台石上で向き合う大龍柱〉という構図である」と主張されている。一七二〇年以前の大龍柱が〈無台石・正面向き大龍柱〉であるという論点については、前掲の『冊封琉球全図』や『中山伝信録』で確認した通

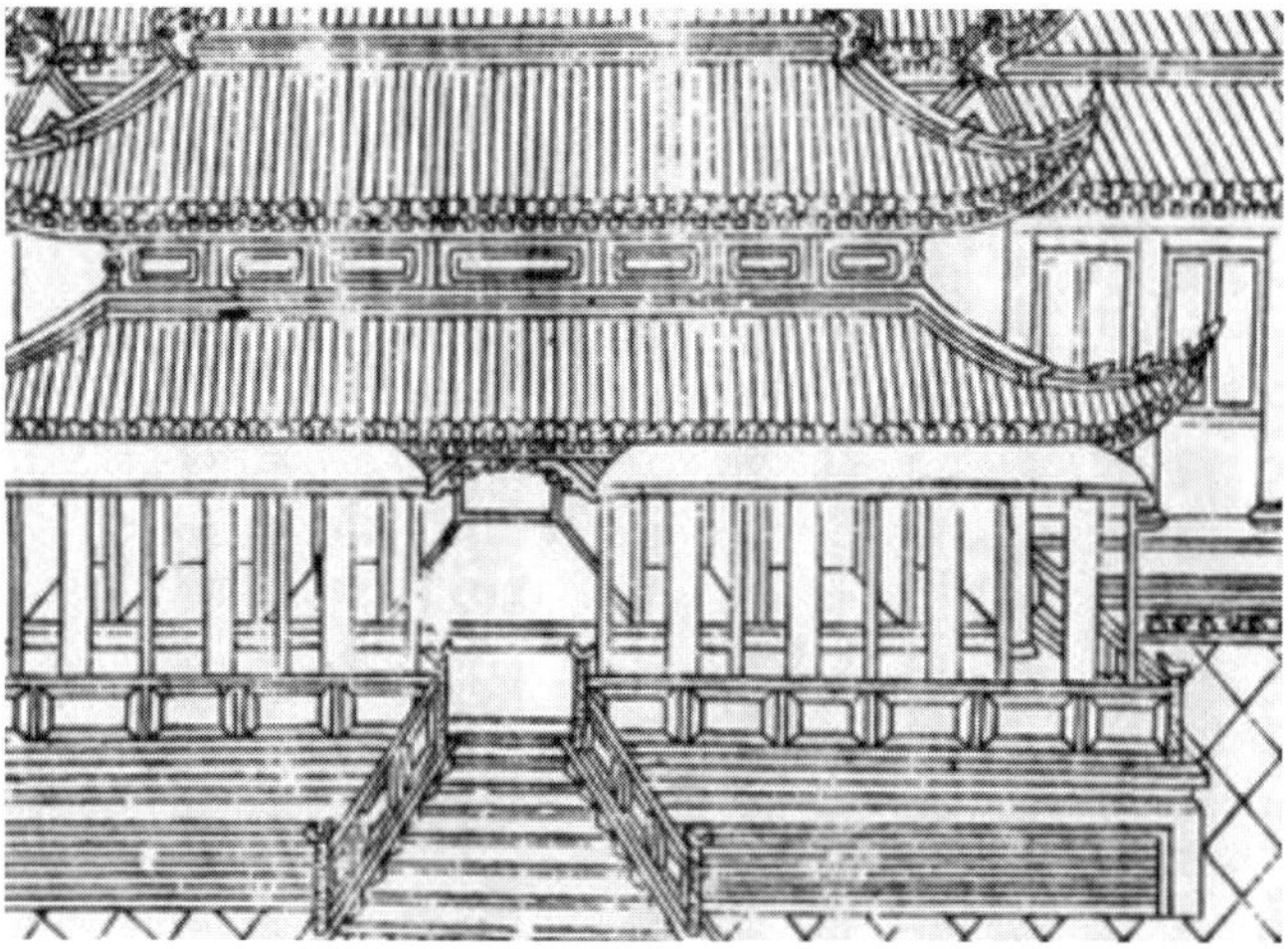

図③『中山伝信録』「中秋之宴図」

りである。安里氏はさらに新たに発掘された文献・資料を踏まえて、徐葆光の来琉（尚敬王冊封）の十年後に、即ち一七二九年に台石が設置され、その上に大龍柱が立てられたことを解明されたわけであるが、台石設置の理由（目的）については、狩俣氏が前掲論考「正面向きを支えた大きな台石　首里城大龍柱」で詳細に論じ、大龍柱の正面向きを維持するために大きな台石が必要であったことを解明して、安里氏の「一七六八年『寸法記』～一八四六年『尚家文書』の間の〈台石上で向き合う大龍柱〉という構図」を詳細に批判していて説得的である。

その上さらに、狩俣氏は真境名安興が紹介している「康熙六一年壬寅（一七二二年）の詮議」（『真境名安興全集』第三巻、八一頁）に言及し、台石の設置と関連づけて解釈されている。いわゆる「壬寅の詮議」＝「覚」は評定所内の詮議（僉議）の一部であって、「首里城百浦添建築」に関する諸問事項への回答（答申）と見てよいであろう。その答申の中には、首里城正殿内部の改修の件や君誇り（奉神門）の改修の件とともに、「石ていし龍柱此中の様に可然《しかるべし》と奉存候。石ていし並《ならび》に下の御庭欄干の儀、此中の様に可然と奉存候」という二項目があり、この二項目に依拠して、狩俣氏は「大きな台石の設置は、正殿改修の七年前の一七二二年から検討されていた」という論点を提示されている。確かに説得的な論点であるが、「此中の様に可然」とは「諸問の中で提起されているような方法でよい」ということであって、その「方法」とは狩俣氏が想定されているように、一七二九年の『百浦添御普請帳』に記載されている「大きな台石を据えて、大龍柱を立てる」という「方法」だと考えてよいであろう。「石ていし」とは石梯子、即ち石階段のことで、石階段や欄干とともに龍柱の改修も詮議（僉議）の対象として、七年前から議論されていたことが分かる。行政上のいかなる課題であっても、政策決定に当たっては、諮問↓僉議↓答申が繰り返されたことを示す事例の一つとして留意すべきであろう。(6)

「壬寅の詮議」を紹介した後、真境名はさらに次のようにもコメントしている。――「此時龍柱欄干を唐に注文するや否やについても詮議があったが、中に此節始めての御用であれば果たして唐に於て応ずるや否やも疑問であるし、且つ船に積込も困難であるといふので決定せられなかったやうである。然れば正殿の普請と、も（に）この龍柱も亦改造再建せられたもので尚真王時代のものでないことが分かる」と。「改造再建」の詮議（僉議）に当たって、琉球当局は唐（中国王朝）の意向を配慮しながらも、先例のない最初の試みとしての台石設置等については、必ずしも中国王朝の意向に沿って選択し決定したわけではなく、自主的且つ主体的に判断したということにも留意しておきたい。

四　ルヴェルトガ撮影の首里城正殿「写真」とその周辺

フランス海軍所属のルヴェルトガが撮影したとされる首里城正殿全容の写真が沖縄タイムス・琉球新報の両紙に掲載されたのは、前掲の『冊封琉球全図』が刊行されてから約半年後の二〇二〇年後半のことであった。折しも「沖縄タイムス」紙面では「首里城再建を考える」というテーマで識者の論考が一ヶ月以上にわたって十一回連載され（二〇二〇年九月二十二日～十月二十八日）、同じく「琉球新報」紙面でも「首里城再建を考える／主体性回復への道」というテーマで二ヶ月半にわたる十回の論考が掲載中であった。その最中の二〇二〇年十一月十五日、「琉球新報」紙は一面に「首里城正殿、最古写真か」の大見出しのもと、「フランスの海軍小尉・ルヴェルトガが撮影した首里城正殿と御庭の写真」というキャプションを付した「龍柱正面向きの写真」を掲載し、二十七面にも「琉球併合前仏軍人撮影／大龍柱、正面向く／神奈川大・後田多氏確認」との見出しを掲げて報じた。

十一月十五日付「琉球新報」紙二十七面の解説記事は、次のように指摘している。——「写真を確認した神奈川大学の後田多敦准教授ら〈正面向き〉を主張する研究者らは〈向かい合わせとする説の前提が成立しないことが明らかになった〉などと歓迎。一方、〈向かい合わせ〉を前提に議論を進めている国の〈首里城復元に向けた技術検討委員会〉の委員らは〈興味深い写真〉と注目しながらも〈当時、外国人が首里城に入場を許可され、写真を撮影するのはあり得ない〉とし、撮影時期などに関し検証の必要性を指摘した」、と。ルヴェルトガの写真が大きな衝撃として波紋を拡げたことを伝えている。

「琉球新報」紙の解説記事はさらに続けて「技術検討委員会」の委員諸氏がルヴェルトガの写真をどのように受けとめ、どのようにコメントしたかについても、個々の委員の対応を具体的に次のように紹介している。——「検討委員会委員長の高良倉吉琉球大名誉教授は〈興味深い〉とした上で〈琉球国は外国人が城内に入ることに抵抗していた。フランス人が城内に入り、写真撮影するのは考えられない〉と強調。〈撮影時期を検証し、クリアできれば検討に値する〉とした。／検討委の安里進県立芸術大学名誉教授は〈一八七七年に撮影したという裏付けがない。琉球併合（琉球処分）後に撮影されたと考えるのが自然だ。すぐ断定できるような十分な資料ではない〉と指摘した」、と。

高良氏が「琉球国は外国人が城内に入ることに抵抗していた。フランス人が城内に入り、写真撮影するのは考えられない」とコメントしたのは、一八五〇年代のイギリス人シャドウエル艦長やアメリカ人ペリー提督らが琉球当局の抵抗を押し切って強行入城した事例を念頭においていたからであろう。安里氏の場合は、ルヴェルトガの写真が公開される直前に、「大龍柱が向き合いのまま王国は滅亡し（中略）、明治の大龍柱は、琉球処分で首里城に駐屯した日本軍が正面に向けた可能性が高い」と主張していたこともあって、ルヴェルトガ写真の衝撃をまともに受け、狼狽の挙げ句、「琉球併合（琉球処分）後に撮影されたと考えるのが自然だ」などとコメントしたものと思われる。[7]

高良氏や安里氏が一八五〇年代の史実を念頭に、廃琉置県以前に外国人が首里城へ入城することなどあり得ないなどと反応したのは、一八七〇年代の史実を視野に入れていなかったために生じた誤解であったと思われる。というのも、一八七二年に明治政府が「琉球藩」なるものを設置して以降、琉球当局は在日琉球公使ともいうべき「年頭使者」（使節団）を東京へ派遣／常駐させて内外情報を入手することに努め、イギリス・フランス・ロシアなどの外交使節団とも接触する機会を持ち、一八七七年年以降は在日清国使節団とも接触して明治政府の圧力に抗する活動を展開していたからである。[8]

この間、直接琉球を訪れた外国人は欧米人だけではなかった。香港の「華字日報」の記者が一八七三年三月特派員として琉球を訪れ、同治十二年四月二日（一八七三年四月二十八日）の「華字日報」に「琉球風土」と題する詳細なルポルタージュを掲載している。[9]

「友、琉球より返櫂して、その国の風土・人情・民風・俗尚・物産・時序を述ぶるあり。頗る聴くに足る者あり」という前書きを付して、「華字日報」は琉球から帰ってきた「友人」の見聞記を掲載しているが、その中で「友人」記者は「琉球の天気」が「中原（中国、香港）と異ならないこと」など、琉球の自然現象から紹介しはじめ、「中山王府は則ち首里に在り、首里は皆山陽なり」、「宮殿の山巓に盤踞する者は王府なり」などと首里城に注目し、歓会門・守礼門や円覚寺などにも言及している外、中山王はすでに壮年に達しているが「国事の半ばは総理大臣尚宏動の裁酌に帰し」、布政大夫なる者が補助しているなどと、琉球の内政のシステムにも説き及んでいる。その情報源はどうやら「友人」記者の案内役を務めた王府内の高位に位置する人物のようである。(10)

国際政治の場で琉球の主権問題が関心の焦点に浮上するにともない、欧米人だけでなく中国（香港）のジャーナリストも琉球の宮殿即ち首里城に注目し始めていたのであって、このような国際環境を考慮すれば、廃琉置県以前にルヴェルトガが入城し撮影したと考えることは、むしろ「自然」の成り行きであって、置県後に撮影したのではないかなどと推論することこそ「不自然」と言うべきであろう。果たして、ルヴェルトガ撮影の写真公開から間もなく、撮影時期は廃琉置県以前の一八七七年であることが確認され、置県後の撮影の可能性があるなどという推定は完全に否定されるに至った。

二〇二〇年十一月二十三日付の「琉球新報」紙は「大龍柱向き再検討へ」の見出しで、前日の「首里城再興に関する公開討論会」の状況を報じ、ルヴェルトガ撮影の写真をめぐる議論についても、次のような紹介記事を掲載している。――「高良氏は二十二日の討論会で、新たな資料として同艦［フランス巡洋艦］のフランス人が首里城を訪問した際の記録とみられる、尚家文書『御書院日記』（那覇市歴史博物館所蔵）の記述を紹介した。同日記には、一八七七年の写真撮影時と同時期に、フランス人の一行が日本の明治政府の役人と一緒に二日連続で首里城を訪問し、琉球側が北殿で茶や菓子でもてなしたことが記されている。写真を撮影したことについて記述がないが、高良氏は『（一八七七年の写真と一緒に）紹介されている紀行文と一致、符合する琉球側の記録だ』と、フランス人一行が同時期に首里城を訪れたことを裏付けているとした」、と。

撮影時期を問題視していた高良氏も、ついに一八七七年の撮影であることを認めざるを得なくなり、従来の懐疑的コメントを撤回されたわけである。ここにおいて、高良氏は研究者としての良心を遺憾なく発揮されたと言えるだろう。志を同じくする者の一人として、称賛し敬服するに値する模範的事例を示してくれたと受けとめたい。

ところが、それから一年二ヶ月後の二〇二二年一月三十日、「首里城復元に向けた技術検討委員会　報告会」において、高良氏は「総括的な視点から」と題して報告し、「フランス海軍古写真（一八七七年）の正殿と、『寸法記』（一七六八年）や『御普請絵図帳』（一八四六年）が描く正殿は、形態や仕様、規模などすべての面でほぼ一致した。ハの字形に開いた階段やその段数、大龍柱やそれが載る台石も同様である。異なるのは大龍柱の向きのみである」と検討結果を確認しながらも、「暫定的な結論」として「フランス海軍古写真と『寸法記』『御普請絵図帳』はほぼ一致しているが、（中略）正殿を甦らせるための根拠資料としたのは後者であり、大龍柱の向きについてもそれに依拠することとした」という「奇妙な結論」を提示されている。

「フランス海軍古写真」（ルヴェルトガ撮影写真）と平成復元の根拠資料（『寸法記』『御普請絵図帳』）は「ほぼ一致し」、大龍柱の向きだけが「異なる」のであれば、新たに発掘された最強力な証拠写真とも言うべきルヴェルトガ撮影「写真」に依拠して、大龍柱の向きを「正面向き」に変更すればよいだけであって、必ずしも大龍柱の実像をそのまま描いたとは言えない平成復元の根拠資料即ち「絵図」にしがみついて、「向き合う大龍柱」に固執するのはなぜであろうか。「不可解極まる結論」と言わざるを得ないのは残念、この上もない痛恨事である。

絵図（絵画）資料が必ずしも実像と一致しない事例についいは、すでに『冊封琉球全図』に収録された「中秋宴図」や「冊封儀注」に描かれている大龍柱の向きを指摘して、注意を喚起した通りである。一七一九年に来琉した徐葆光（と随行の画工）は同一の大龍柱を観ていながら「正面向き」と「外向き」の二通りに描いているが、高良氏や安里氏をはじめ「技術検討委員会」の委員諸氏がこの事例に注目しないのも甚だ不可解である。

他方でまた高良氏や安里氏は時期（時代）によって大龍柱の向きが変更されているという前提に立って、向き変更に関する文献資料の博捜に努力しながら、「文献記録の検索については、九名の琉球史研究者が分担を決め、尚家文書や関連記録などのぼう大な資料を調べた。現時点では、大龍柱の向きに変更を加えたことを示す明確な記述は見出せなかった」と報告している。筆者もまた最大限の努力を傾けて検索したが、いまだに大龍柱の向き変更に関する文献資料を見つけ出すことができないままである。

大龍柱の「向き変更」が繰り返されたとすれば、政治・行政上の政策決定のルールに従って、諮問→僉議→答申のプロセスで何らかの文書史料が遺されているはずであるが、文書史料が見つからないということは何を意味するのだろうか。要するに、大龍柱の「向き変更」はどの時期でも「僉議」の対象となることはなかったということ、即ち大龍柱の向きはいつの時代でも変更されることはなかったということであろう。換言すれば、徐葆光らの描いた十八世紀初期の絵図から十九世紀七十年代のルヴェルトガ撮影の写真に至るまで、大龍柱は一貫して正面向きであったという可能性は極めて高いということである。とすれば、今回の復元作業に当たっては、平成復元の「向き合う大龍柱」に固執するあまり、新たに発掘された重要な証拠資料としてのルヴェルトガ撮影写真を無視するのではなく、むしろ積極的に位置づけ活用して、「正面向きの大龍柱」へ変更すべきであろう。

五　伊従説への論評

大龍柱の向きをめぐる論争は、首里城の創建から近現代にいたる紆余曲折の複雑な諸問題を構成する一部であって、首里城全体にかかわる問題の中に位置づけて議論されなければならないことは言うまでもない。周知のように、世界史的視野から重要な注目すべき論点を提示されているのは伊従勉氏である。[11]ここでは、大龍柱論争に関わる伊従説について、必要最小限の論評を加えることとしたい。

伊従氏は今回の復元事業において「技術検討委員会」の委員として加わり、二〇二二年一月三十日の報告会で「首里城正殿『建てること・使うこと・描くこと』の歴史」と題して報告されたが、まず「はじめに」「以下の事実を確認」すると称して、(1)～(5)の論点を提示されている。伊従氏が提示された論点の前半を要約的に列挙すれば、「(1)東アジア世界に初めて国として認知された時期の琉球は、明朝の朝貢・被冊封国として朝鮮、安南同様、明朝の域外藩屏国(蕃国)として歴史に登場した。(2)蕃国王としての中山王が冊封儀を受ける王殿として、西向きの首里城正殿は建設された。…(3)正殿は冊封儀を内部で執行する場所として、明会典の礼制的規制を受けた」ということになる。

伊従氏の「事実確認」における前半の論点によれば、明朝の冊封朝貢秩序のなかで琉球が「国家」として認知された時期の王殿(王宮)がどこであったのかという複雑で厄介な問題は回避され、いきなり「中山王が冊封儀を受ける王殿として、西向きの首里城正殿は建設された」という。しかし、伊波普猷や東恩納寛惇等が論証したように、一三七二年に最初の冊封を受けた察度の居城(王城)は浦添城であったというのが「通説」としてほぼ定着しており(伊波普猷「浦添考」、東恩納寛惇「浦添古王都説」)、南面する浦添城が王都であれば「明会典の礼制的規制」にも合致していると言えるだろう。

それならば、首里城は何時、誰によって、なんのために創建されたのかという問題とともに、「明会典の礼的規制を受けた」にもかかわらず、首里城正殿はなぜ西向きに建設されたのかという問題も併せて検討する必要がある。南面する浦添城と西面する首里城を対比すれば、首里城は創建当初は明王朝の礼的規制とは関わりなく（即ち王都としてではなく）、西面向きで創建されたはずで、王権掌握者が浦添城から首里城へ遷都して首里城が王宮（王殿）となって以後も、西面向きのままであったことになるが、明朝の礼的規制を受けて西面向きから南面向ききに変更する事案や、あるいは正殿の向き変更のための遷都を試みる事案が「僉議」の対象として浮上した事例（痕跡）はあるのだろうか。正殿の向き変更の「僉議」や遷都の「僉議」の事例を見出すことができないとすれば、首里城正殿は創建以来一貫して西面向きのままであったと言わざるを得ない。

首里城正殿が創建から二十世紀に至るまで、その姿（全容）を何度も変えてきたことは、遺物・遺構・文献・絵図・写真等の多様な資料の発掘によって明らかにされている。他方で、正殿の中心軸と御庭の浮道の屈折を処理する問題が意識されたことはあるものの、[12]「正殿の向き」自体に関する限り、「僉議」の対象とされた事例（痕跡）は文献資料では確認できます、正殿は一貫して西面していたという事実に留意すべきであろう。

伊従氏はかつて一七一九年以前の「古絵図」や徐葆光『中山伝信録』の「中秋宴図」などを踏まえながら、「龍柱の向きは一七一二年から一七六七年まで前［正面］を向いていたものが、一七六八年に対向［相向］に変えられたとみられる」とし、さらにまた「現存する絵図により判断するかぎり、唐破風向拝の三間拡幅と『ハの字』形階段、および大龍柱の向きの衣匠変更は連動しており、それは一七二九年にではなく、一七六八年の改修工事の際に初めて施行された[13]」と指摘しながら、「技術検討委員会　報告会」の「まとめ」では、「［琉球国王の」皮弁服龍文配置の変化と［正殿内部の］唐破豊向拝の龍文配置は呼応し、一七六八年重修時に龍柱は相向に変更された」と結論している。換言すれば、伊従氏はかつては「現存する絵図」を根拠にして、「唐破風向拝の三間拡幅と『ハの字』形階段、および大龍柱の向きの衣匠変更」が連動していることを確認しつつ、「一七六八年の改修工事の際に」大龍柱の向きは正面から相向に変更されたと説明していたが、二〇二二年一月の時点では国王の皮弁服や正殿唐破風の「龍文配置（相向龍＝行龍）」を唯一の根拠にして、「一七六八年重修時に龍柱は相向に変更された」と結論されたのである。

要するに、伊従氏は一七六八年改修工事における大龍柱の向き変更の根拠を、国王の皮弁服や唐破豊向拝に描かれた龍文配置に求め、さらにその来源を乾隆期（一七六四年）の『大清会典』の冠服規定に帰しているわけであるが[14]、「冠服規定」の龍文配置が正面から相向へ変更されたことが、どうして「龍柱の向きの変更」と連動するのか、「大龍柱の向きの変更」と「大龍柱の向きの衣匠変更」とは同一事象を指すのかどうか、合理的な説明はなされていない。その上で、尚泰冊封時（一八六六年）の皮弁服の龍文配置（写真）が相向であることを根拠に、「一八六六年の冊封時点の龍柱の向きが正面向きとは考えにくい」、つまり一八六六年の尚泰冊封時点まで龍柱は相向であったという。しかも他方で、「一八七七年来琉の仏海軍巡洋艦乗組員が撮影した正殿写真に写る正面向きの龍柱は事実である」と認めておられる。とすれば、一八六六年から一八七七年までの十一年の間に相向きから正面向きに変更されたことになり、「何故正面向きに変更されたのかを説明する文献が発見されるまで」、フランス人ルヴェルトガ撮影の「正面向きの龍柱は事実」ではないことにして無視し、とりあえず龍柱の向きは平成復元と同様に相向き（相対）とすべきだという「暫定的結論」を提示しておられる。奇妙な「結論」と言わざるを得ない。

伊従氏は「委員の個人的な研究の成果として」報告すると断っておられるので、委員長の高良倉吉氏から提示された『御普請絵図帳』（一八四六年）からフランス海軍古写真（一八七七年）に至るまでの約三〇年間において、大龍柱の向き等に変更が加えられたと考えられるので、その経緯や理由を示す説得的な資料および認識が提示される」までは、平成復元と同様大龍柱の向きは相向きとするという「暫定的結論」には加わらないお積もりなのだろうか。あるいは「技術検討委員会」としての「暫定的結論」に、委員の一人として責任を負われるのであろうか。それとも、「十一年間」と「三十一年間」の差は取るに足らない些末なことだから問題にしないと言われるのであろうか。「技術検討委員会」の中で伊従氏の提起した論点が議論されたのかどうかをも含めて応答頂くことを期待したい。

六　おわりに

最後に、本章の「結論」として、次の点を強調しておきたい。第一に、首里城正殿の建築様式や装飾体系は時代とともに変化し、その姿（全容）は何回も変遷を繰り返しているが、首里城「正殿の向き」が東アジア諸国の都城とは異なって、南面（南向き）ではなく、創建以来一貫して西面（西向き）のままであったことは、首里城「正殿の向き」変更の件が政治・行政上の「僉議」の対象となったという事例がないことによって確認されること、第二に、首里城正殿「大龍柱の向き」は十八世紀初頭（一七一〇年代）以来王国末期（一八七七年）まで、一貫して正面向きであったこと、その根拠は①冊封副使の徐葆光（と随行の画工）が描いた大龍柱は外向き（小龍柱は内向き）と正面向きの二通りあり、絵図だけでは大龍柱の「向き」判定の決定打とはならないこと、②「大龍柱の向き」変更の件が政治・行政上の「僉議」の対象となった事例を示す史資料の存在を見出すことができないこと、③王国末期に首里城正殿を撮影したルヴェルトガの写真によって、大龍柱は正面向きであることが全面的に確証されていること、以上である。
要するに、首里城正殿の向きが創建以来一貫して「西面」（西向き）のままであったのと同様に、正殿大龍柱の向きも十八世紀初頭から十九世紀七十年代に至るまで、一貫して「正面向き」のままであったということである。

《註》

（1）二〇二二年以降の新聞に掲載された主な論考は以下の通り。
①安里進―首里城大龍柱の向きの検証（上・下、琉球新報、二〇二二年二月十七日、十八日）
②永津禎三―首里城大龍柱　技術検討委への指摘（上・下、琉球新報、三月十五日、十六日）
③西村貞雄―絵図による混乱　首里城大龍柱（上・下、琉球新報、二〇二二年五月十七日、十八日）
④安里進―ホゾ穴と正面向き復元　検証・首里城大龍柱（上・下、琉球新報、二〇二二年六月一日、二日）
⑤後田多敦―向きの検証　首里城大龍柱（上・下、琉球新報、二〇二二年七月二十六日、二十七日）
⑥狩俣恵一―正面向きを支えた大きな台石　首里城大龍柱〈1〉〜〈4〉、琉球新報、二〇二二年九月十六日、二十日〜二十二日）
⑦安里進―大龍柱と台石の機能（上・下、琉球新報、二〇二二年九月二十八日、九月二十九日）
⑧西村貞雄―首里城大龍柱　向きをひもとく（上・中・下、琉球新報、二〇二二年十一月一日〜三日）
（2）唯一論及されたのは、狩俣恵一「正面向きを支えた大きな台石　首里城大龍柱」（「琉球新報」二〇二二年九月十六日〜二十二日）である。
（3）徐葆光の『中山伝信録』の元本が、復命書として康熙帝へ献上した「冊封琉球図本」であることは、岩井茂樹氏が「徐葆光撰『中山伝信録』解題」で、すでに次のように指摘していた。
「康熙六十（一七二一）年　二友斎刊本　六巻附中山贈送詩文
帰国後、徐葆光は琉球についての記述を手稿二冊にまとめ、康熙五十九年七月、熱河避暑山荘での召見のおりに、康熙帝に献呈した。この献呈本は、宮中に所蔵されることとなった。徐葆光が手許にのこした副本をもとにして、六巻本としたものがこれである。封面には、七月十一日に熱河で上程した『冊封琉球図本』の『副墨』とあるが、両者はまったく同じ内容ではなく、若干の増補がおこなわれたのであろう。二友斎というのは徐葆光の室名であるから、自刻の書ということになる。従客としてともに琉球へ渡った翁長祚の『後序』は、彼が北京で校正の作業を手伝ったことを記す。徐葆光が、帰朝後、北京に留まっている間に刊刻の準備が進められたことは間違いない。版木が作られたのが北京であるか、それとも帰郷後に蘇州で版刻したものであるのか、不明である」（夫馬進編『増訂使琉球録解題及び研究』九一頁、榕樹書林、一九九九年九月十五日発行）。

（4）安里進「平成復元の検証──報告資料〈二〇二二年二月十六日日改訂版〉」（以下、「報告資料」〈改訂版〉。「表1　史料と絵図による正殿周辺施設の変遷（一六六一年年焼失以後）」）参照。

（5）この論点は、すでに永津禎三氏・安里嗣淳氏・狩俣恵一氏らが多視点描法、視点移動描法として論及していることと共通する。

（6）筆者はかつて尚泰の冊封問題を琉球側の対応を中心に論じた際に、冊封要請（請封）の時期を決定するのは琉球側であって、請封の二年後に冊封日程が設定される慣例であることから、王国末期の多事多難の時期に尚泰の請封・冊封の時期をめぐる「僉議」が何度も繰り返され、請封・冊封の時期決定について「上の御座」（摂政・三司官）から「下の御座」（評定所表十五人衆）をはじめ「王子衆」「按司衆」「親方衆」「久米村方」などの関係部署へ諮問され、各部署で「僉議」が繰り返されて「答申」され、その「答申」を集約して「上の御座」から国王へ報告された後、最終的に国王が承認して決定されるというルールが確立していたことを指摘したことがある（拙稿「中琉関係史における尚泰の冊封問題（再論）──琉球側の対応を中心に──」『南島史学』第79・80合併号、二〇一三年3月）。各関係部署での「僉議」に当たっては、清王朝側の都合や思惑を忖度することはあっても、あくまでも琉球側の都合を優先して決定されたこと、各部署内で多数派と少数派が対立して決着しない場合は、別々に「答申」することはあったものの、「諮問」→「僉議」→「答申」の集約→上申→国王承認というプロセスが確立していたことに留意すべきであろう。関係部署の一つである「久米村方」だけの「僉議」「答申」で決定されるわけではなかったのである。

（7）ルヴェルトガ撮影の写真公開直前、二〇二〇年十月の時点で「大龍柱が向き合いのまま王国は滅亡し（中略）、明治の大龍柱は、琉球処分で首里城に駐屯した日本軍が正面に向けた可能性が高い」と主張していた「技術検討委員会」委員の安里進氏は、ルヴェルトガの写真が公開された後、「大龍柱が向き合いのまま王国は滅亡した」という自らの認識を「訂正」したものの、依然として歴史的に「大龍柱は台石上で向き合っていた」という「歴史研究者としての私の意見（学説）」に固執し、大龍柱の向きは日本軍によって正面向きに変えられた可能性があるという論点についても「訂正」していない（安里進「首里城の大龍柱はどこに向いていたのか」など、藤原書店『機』No.343、345、参照）。

（8）西里喜行「明治初期在日琉球使節の任務と動向Ⅰ・Ⅱ（『琉球国王家・尚家文書の総合的研究』研究成果報告書［研究代表者　豊見山和行］第Ⅱ部「史料解説・紹介編」）等参照。

（9）西里喜行「琉球問題と清国ジャーナリズム（資料篇Ⅰ）、（資料篇Ⅱ）」『琉球大学教育学部紀要』第38集、第39集所収。一八七三年四月二十八日付「華字日報」のルポルタージュ（琉球風土）は上海の「申報」（一八七三年五月八日付）にも転載されている。なお、「華字日報」と「申報」・「循環日報」の関係については、西里喜行「王韜と循環日報について」『東洋史研究』第43巻第3号参照。

（10）この「友人」記者は「通事に向永功なる者あり」として、彼は頗る流暢に官音を操ること、進貢使に同行して北京に赴き六年間滞在したことがあるなどと紹介し、案内役兼通訳の向永功が情報源であることを示唆している。ところが、向永功とは牧志朝忠のことで、牧志朝忠はすでに十年以上も前に他界していることから、案内役を務めるはずはなく、しかも六年間も北京に滞在した経験があり一八七三年時点で通訳兼案内役を担当できた人物と言えば、東国興（津波古政正）を措いて外にはいない。どうやら情報源は東国興（津波古政正）であったと見るべきだろう。この論点については、別の機会に詳論したい（とりあえず、『がじゅまる通信』No.89〈二〇二〇年九月二十八日〉掲載の拙稿「王国末期の異国通事とその周辺」参照）。

（11）伊従勉『琉球祭祀空間の研究』、平成十七年四月発行、中央公論美術出版、その他参照。

（12）池宮正治『琉球史文化論』七七～七八頁、伊従勉『琉球祭祀空間　の研究』五七〇～五七一頁参照。
（13）伊従勉『琉球祭祀空間の研究』五六七頁。
（14）前掲の「報告会」資料「4章のまとめ」において、伊従氏は「乾隆期（一七六四年）以後の大清会典冠服（郡王）規定には正龍使用が禁じられた。唐破豊出御の舞台装置の龍文配置についても、正龍の多用が禁止されたと久米村の重臣は理解したはずだ。これが、一七六八年重修時の龍柱の相向への変更の理由と考えられる」と断じておられる。伊従氏の以上の報告内容を踏まえたのであろうか、『朝日新聞』（二〇二二年四月十日付朝刊、福岡版）の紹介記事でも、「琉球の国王は清王朝から地位を保証される『冊封』を受けていたが、一七六四年の大清会典改訂で、正面向きの龍の図像は中国皇帝だけが使うことができ、冊封国の王は横向きの龍を使うことが定められたという」と解説されている。技術検討委員会の委員の一人でもある安里進氏も、「報告資料」（改訂版）の中で、「正殿と御庭は、中国皇帝による冊封儀礼の場という国際政治の場でもあった。琉球側の主体性で思いのままにできるものではなかった」としながら、「清朝以後にあっては、龍文様は、皇帝と琉球国王のような冊封国の関係を規定する政治的意味合いを帯びた文様だった。首里王府側の意向で思いのままに、あるいは絵師の技量で適当に変えられものではなかった」などと強調している。

伊従氏や安里氏は、首里城正殿の構造・建築様式や「向き」も御庭の配置も、あるいは唐破豊などの龍文様や台石や大龍柱の向きもすべて「首里王府側の意向で思いのままに」決められるものではなく、中国王朝（清王朝）の会典規定を遵守して決定されなければならなかったと考えておられるのであろうか。正殿や御庭、石階段や欄干、台石の設置や大龍柱の向きに関する事項も、琉球側の政策決定過程における諮問→僉議→答申の繰り返しと最終的な国王の承認という、「琉球側の主体性」に基づくルールの外に置かれていたと言うのであろうか。

清朝中国（清国）と琉球国の関係について言えば、「琉球は清国の属国であると同時に自主の国である」、「冊封を受け進貢しているという意味では属国であるが、琉球の内政には一切干渉していないという意味では、琉球は自主の国である」というのが、清国側の公式の見解であった（『日本外交文書』第十二巻、一八六～一八七頁）。琉球側も冊封・進貢の規定には従ったものの、琉球の内政については基本的に干渉されないものと認識している。のみならず、冊封・進貢の規定についてさえも、琉球側は清国側の規定や規定変更の上諭（命令）を無視し、「主体的」な外交交渉を粘り強く繰り返すことによって、規定や上諭を撤回させた事例は少なくないのである（西里喜行『清末中琉日関係史の研究』六九〜七五頁等参照）。

　唐破風の龍文様や大龍柱の向きなどは、琉球の「内政問題」であって、必ずしも大清会典の龍文規定に従って決定されるべき問題ではなかったと言うべきであろう。ルヴェルトガ撮影の古写真は、伊従氏や安里氏の推論・想定が合理的ではないことを一瞬の間に確証していると言わざるを得ないように思われる。

Ⅳ　大龍柱の形態について

西村　貞雄

一　はじめに

首里城の龍柱が建立されたのは尚真王三十三（一五〇九）年と、尚質王二十（一六六七）年の宜保為宣（蘇巨昌）、一七〇九（尚貞四二）年に謝敷宗逢が制作した三回の記録がある。

その中で、三代目と見られる謝敷宗逢製作の大龍柱が明治以降の古写真や沖縄戦よって破壊された遺物の大龍柱であるとし、古絵図なども参考にして大龍柱の形態を解明したのが筆者による平成時の復元である。

龍柱の遺物と見られる輝緑岩製の破片一部（一五〇九年の建立）、細粒砂岩製で丸みを帯びた胴体の半面部分と小龍柱の頭部破片一部（二代目と称される）があるが、それらの遺物からは龍柱の形態がどのような形をしていたかは判断できなかった。

二　遺物・残欠の見解（大龍柱二代目と称する残欠）

二代目の残欠（①大龍柱 Sc- 博 6）は、丸みを帯びた胴体半面部分から推測すると、筆者が平成時に復元した大龍柱とは異なり、丸柱の龍の柱の下部巻き付け部分の一部と判断する。②筆者作図(二代目の残欠)は四角柱の太い胴体に対して丸柱であり、現在の大龍柱は胴体に対して腹板が平行であるが、二代目は斜めになっている。背びれの形にも違いが見られる。

また、③筆者作図の平成時復元の大龍柱は、下部巻き付け部分も四角状であるが、二代目の残欠（①大龍柱 Sc- 博 6）は丸柱の下部巻き付けである。これらのことから、正殿本体が丸柱であることから、それに合わせた龍の柱と見られるが、平成時の大龍柱の四角柱とは異なるものである。

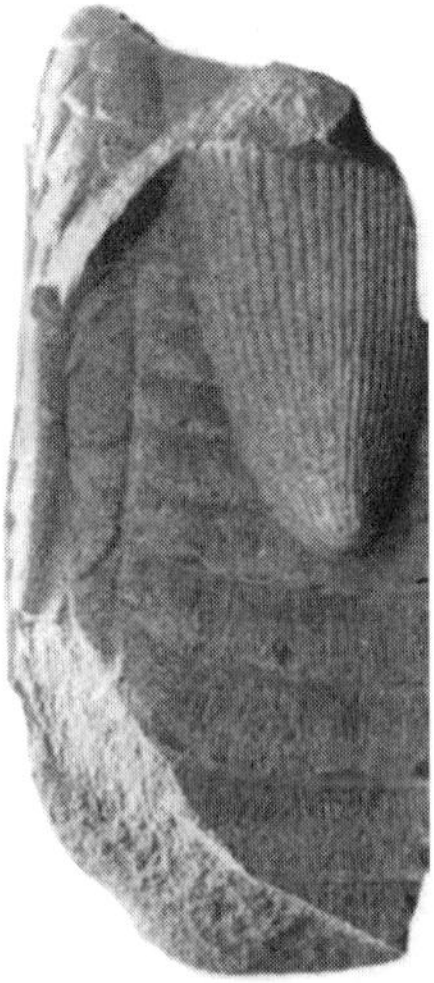

④大龍柱
Sc- 理 2016-59

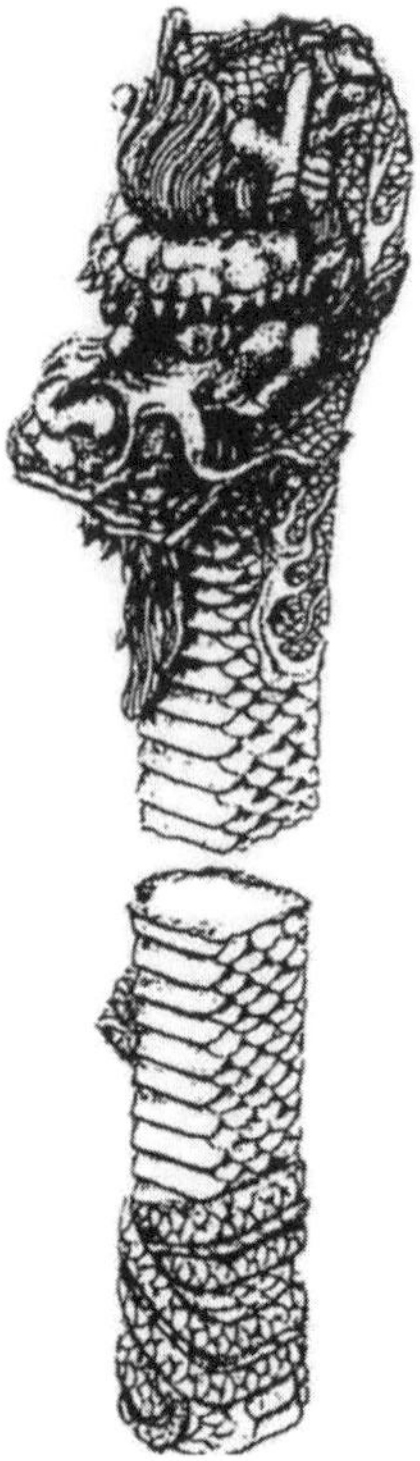

③筆者作図

①大龍柱 Sc- 博 6

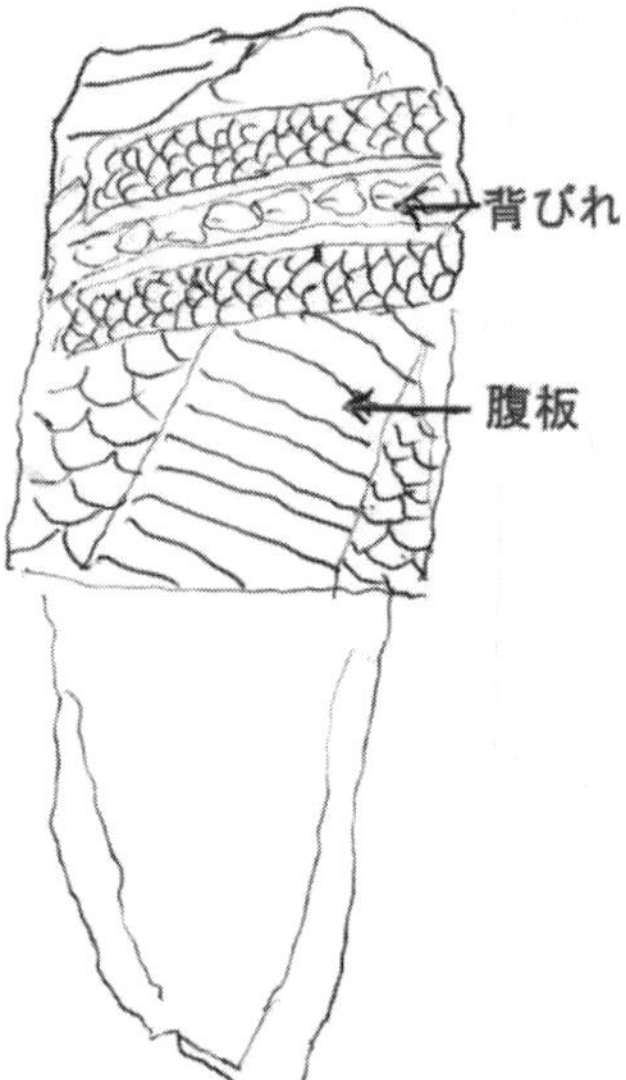

②筆者作図

尚、④大龍柱 Sc- 理 2016-59 は、ウロコ腹板、顎ひげの形状から龍の柱と見られるが、顎ひげの太さや形状から平成時復元の大龍柱とは異なる遺物であると考える。

三　大龍柱の復元

事前調査として、主に古写真から大龍柱の全容をスケッチしてみたが、側面の概要の域に留まり、前後左右の形は掴めない状態であった。古写真は四方から撮られたものはなく、断片的であり、大龍柱が明治中期頃から短くなったこともあり、粘土で立体像を製作することによって、龍柱としての全容を掴め、次の事柄を解明できた。

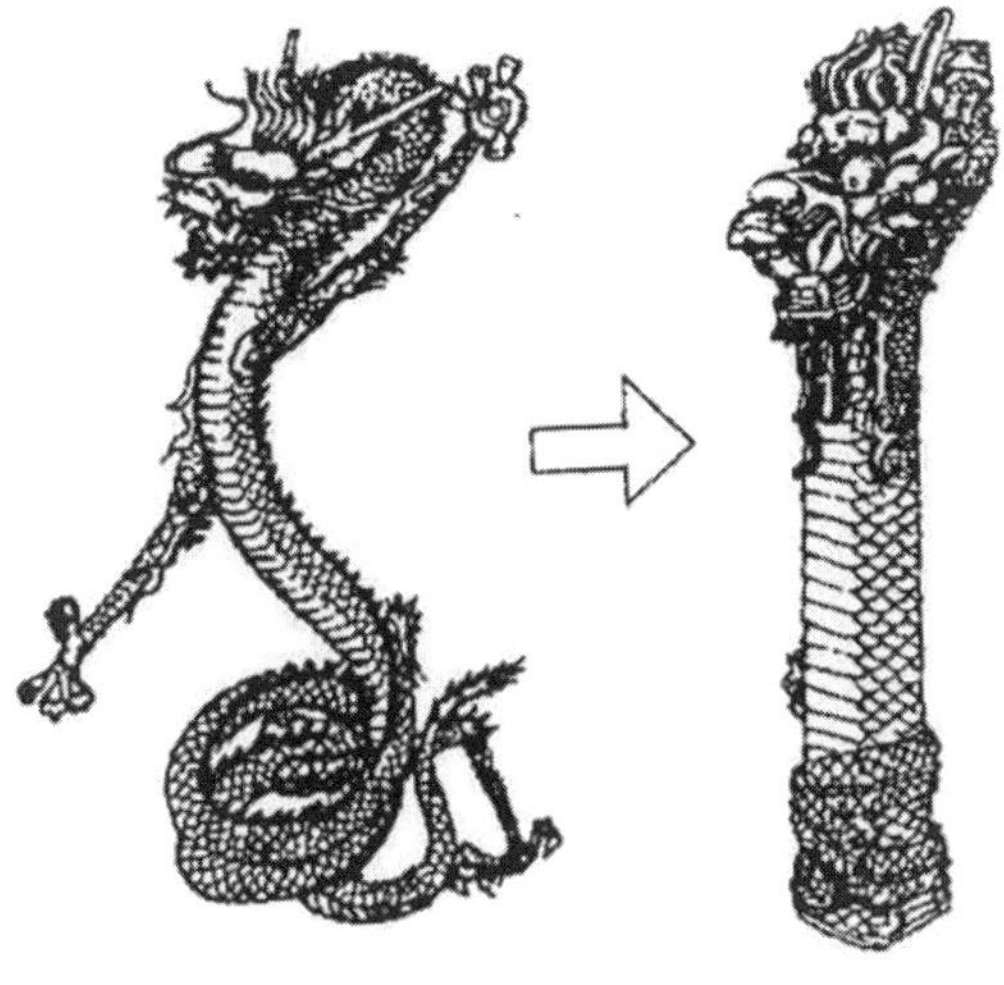

⑤阿形の龍と龍柱

●胴体は四角状の太い垂直に伸びたウロコのある柱状になっており、上部には頭部が下部には巻き付いた尾がある。阿形・吽形の一対、高さ約三メートルの大龍柱は諸外国では見られない形態である。（特殊性）

●筆者は龍が柱等に螺旋状に巻きつくことはあっても、トグロを巻いているということは目にしたことがない。大龍柱にはトグロ・鎌首があり、蛇（ハブ）の要素がこの大龍柱に取り込まれていると言える。（同存化）

●大龍柱は、宝珠を握る前脚は上に、反対側の前脚は下に構えていることから仁王像に類似した構えをとっている。（構えの類似性）

●太く高さ約三メートルという四角柱の枠内に、上記

⑥-1 吽形仁王像

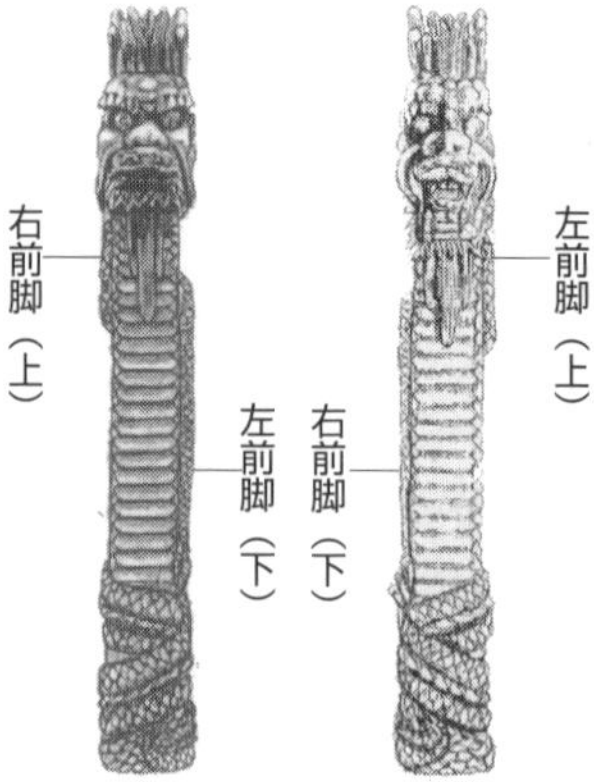

⑥-2 筆者作図

⑥-3 阿形仁王像

の内容が盛込まれた龍の柱である。（抑制表現）

要するに、解明した大龍柱の形態は、首里城正殿にしかない特殊な形態である。

⑤筆者作図は、トグロを巻き、鎌首を構える体勢を柱状に生かした龍柱であるが、⑥-2作図は「阿形・吽形と上下の手（脚）の構え」であり、「⑥-1・⑥-2の仁王像と龍柱には共通の構え」がある。

また、龍柱の構えとして、次頁の⑦筆者作図のように、阿形は、左前脚を上にあげて宝珠を握り、右前脚は下に構える。吽形は、右前脚を上にあげて宝珠を握り、左前脚は内側に構えている。その体勢は、仁王像の構えに類似する。

大龍柱を復元する過程では、次頁の小龍柱の全体像写真（⑧-1、田辺泰撮影）から短くなった大龍柱の中央部及び下部巻き付け部分等のヒントを得、大龍柱（次頁⑧-2）の全体像を解明する手掛かりになった。古絵図からは正殿との位置関係や雰囲気は掴めたが、絵図には四角柱で太い胴体という形にはみえず、別物にしか見えない印象を受け、大龍柱の形態に結びつく正確さはなかった。特に、『寸法記』の大龍柱の絵図は、混乱させる要素を多く含んでいる。

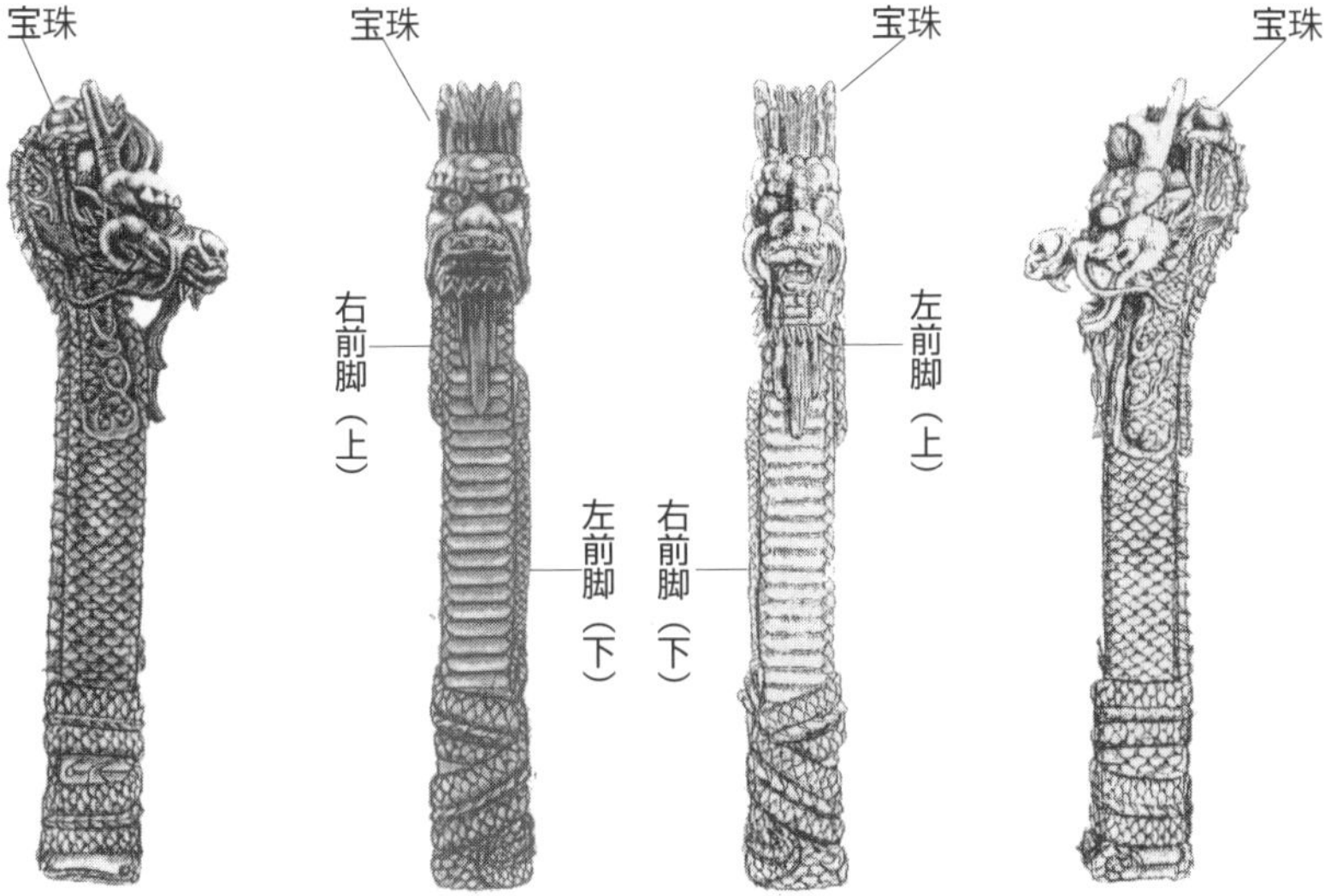

⑦筆者作図（龍柱阿吽形図と宝珠）

⑧-1　⑧-2　⑧-3　⑧-4

尚、次頁⑧－1写真は田辺泰『琉球建築』（座右宝刊行会）であり、⑧－2写真は鎌倉芳太郎撮影の阿形龍柱正面向きの写真（沖縄県立芸術大学附属図書館・芸術資料館蔵）、⑧－3写真は『琉球王府首里城』四二頁（ぎょうせい、一九九三年）の写真。⑧－4は筆者作図である。

四　寸法記の古絵図

大龍柱を復元するに当たっては、高さの寸法、形の位置関係や雰囲気は資料的に活用できたが、全体や細部については具体性がなかった。つまり、平成時に復元した大龍柱とは異なる古絵図である。復元した大龍柱と比較して似ているとの見方があるが、「寸法記」古絵

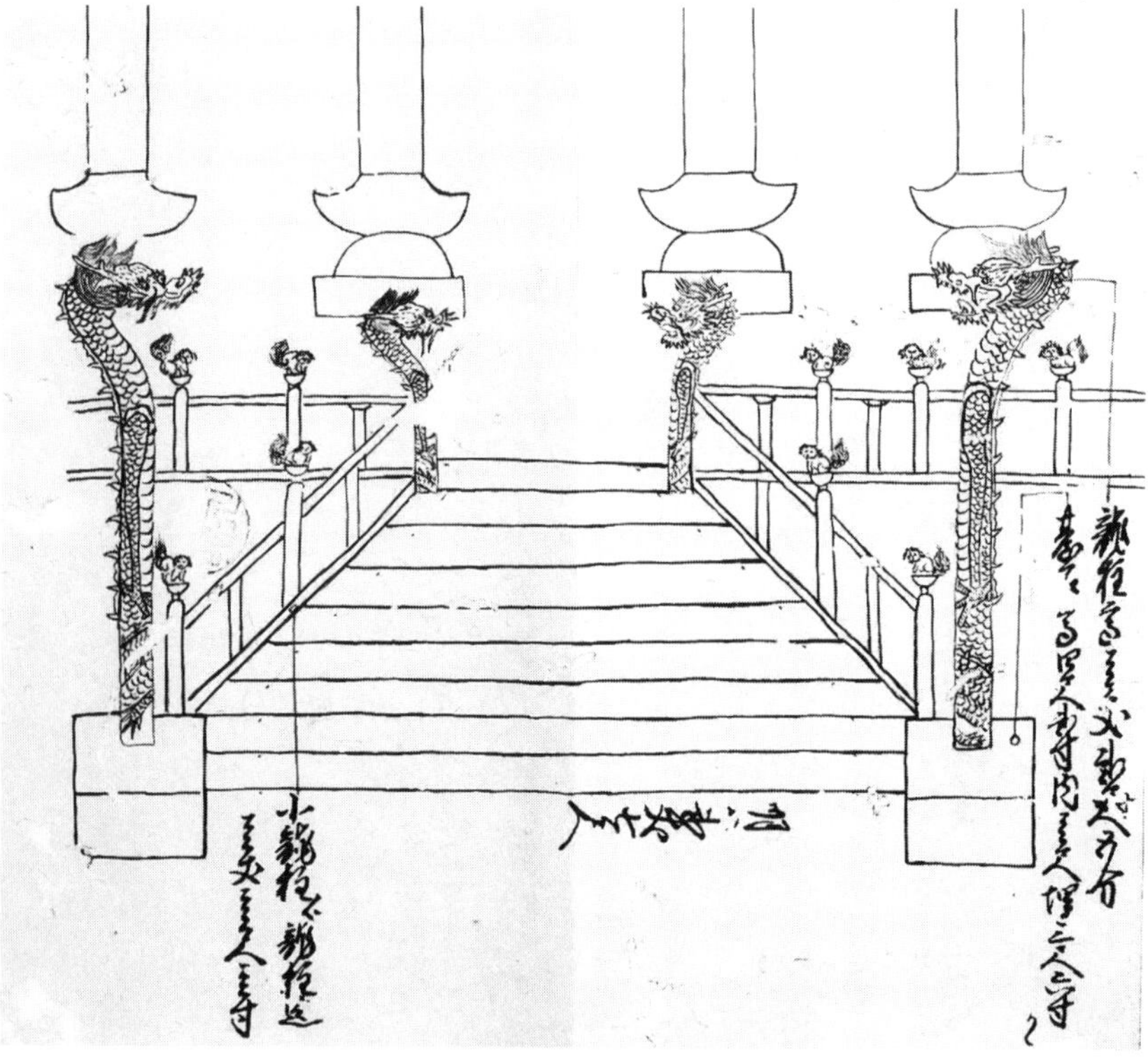

⑨「寸法記」古絵図（那覇市立博物館蔵）

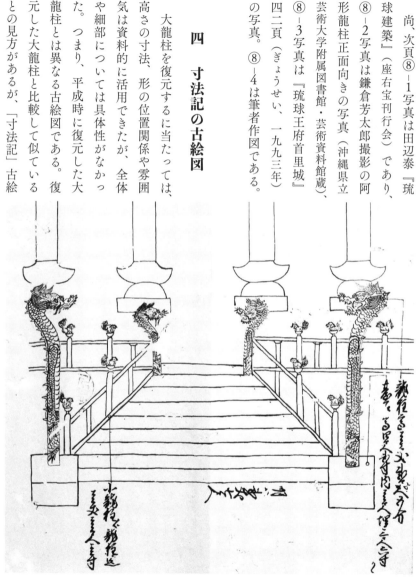

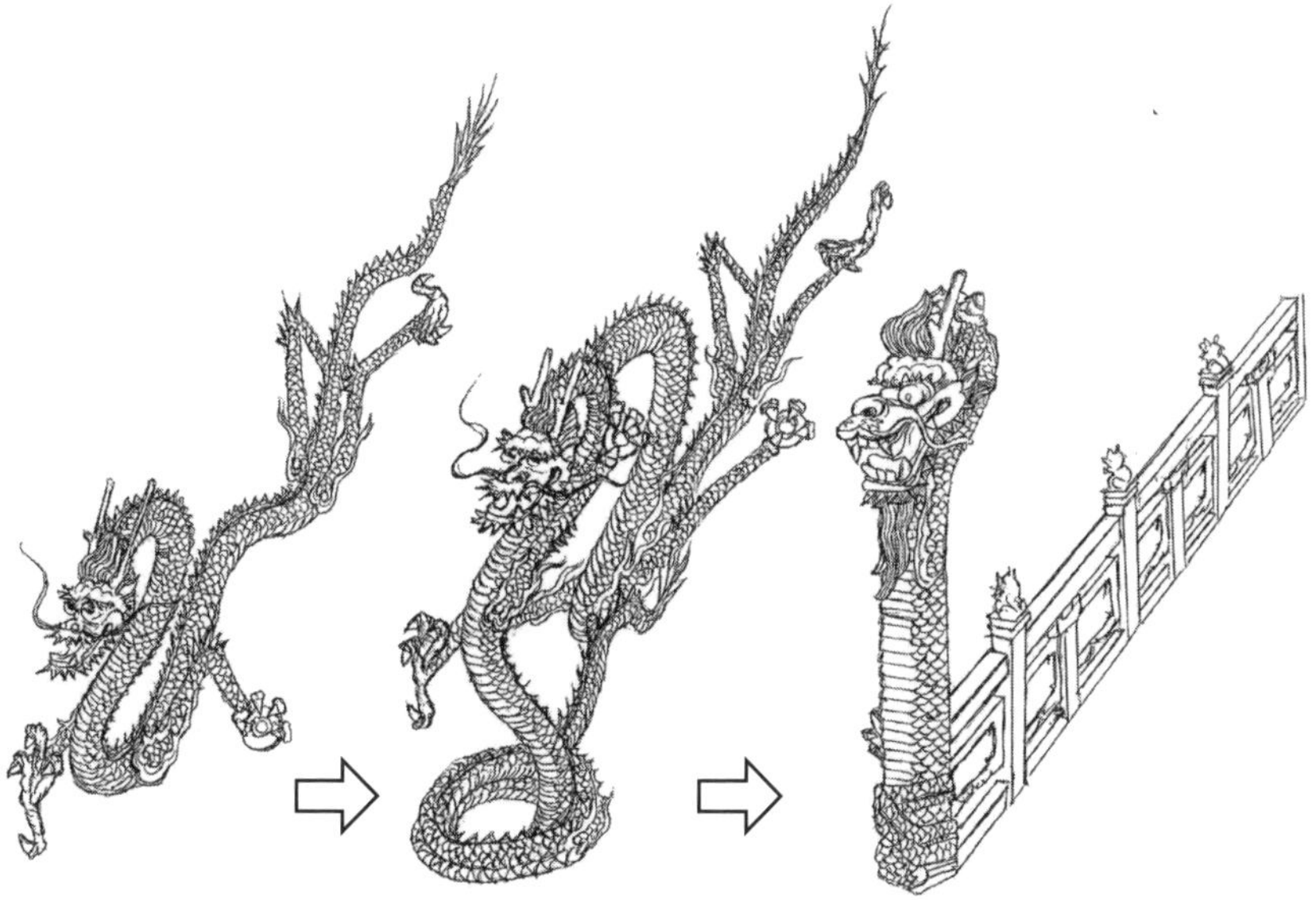

⑩筆者作図（這う龍から龍柱へ）

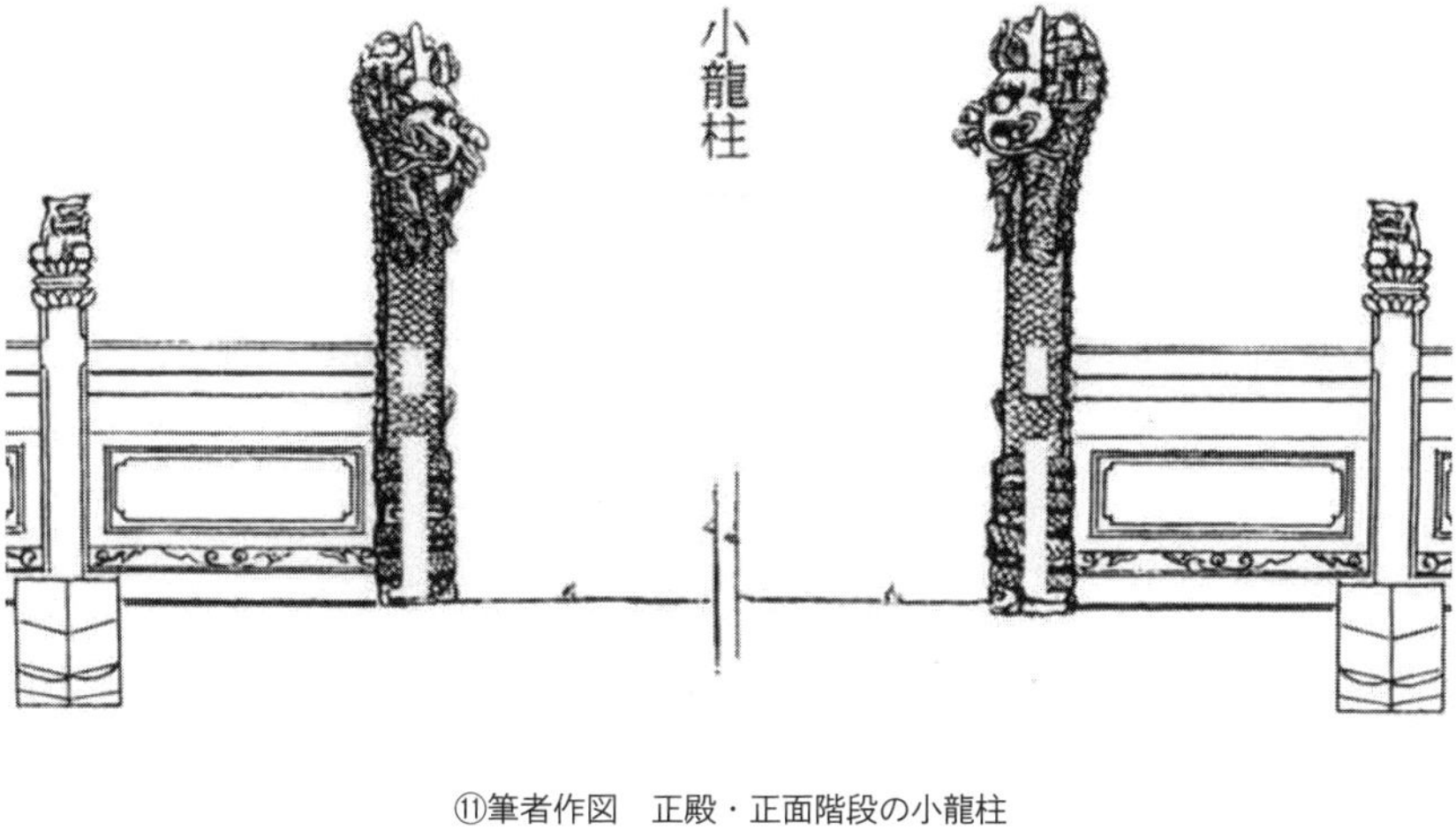

⑪筆者作図　正殿・正面階段の小龍柱

⑫筆者写真と作図

図は大雑把である。全長が細長く丸みがあり、ねじれている。大龍柱の形態の解明に具体的に関連づけると、混乱の要因が多い古絵図である。

五　欄干と一体化した龍柱

⑩筆者作図は、龍が這ってくる体勢からトグロを巻き、鎌首を持ち上げて構える体勢としての流れを示す。また、⑩⑪の図から、龍柱にはトグロ、鎌首が、這ってくる体勢を後方の欄干に見立てる。

六　正殿―正面階段の大龍柱と小龍柱

⑫写真と作図は、龍柱の吽形を階段内側から見た状態を想定した。左前脚は内側に位置づけられ、下方へと構えている。

七　龍柱の特殊性

首里城正殿は宮殿である。宮殿の建物自体に、龍や獅子像が阿形・吽形の形態をとり、統一して配置された仕組みは諸外国では見られなかった。諸外国では、龍を取り入れても阿形・吽形とはせず、左右の龍とも口を開

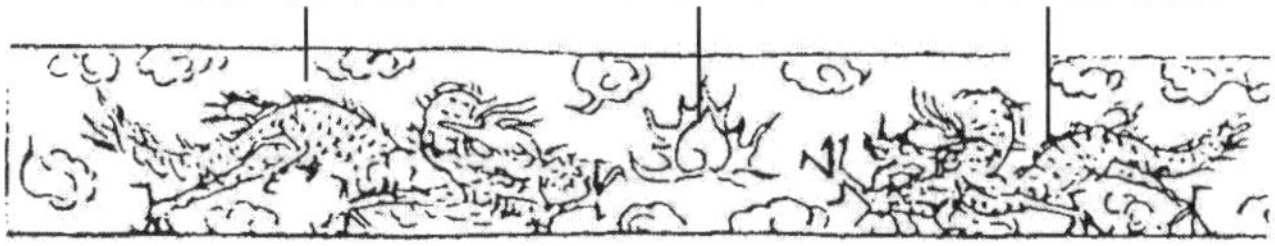

宝珠双龍文様

柱に螺旋状に巻きつく龍

けた状態のものが一般的であった。

首里城正殿では、一対の龍での阿形・吽形の基本形は二例ある。その一つが左右から阿吽形の龍が宝珠に向かう「宝珠双龍文様」があり、もう一点の基本形は柱に螺旋状に巻きつく、昇龍と降龍である。前脚を上下に構え、上の前脚に宝珠を握らせた構えであり、この形は諸外国にもよく見られる事例であるが口を開けた双龍である。

首里城正殿にしかない龍柱は特殊な形態を採っている。その形態については文献にも説明はなく、絵図においても図解がないこともあって、大龍柱がどのような形態かは理解されてないのが現状である。ちなみに、正殿には「⑬筆者作図（龍柱と一体化した欄干）」に見られるように三ヶ所に龍柱がある。

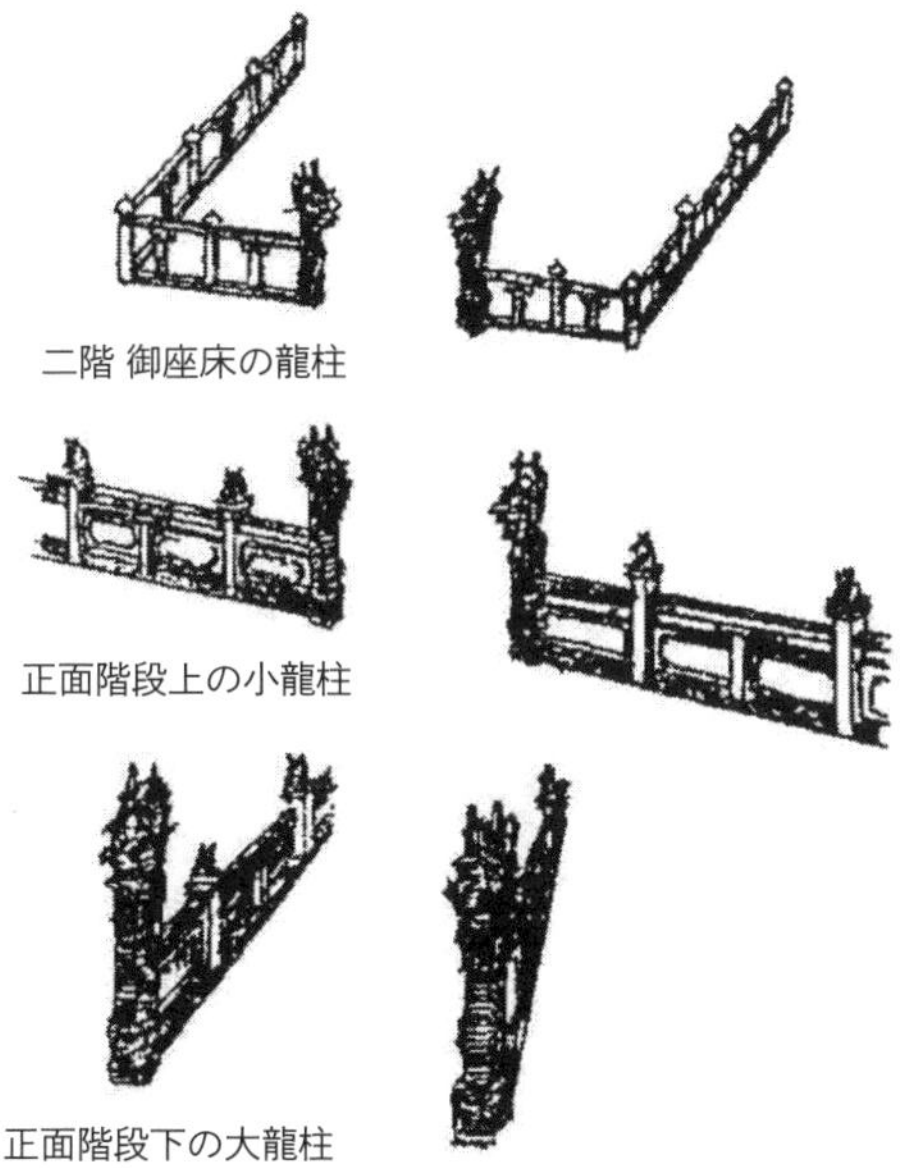

⑬筆者作図　龍柱と一体化した欄干

一ヶ所は二階・御差床の木製の龍柱、後は、正面の末広がりの階段上の石材製の小龍柱と階段下の大龍柱がある。

八　おわりに

龍柱と称するものには、一般に柱に螺旋状に巻き付いた昇龍や降龍があるが、機能としては屋根を支えているものである。それに対して、首里城の龍柱は、親柱として欄干（高欄）との関連性から創案された柱であるということが復元を通して判断される。正殿には阿吽という、それぞれ息を吐くことと、息を吸うことを意味する龍や獅子が取り入れられ、特に正殿の龍の配置と方向性から気の流れが大龍柱に収束する。

V　首里城及び大龍柱の形と心

狩俣　恵一

一　絵図のヨミについて

1　はじめに

首里城復元に向けた技術検討委員会（以下、技術検討委員会）が、大龍柱を〈相対向き〉としたのは、「百浦添御殿御普請付御絵図并御材木寸法記」（以下「寸法記」、一七六八年）と「御普請絵図帳」（一八四六年）の絵図を根拠にするが、絵図は大龍柱の向きと石階段の形状を正確に描いていないと思われる。ここでは、伊從勉氏の絵図年表をもとに、大龍柱の相対向き説の安里進氏・高良倉吉氏の絵図と正面向き説及び筆者のヨミを次頁の表にまとめた。尚、表の〈〇〇〇〇－〇〇年〉は伊從氏の推定年代であり、出典の古絵図・古地図・あ図・い図の名称も同氏絵図年表による(1)。

伊從氏の古絵図・冊封中山王図・い図は正面向きであるが、あ図・寸法記は相対向きであり、古地図の向きは、〔?・〕と記している。見た目で絵図の向きの判断ができなかったからであろう。伊從氏は、「石段基部の大龍柱に関しても、平行耳石階段を描く絵図のほとんどが正面を向く龍柱を描く」(2)とも述べる。伊從氏をはじめ、相対向き説の絵図の大龍柱の向きは一定していない。また、相対向き説は、平行型石階段は一七六八年の「寸法記」以前とし、ハの字型石階段は「寸法記」以降としている。

年　代	出　典	向き	階段の形状	推定判断者
〔1715-19 伊従〕	古　絵　図	正面	平行型	伊従
1719（尚敬王７）	中山伝信録（冊封中山王図）	正面	平行型	伊従
1719（尚敬王７）	中山伝信録（中秋之宴）	正面	平行型	安里・伊従・筆者
1719（尚敬王７）	冊封琉球全図（中秋之宴）	外向き	平行型	筆者
1719（尚敬王７）	冊封琉球全図（冊封儀注）	正面	平行型	筆者
〔1729-54 伊従〕	古地図	〔?〕	平行型	伊従
〔1729-54 伊従〕	あ図	相対	平行型	伊従
〔1754-68 伊従〕	い図	正面	平行型	伊従
1768（尚穆王 17）	寸法記（御絵図）	相対	ハの字型	安里・伊従・高良
1768（尚穆王 17）	寸法記（御絵図）	正面	ハの字型	後多田・永津・西村
1838（尚育王 4）	城元仲秋宴図・城元設営絵図	相対	ハの字型	安里・伊従・高良
1846（尚育王 12）	御普請絵図帳	正面	ハの字型	後多田・永津・西村
1846（尚育王 12）	御普請絵図帳	相対	ハの字型	安里・伊従・高良

ただし、相対向き説の技術検討委員会の報告書（二〇二二年一月）では、大きな台石が一七二九年に設置されたことが明らかにされ、正殿前の大龍柱はその年以降に相対向きに改変されたと述べるようになった。以下は、絵図が正確に大龍柱の向きを表現しているか、否かについて検討する。

2 近世絵図の特徴

次頁①上図の「寸法記」（一七六八年）と次頁①下図の「御普請絵図帳」（一八四六年）の大龍柱は、他の絵図に比べて比較的大きく描かれており、一見すると正確に描かれているように見える。ところが、両絵図と彫刻の大小龍柱は、明らかに異なっている。例えば、両絵図の大小龍柱には「髭らしきもの」や「頭髪らしきもの」を描いており、髪の毛はふさふさと描かれている。が、その描画法は彫刻の鑿跡《のみあと》を反映しない描き方であり、実物の大龍柱を見て描いたとは思えないような筆の運びである。龍頭（龍顔）は、胴体に比べると比較的大きく描かれており、龍頭と胴体の縮尺も正確ではない。

両絵図は彫刻の大龍柱を丁寧に模写しておらず、近代絵画のような写実的な描き方でもない。例えば、大小龍柱は相対向きというが、正対した真横の向きではない。特に、右側阿形の大小龍柱は、斜め向きに捻《ねじ》った描き方である。左側吽形の大小の龍柱も、斜めの角度で描いている。大小龍柱の腹部鱗《うろこ》を強調して描くため、斜め向きに描いたのであろう。いずれにしろ、彫刻の大龍柱とは異なる描き方である。

また、①上図「寸法記」と①下図「御普請絵図帳」の両絵図を比較すると、胴体・髭・頭髪・向きなどが驚くほど酷似しており、記された文字の位置までも一致している。おそらく、「御普請絵図帳」は先行文献の「寸法記」を模写したのであろう。要するに「御普請絵図帳」は、彫刻の大小龍柱や石階段欄干を実際に見て描いたのではなく、絵師がお役所仕事的に「寸法記」を書き写した可能性が窺える。結局のところ両絵図には、近世琉球の描画法の限界と御用絵師の限界が反映されていると思われる。

①上図「寸法記」1768 年

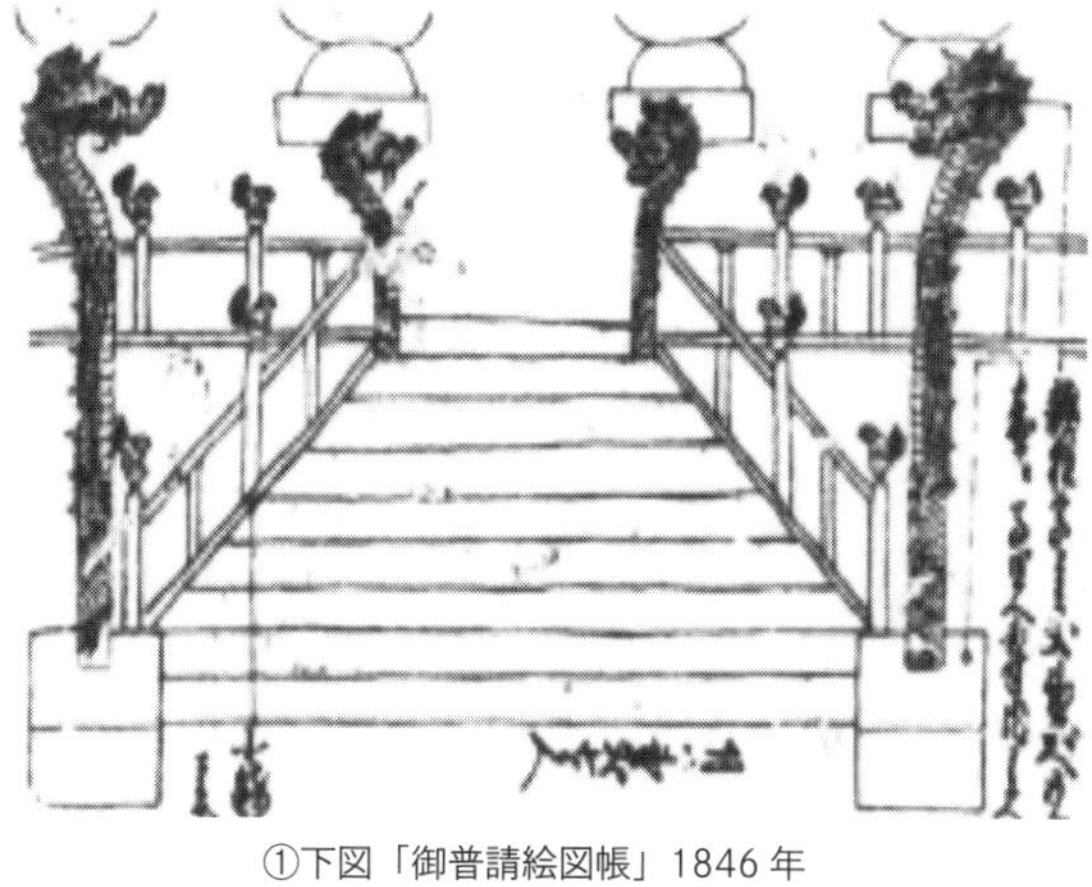

①下図「御普請絵図帳」1846 年

ところが、安里氏は詳細に描画法を検討するこ

②御冠船之時御道具之図(5)

となく、「国王衣装図案でも正面向きと横向きの双龍が正確に描き分けられており(3)」と述べ、琉球の絵師は龍顔を正面から描くことができたとし、「数千年前の古代エジプト絵画で、時代も、文化も、国際環境も、絵画技術も異なる近世琉球の絵図を解釈するのは妥当ではない」と正面向き説の絵図の見方を批判している(4)。

そして、②御冠船之時御道具之図の龍を例にあげ、「琉球の絵師は、王府の絵師も町の絵師も、龍頭の正面向きと横向きをきちんと描き分けていたことは、同時代琉球の絵師が制作した絵図で実証できる(6)」として、琉球の絵師が正面向きの龍を描いていると主張する。

ところが、②の龍は平面上に描かれており、大龍柱のように柱に盛り込まれた龍ではない。三次元の立体的な柱形状の龍は、二次元の平面上に描く龍よりも描画法において、制約を受けることを無視した言説であると言わざるを得ない。

3 相対向き説のイベント会場絵図のヨミ

安里進氏は、茂木仁史氏・麻生伸一氏・伊従勉氏・高良倉吉氏とともに、次頁の③「城元仲秋宴図」「城元設営絵図」の描画年代及び描画精度を検討し、一八三八年の尚育王冊封の〈記録画〉であると判断した(7)。そして、その絵図が九七・一cm×一二〇・三cmサイズの大きな絵図であることを強調したうえで、それを拡大した④絵図の正殿前の大龍柱の向きを根拠に、一八三八年の尚育王冊封の絵図でも大龍柱は相対向きであると述べる。

しかし、その見方は視覚的感覚に過ぎない。

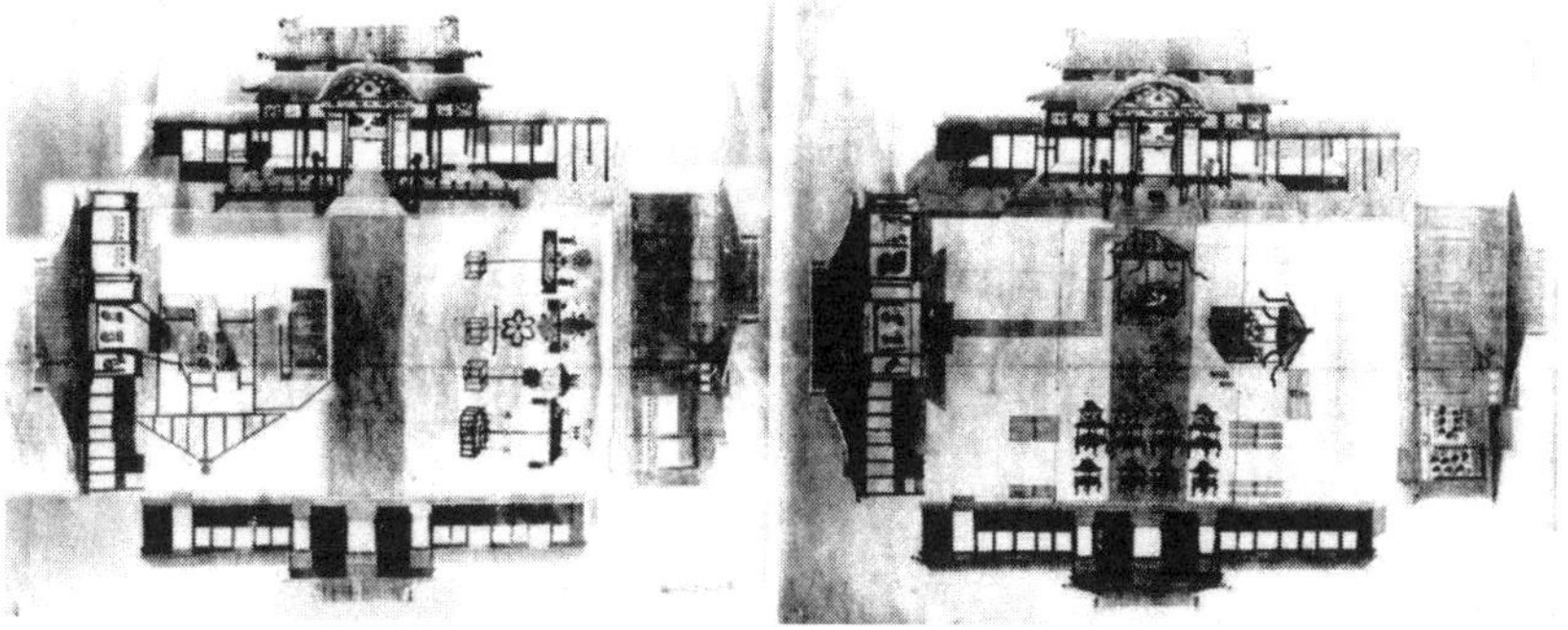

③（左）城元仲秋宴図・（右）城元設営絵図

というのは、③左の「城元仲秋宴図」の北殿・南殿・舞台・花火・奉神門は横倒しであり、③右の「城元設営図」の北殿・南殿・冊封儀礼図・奉神門も倒れているからである。また、「浮道」は左右とも異様に大きく描かれている。これは、幼児が描く多視点画であり、視点移動表現である。その描画法は、琉球絵師の描き方の一つであった。しかも、③の大龍柱は大きくは描かれておらず、イベント会場図の一点景にすぎない。それにもかかわらず、安里氏は「寸法記」及び「御普請絵図帳」を〈建築図〉と呼び、拡大した「城元仲秋宴図」「城元設営図」を〈記録画〉と称して、大龍柱は〈相対向き〉であると判断する。が、横倒しに描かれた北殿・舞台・南殿・花火・奉神門の描画法を問題にすることはない。

要するに、「城元仲秋宴図」と「城元

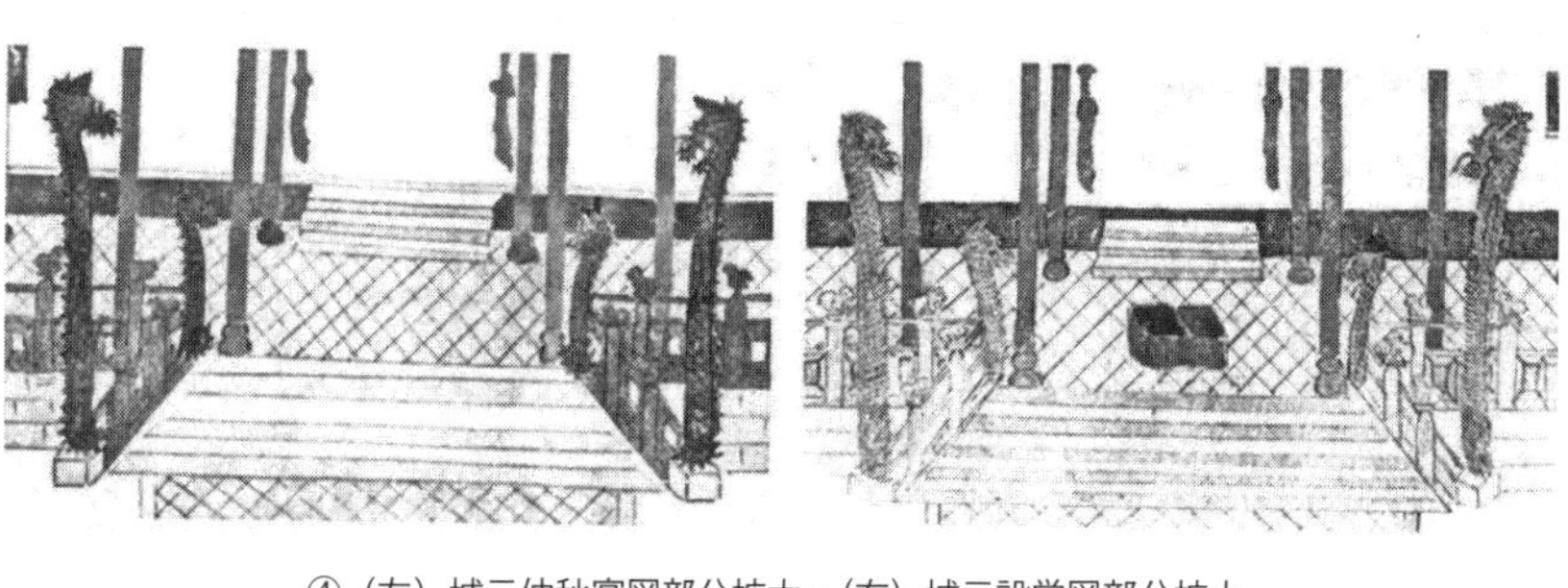

④（左）城元仲秋宴図部分拡大・（右）城元設営図部分拡大

設営図」は、写真や製図ではない。縮尺も不正確であり、正確に描かれた絵図ではない。しかし相対向き説は、「城元仲秋宴図」「城元設営図」は「寸法記」「御普請絵図帳」と同じく精度が高いと断じている。その理由は、大きな絵図・拡大した絵図こそが精度が高いという論理であり、描画法を考慮しない絵図のヨミであると言わざるを得ない。

4 正面向き・外向きの一七一九年の大龍柱

ここでは、⑤『中山伝信録』（徐葆光、一七一九年）の「中秋之宴図」と、⑥『冊封琉球全図』（徐葆光、一七一九年）(8)の「中秋之宴図」、それに⑦『冊封琉球全図』（徐葆光、一七一九年）の「冊封儀注」を資料として、近世絵図の〈大龍柱の向き〉について検討する。ちなみに「冊封儀注」（筆者注、『中山伝信録』では「冊封

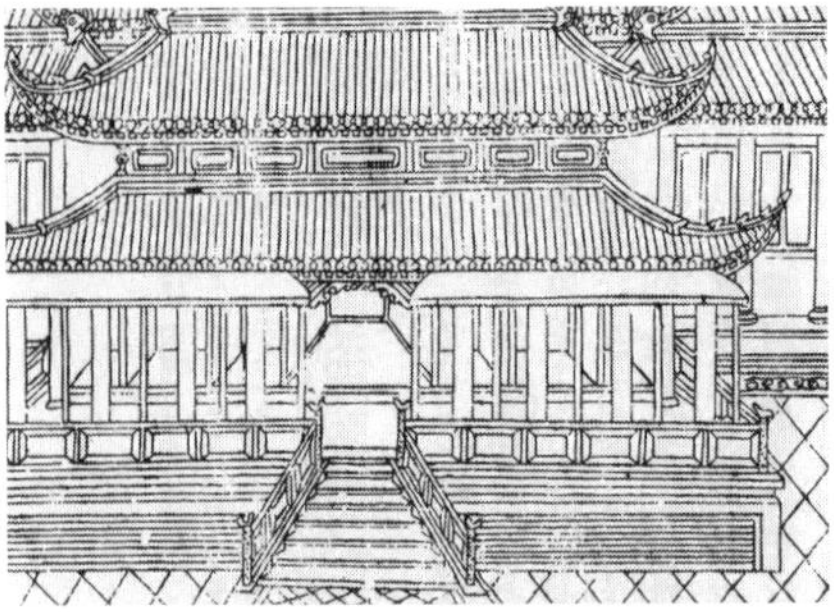

⑤『中山伝信録』の「中秋之宴図」

⑥『冊封琉球全図』「中秋之宴図」

⑦『冊封琉球全図』「冊封儀注」

中山王府図」と記す）は、筆者が尚敬王の冊封儀礼図を拡大したものだが、その絵図の御庭には王位継承のための高御座《たかみくら》が設けられている。

また、『中山伝信録』と『冊封琉球全図』は、同年同月同日の「中秋之宴」の特設舞台（御冠船踊）を描いたものだが、それを筆者が拡大トリミングして正殿前の石階段と大龍柱を見えやすくした。ちなみに、⑤『中山伝信録』は市販されたモノクロ絵図であるが、⑥⑦の『冊封琉球全図』は中国皇帝に献上した復命書でカラーの絵図である。⑤⑥の中秋之宴図と⑦の「冊封儀注」は、いずれも同行した中国人絵師が描いたと考えられる。同じ〈大龍柱の向き〉を見て描いたことは明らかである。

ところが、⑤「中秋之宴図」の大龍柱は正面向きに見えるが、⑥「中秋之宴図」の大龍柱は外向きに見える。また、⑦「冊封儀注」の大龍柱は、正面向きに見える。同じ中国人絵師が同一時期・同一物を描いたにもかかわらず、その向きは異なっており、近世絵図に描かれた〈大龍柱の向き〉は、正確ではないことがわかる。柱形状の龍柱の場合、小さな龍頭（龍顔）を正面向きに描いても、それが龍であるかどうかを見分けることが難しい。それで、龍頭を明示するため、〈正面向き〉や〈外向き〉、さらには〈内向き〉に見える大龍柱を描いたと思われる。

5　近世絵図と近代絵画の相違

近代絵画の⑧「琉球國王城正殿の図」は、一八九七年東陽堂出版の『沖縄風俗絵図』（国立国会図書館コレクション）に収載されている。(9) ③城元仲秋宴図・城元設営図のイベント会場図に比べると、写実的な描き方である。しかも、この絵画は、正殿を描くことが目的であるが、大龍柱は正面向きで、大きな台石上に立っている。また、⑧の正面向きの大龍柱は、熊本鎮台分遣隊の首里城駐留時もしくは撤収した頃の絵画であり、その頃の大龍柱も正面向

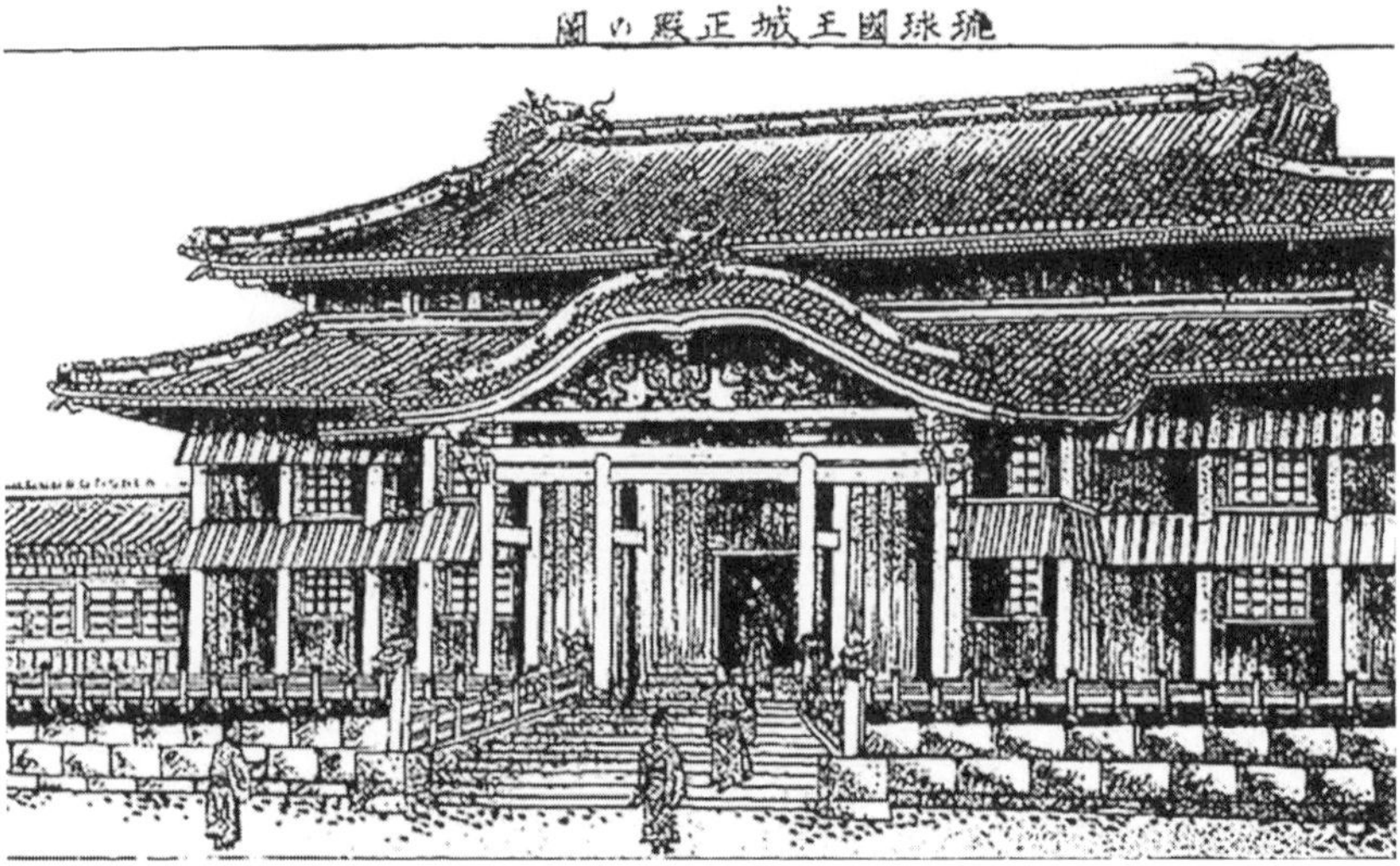

⑧ 琉球國王城正殿の図

きだったことを示している。

　近世絵図と近代絵画の相違については、次頁の⑨の西村作図と⑩の拡大トリミングした「寸法記」絵図を比較してもわかる。⑨を描いた西村氏にうかがったところ、縮尺を考慮せず、平成復元の大龍柱を見て描いたという。それにもかかわらず、⑨西村作図の龍顔（龍頭）・頭髪・髭は、鑿跡を反映した描き方であり、「寸法記」よりも彫刻の龍柱にかなり近い描き方である。しかも、この二つの描画法の相違は、個人差というよりも、西洋画の影響を受けた近代絵画と近世絵図の描画法の相違であると思われる。つまり、近世絵図は、近代絵画よりも写実的ではないということである。ちなみに、植物学者の牧野富太郎は日本の伝統的な絵師の石板画に満足せず、採集した植物を自ら描いた。その理由は、近世絵図の描画法を継承する絵師たちよりも牧野の近代絵画のほうが、写実的だったからである。

　ただし、近世絵図と近代絵画には、共通点もある。例えば、〈相対向き〉とは、双龍が向き合うことであり、正面から見ると真横を向いているはずであるが、⑩『寸法記』の大龍柱の頭部や腹部は真横を向いていない。特に頭部（龍顔）は、龍であることがわかるように斜め向きに大きく描いている。同じく、正面向き説の⑨西村氏作図の龍頭（龍顔）も真正面ではなく、真横でもない。やや斜めの角度である。『寸法記』も西村氏も龍顔をはっきりと描くには、その角度がよいと考えたからであろう。その理由は、「絵画は、見えないところを見えるように描く」という特徴があり、そこが写真と異なるからである。つまり、絵図や絵画は、見えないところを見えるように描くため、視線の〈角度〉を動かす必要があった。それゆえ、龍柱の向きの角度は正確でないということである。

⑩『寸法記』絵図

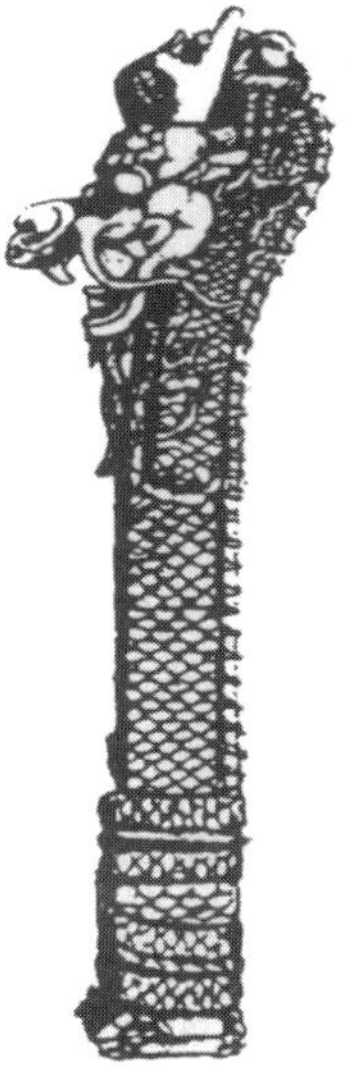

⑨ 西村作[10]図

二　風水と首里城

1　はじめに

『球陽』は、広域・狭域の首里城の風水について述べ、正殿の西向きは風水によると説明している。また、首里城御庭の浮道の斜め走行は、奉神門と正殿の中心軸とのズレによるが、これも風水思想の反映であり、崇元寺や玉陵《タマウドゥン》にも門と主要建造物の中心軸のズレがある。直進する悪霊の進入を防ぐため、首里城の奉神門と正殿の中心軸は直交せず、御庭の浮道は斜行しているのである。

2 正殿の西向きと風水

首里城の西向きは、中国の紫禁城や日本の平城京・平安京の南向きとは異なっており、「天子南面す」ではなく、「国王西面す」である。一五三四年尚清王即位の冊封正使として来琉した陳侃の『琉球使録』は、「王之居舎、向南者七間、向西者七間、以南者旧制不利於風水、反以西者為正殿」と記す。つまり、王の居舎は南向き七間で、西向き七間である。南向きは旧制で、風水上よくないので、正殿は西向きであると述べている。また、『球陽巻十』(尚敬王元年、一七一三年)の六八八は毛文哲と蔡温の風水検分を記すが、正殿の西向きについて、次のように述べている。(11)

城前焉を望めば則ち馬歯山海中より起こり、特に之れが錦屏と為り、亦能く諸漏洩の気を遮る。其の左は則ち小禄・豊見城地方の諸峰聯絡して、之れが青龍と為り、以て城都を鎮む。其の右は、則ち北谷・読谷山地方の諸峰伏起して、之れが白虎と為り、以て城都を護る。其の間に三江有りて海水と相通ず。一は那覇港と曰ひ、一は泊港と曰ひ、一は安謝港と曰ふ。其の江たるや、湾環り、斯の水たるや、汪洋として、皆吉方より進み来り、王城に朝拱す。三江最も之れが良佐たり。城後焉を望めば、則ち西原地方より以て島尻に至るまで、有る所の峰巒周密にして、雌を分ち雄を分ち、遠々鎮護す。

以上のように、『球陽』は首里城の風水について述べるが、それを整理すると次のようになる。

(1)首里城前の馬歯山（慶良間島）が海中の錦塀となり、諸々の漏洩の気を遮る。
(2)首里城の左方に連なる小禄・豊見城の諸峰が青龍である。
(3)右方の北谷・読谷山の諸峰が白虎で、城都を護っている。
(4)那覇港・泊港・安謝港の三江は首里城の左方と右方の間に介在し、王城に朝拱する。
(5)首里城の後を望めば、西原地方から島尻の山並みは周密で鎮護する。

要するに、首里城の広域の風水は、小禄・豊見城は青龍（南）、北谷・読谷山は白虎（北）である。よって、西原・島尻は玄武（東）で、那覇・泊・安謝・慶良間島は朱雀（西）となる。

つづいて、『球陽』は、「況んや、且、冕嶽・虎瀬・崎山嶽及び遠近の林樹、森々として城を繞り、而して能く其の盛気を扶くる者皆城都の風水に非ずや」と記して、嶽林や地形が優れていると述べている。が、これはある意味では、⑪「首里風水図」が描く狭域の風水である。つまり、東の弁ヶ嶽は玄武、北の虎瀬山は白虎、南の雨乞嶽は青龍、西の波の上宮方面の海（港）は朱雀となる。そして、玄武（東）の弁ヶ嶽から発す

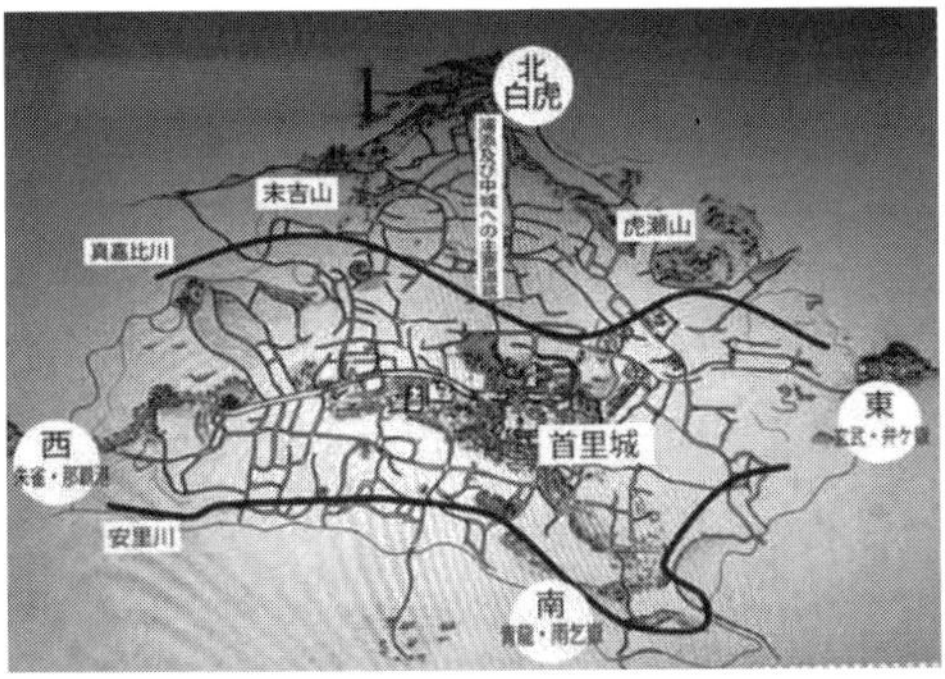

⑪首里風水図

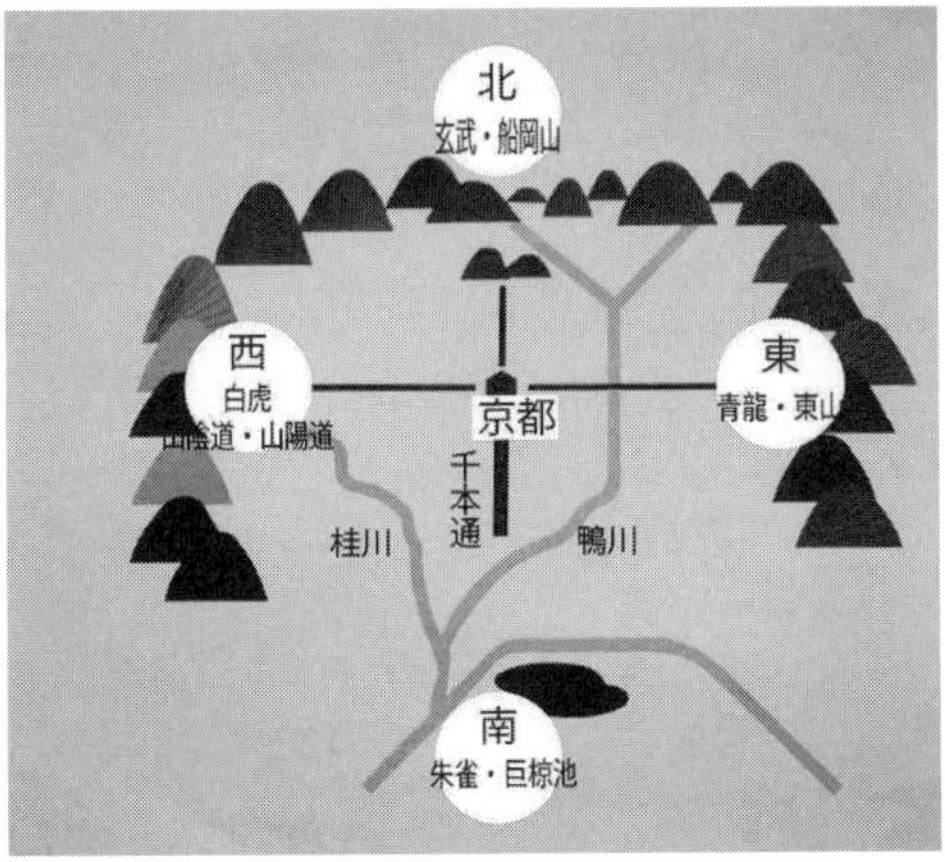

⑫京都風水図

る安里川は首里城の左（南・青龍）を流れ、真嘉比川は首里城の右（北・白虎）を流れる。また、その白虎（北）には、浦添・中城へとつづく主要道路がある。したがって、首里城の西向きは、風水に適合していることになる。

ところで、平安京の場合は、⑫京都風水図のように、北の玄武が船岡山、東の青龍が東山・鴨川、南の朱雀が巨椋池《おぐらいけ》、西の白虎が山陰道・山陽道及び桂川である。よって、「天子南面す」となる。しかし、首里城では、玄武（東）・青龍（南）・朱雀（西）・白虎（北）は、時計回りに九十度回転した方位の風水であり、それで正殿は西向きとなる。おかげで、国王はじめ王城の人々は容赦のない西日を受けることになるが、正殿の西向きを変えることはなかった。西向きは、風水思想にもっとも適うものであり、国家繁栄の礎であると考えられていたからである。[12]

3 正殿前御庭の浮道と風水

『球陽』巻十の六八八では、「国殿能く外盤を用て甲に座し庚に向ふ。殿前の輦道は却つて内盤を用て卯より寅に横たはりて、二者の立向同じからざるは、最も妙なり」と記す。[13] これは、羅盤の方位であり、「正殿は外盤で甲（東北東）→庚（西南西）となり、輦道（浮道）は内盤で卯（東）→酉（西）となる。そのため、正殿の中心軸と浮道は直交せず斜めに走るが、それがもっとも妙である」と、浮道の斜行を肯定的に述べている。

照屋正賢氏は斜め走行の浮道（輦道）について、田辺泰『琉球建築大観』の「旧首里城平面図（縮尺五百分の一）」をもとに『琉球国旧記』の「首里地理記」と「国廟地理記」を参照し、次のように述べる。[14]

「首里地理記」によると、正殿は「外盤」をもって甲を背にし、庚の方に向いている。一方、「輦道」

は「内盤」をもって卯から酉の方向に走っている。〈中略〉甲―庚と卯―酉の走行は羅盤上でいくとちょうど十五度のズレとなる。〈中略〉これも田辺泰前掲書所載の崇元寺平面図でみるとやはり十五度のひらきを確認することができる。

要するに、首里城御庭の浮道の斜度は十五度であり、国廟（崇元寺）の石門と中心建造物と輦道の斜度も十五度であると述べるが、栗野慎一郎氏は、「正殿基軸と御庭浮道の方向に約九度のずれがある」（二〇二一年二月十一日、琉球新報）と述べる。いずれにしろ、首里城正殿浮道の斜行、崇元寺輦道の斜行、⑭玉陵《タマウドゥン》の外門と中門の位置のズレはいずれも風水と関係する。

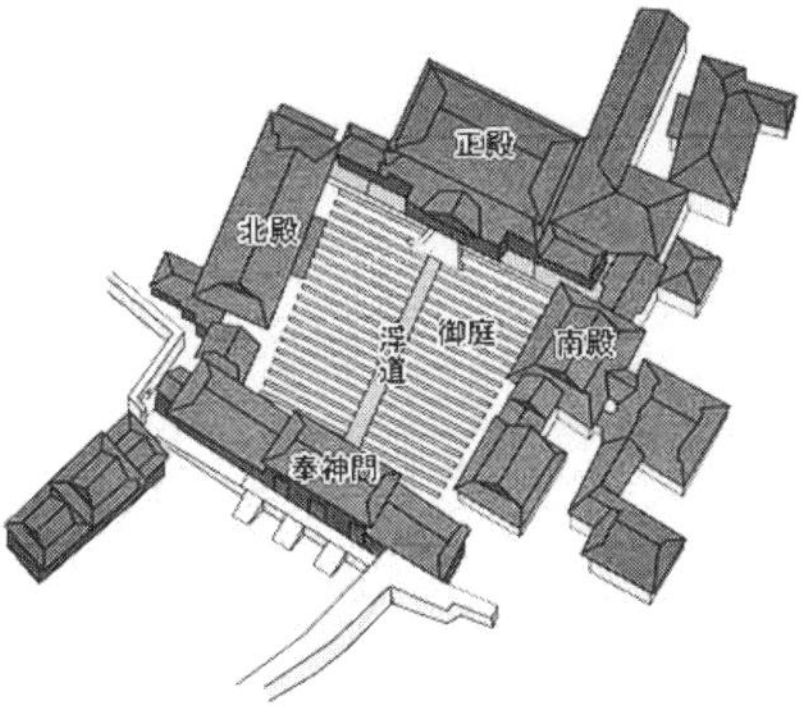

⑬浮道

また、窪徳忠氏は、門と建造物の中心軸のズレについて、「中国では、悪鬼、悪霊は直進するだけで、飛んだり、蛇行したりしないと考えられている。したがって、かれらが屋敷内に進入するのは門からである。そこで、門にガードマンをおく。それが、門扉に貼られた門神

⑭玉陵

である」と述べ、「これらの門神の監視をかいくぐって屋敷内に進入した悪鬼どもを防ごうとするのが前述の影壁や屏風《ピンホン》で、門と母屋との間に造立されている」[15]と述べる。また、窪氏は中国の人々の話として、殺気を出すものとして「一キロ以上続く直線の道路」をあげている。

八重山諸島竹富島では、直進する邪神を防ぐツンマーセー（チンマーサー、積み回し石垣）の伝説がある。竹富島の玻座間村と仲筋村の入り口には、クースクとシーブイというツンマーセーがある。玻座間村のクースクは、火番盛（烽火台）との兼用であるが、仲筋村のシーブイはツンマーセーとして築かれたものと考えられている。そのクースクとシーブイは道路に突き出ており、⑮写真のように道路はクースクを囲繞している。直進する邪神を撃退するためであるが、次は竹富島出身の古老・一橋恒夫氏から聞いた話である。

石垣島からやってくる疫病・害虫の神は海上を飛ぶように走って竹富島に上陸する。そして一目散に走って玻座間村に向かうが、道路に突き出たクースクに激しくぶつかり転倒する。ふと見ると道が曲がっているので、そろそろと走り抜ける。そして、仲筋御嶽の前に来ると、前方にクースクと同じような形のシーブイが見える。そこで、疫病・害虫の神はぶつからないため、今度はゆっくりと気をつけながら行くと、やはり道が曲がっている。その道路をそろ

⑮クースク（火番盛）

そろと通って、仲筋村を勢いよく走り抜け、カイジ浜を一気に駆け抜け、海を越えて黒島へと走り去ってしまう。だから、竹富島は疫病や害虫が流行することはない。

竹富島は、クースク・シーブイというツンマーセーのおかげで、疫病・害虫など災厄をもたらす邪神から逃れることができるという伝説である。チンマーサー（ツンマーセー）は、沖縄の各地に設置されているが、それは直進する悪霊・邪神を防御するためであり、T字路の石敢當や旧家の母屋と門の間のヒンプン（屏風）も悪霊除けである。また、『球陽』巻十（尚敬王元年、六七三）では、「城内の諸門、左廻右転し、曲折して直ならざるは最も其の法を得たり、若し一直にして開門すれば、則ち資材耗散し、必ず不虞の憂有らん。決して改開すること勿れ」と記している。

つまり、直進する邪神の性向を考えて、門から主建築に直進できないように城門を「左廻右転」させるが、同様の考えで、奉神門と正殿の中心軸もズラされている。それで、御庭の浮道は正殿と直交せず、斜行しているのである。要するに、正殿の西向きと浮道の斜行は、風水思想にもとづいて造られたが、そのことについて『球陽』は次のように述べている。(16)

若し俗眼を以て之を観れば、則ち首里城何ぞ称するに足らん。然れども、龍の来歴、気脈鎮まる所、誠に取るべきもの有り。況んや、夫の国殿、立向甚だ好く、殿前の輦道、其の向、殿と同じからずして、最も妙なるをや。

要するに、俗眼で見れば、首里城はそれほどのものではない。しかし首里城は、龍の来歴、気脈の鎮まる所であり、誠に取るべきものがある。正殿の西向きはとてもよく、正殿前の輦道（浮道）は、正殿と直行しない。もっとも妙であると述べているのである。

三　大龍柱の形状

1はじめに

龍柱は、龍を柱形状にした彫刻である。その龍柱の形状については、首里城研究グループ編の『首里城入門』と西村貞雄氏が言及している。ここでは両者の見解を比較検討したうえで、西村氏の「仁王像を盛り込んだ龍柱の形状」について検討し、その形状が大龍柱の〈正面向き〉と深く関わっていることを明らかにしたい。

2龍柱の形状

大龍柱の形状について、『首里城入門』は、次のように述べている。[17]

この大龍柱は彫刻物としては傑作中の傑作と言えよう。文字どおり胴体が柱のように垂直に伸びて自立し、阿形・吽形とも、かま首をもたげた攻撃の姿勢をとっている。このような形態の龍の彫刻は中国や韓国、日本本土にも現時点では見当たらず、おそらく琉球独自のものであろう。

この説明は、(1)大龍柱は琉球独自である、(2)かま首をもたげた攻撃の姿勢である、(3)胴体が柱のように垂直に伸びて自立している、と整理される。それに対して、小龍柱の形状を参考に大龍柱を復元した西村貞雄氏は、次のように述べている。(18)

(1)龍柱の特徴は、垂直に立っている四角状の太い胴体が柱になっていることである。

(2)首里城正殿の龍柱には、阿吽の様式をとっている他にも、仁王像の構えと相通ずるものがある。例えば、仁王像は法隆寺中門、東大寺法華堂に見られるように、一般に、向かって左側の吽形は右手を上に左手を下に向け、阿形では左手を上に右手を下に向けている。〈中略〉龍柱にも同様の図式が見いだせる。

(3)龍柱と欄干は一体化した構造体であり、龍の背びれと欄干が繋がることが、龍の流れをつくる上からも自然であり、守護する意味からも、回りを囲んで構える構成はうなづけるものである。

西村氏は、(1)龍柱の特徴は四角状の太い柱が胴体になっている。(2)龍柱は阿吽の様式をとっており、仁王像の構えと相通じ

⑯-1 吽阿仁王像

⑯-2 阿形仁王

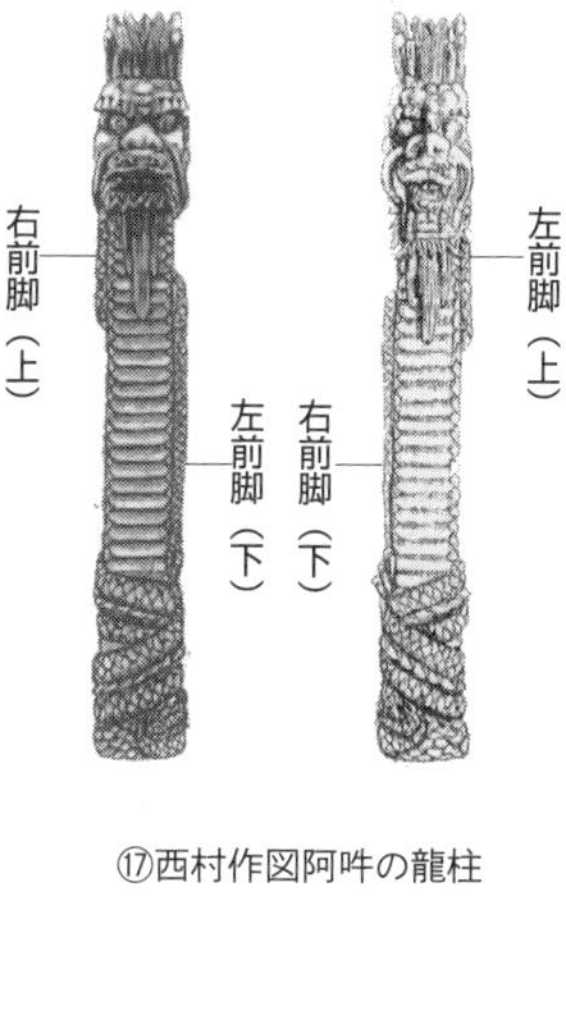

⑰西村作図阿吽の龍柱

るものがある。(3)龍柱と勾欄（欄干）は一体化した構造体である、という見解である。つまり、『首里城入門』と西村氏は、(1)龍柱の特徴は柱形状で、琉球独自であるとする。そして、(2)については『首里城入門』は〈攻撃の姿勢〉と考えるが、西村氏は〈仁王像の構えを盛り込んでいる〉と述べている。ここでは、(2)の西村氏の〈阿吽の仁王像の構え〉を中心に検討する。

⑯－1と⑯－2の写真は石垣島桃林寺の阿吽の仁王像であるが、阿形仁王は素手で、⑯－2写真の吽形は武器を持っている。西村氏は、⑯－1、⑯－2写真の阿吽仁王像が⑰の阿吽龍柱に盛り込まれ、その双龍の下部はトグロを巻いていると考えた。つまり、阿形龍柱には阿形の仁王像が盛り込まれ、吽形龍柱には吽形の仁王像が盛り込まれており、それが⑰図である。[19] 換言するならば、⑰図の阿形仁王像から⑱図の阿形の龍へと変化して、大龍柱の形状が生み出されたと考えたのである。[20] また、⑰図の阿形龍柱の左前脚は左側面上部に、阿形龍柱の右前脚は右側面下部に、それぞれ盛り込まれており、⑰図の吽形龍柱の右前脚は右側面上部に、吽形左前脚は左側面下部に、それぞれ盛り込まれている。

つまり、西村氏は「大龍柱では、龍の構える形態（守護を意味する）を末広がりの階段欄干という構造体に盛り込み、御庭に向けて位置づけている」[21] と述べ、大龍柱は構えの形態であり、正殿を守護すると考える。西村氏の見解は、大龍柱の作者（技能者）ならではの見方であり、大龍柱は火災を防ぐシーサーや悪霊除け

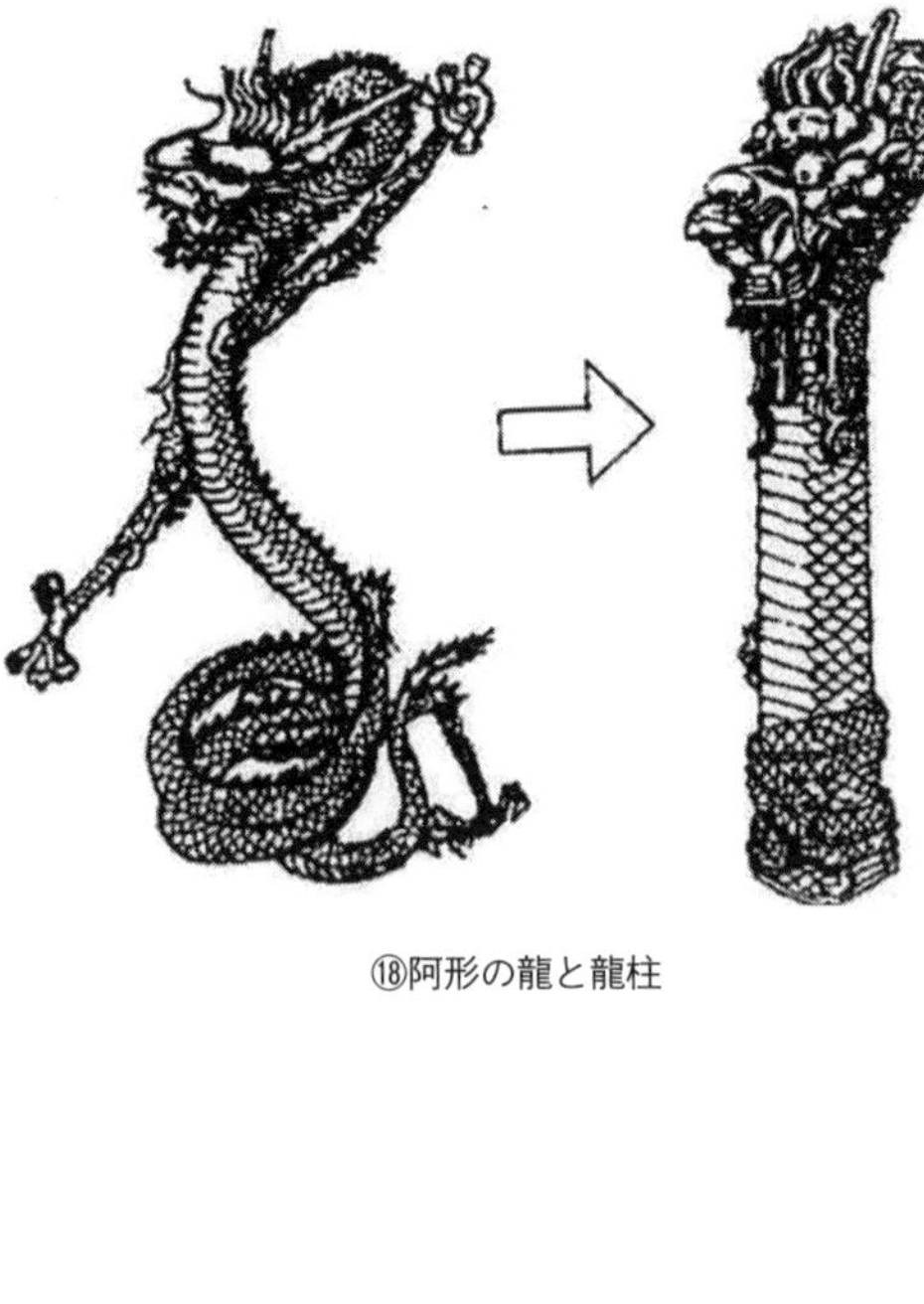

⑱阿形の龍と龍柱

の塀風《ヒンプン》・石敢當と同じはたらきの防御装置であるとしている。よって、正殿前の大龍柱は、奉神門から進入する外敵に向かって正面向きに建てられることになる。

3　龍柱と欄干の連結

西村氏の「龍柱は単独に位置づけられているものではなく、欄干（高欄）と一体化した構造体である」[22]という見解は、大きな台石上に建つ自立した大龍柱にも言えることである。⑲西村作図の正殿二階の金龍柱の背は欄干と連結し、その欄干は御差床（玉座）を囲んでいる。正殿一階の左右向き合いの小龍柱の背と欄干も連結し、その欄干は正殿正面に侵入する外敵をガードしている。また、正面階段下の正面向きの大龍柱の背は、石階段欄干と連結している。ちなみに、正殿一階の御差床（玉座）の軸線は、唐破風向拝柱の中央、左右向き合いの小龍柱の中央、そして石階段欄干の中央、御庭側左右の正面向き大龍柱の中央へとつづき、いずれの軸線も中央を通っている。

換言するならば、正殿二階の玉座は金龍柱の背と連結した欄干に囲まれて結界をつくり、正殿一階の小龍柱は正殿正面と御庭《ウナー》の結界を形成する。また、大龍柱の背は石階段欄干と連結することで、正殿と御庭の結界を形成している。

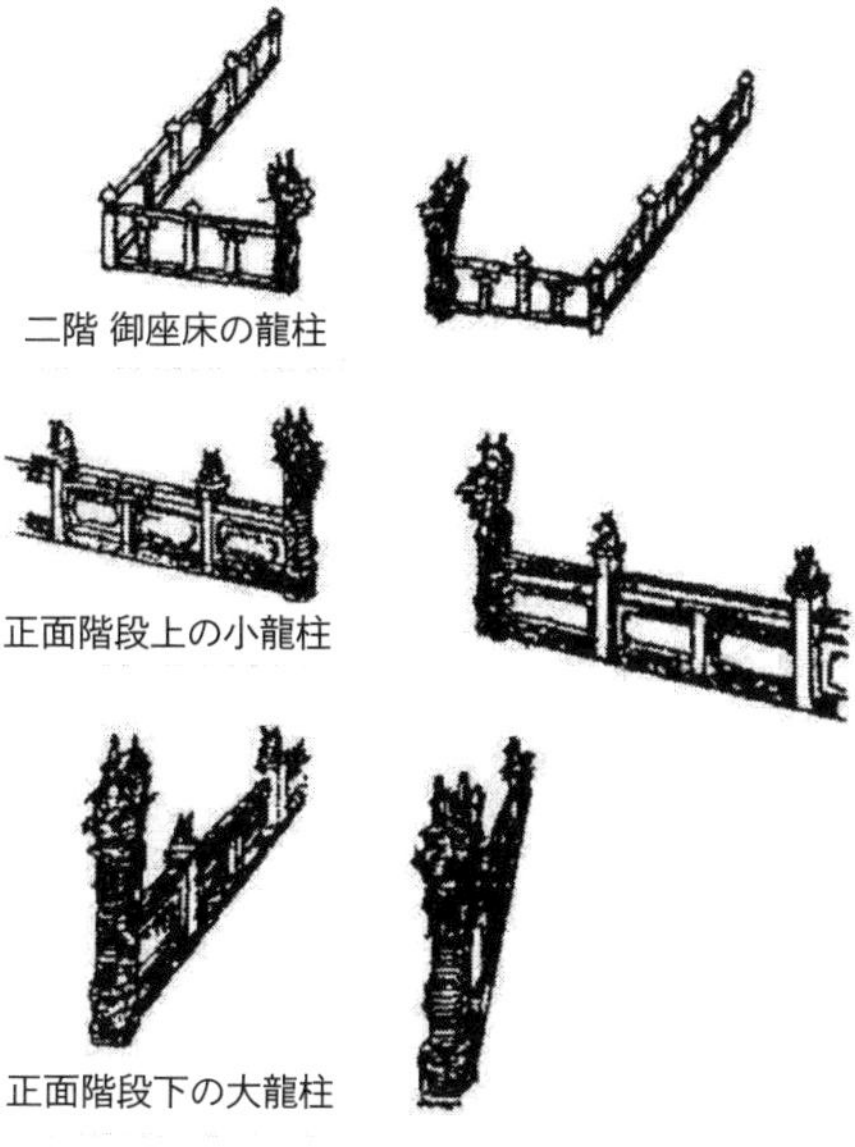

⑲西村作図[23]

要するに、正殿二階の金龍柱と正殿一階の小龍柱は各々の階の平面上の結界であるが、大龍柱は上下の石階段欄干と連結した結界である。ちなみに、結界とは仏教用語で、聖なる空間と俗なる空間を分ける寺院の門などであるが、神社の鳥居も結界にあたる。また、園比屋武御嶽には本殿・拝殿がなく、石門のみを建造した。聖なる空間と俗なる空間を石門で区分けして結界としたからであろう。

四　中国様式の欄干と琉球独自の大龍柱

1　はじめに

首里城二階の金龍柱・一階の小龍柱、それに正殿御庭側の大龍柱の背は、各々欄干と連結することで結界を形成すると述べたが、大龍柱は正殿の外の御庭に設置されており、正殿二階の金龍柱や正殿一階の小龍柱とはその機能が異なっている。しかも、首里城正殿前の石階段は創建当時からあったが、欄干と大龍柱は尚真王代の一五〇八年に、はじめて造られた。それは、「欄干（勾欄）がなければ宮殿として十全ではない」という考えからであったが、そもそも欄干は橋に架かるものである。よって、大龍柱と欄干についても、欄干と橋という観点から検討する必要がある。

2　欄干と大龍柱

正殿前御庭の大龍柱は正面向きであり、笠石・羽目石・地覆石を介して欄干と連結していたが、その欄干と大龍柱は同時に造られた。『球陽』尚真王三十二（一五〇八）年の一七三に「始めて丹墀に石欄及び龍柱を建つ」と記す。ただし、『琉球国旧記』巻之一は、「正徳四（一五〇九）年に至り、尚真王始めて殿前に青石の龍柱並びに欄杆を設立す」と記している。また、百浦添欄干之銘（一五〇九年）の前文は、次のように記している。

臣謹奏中山世主尚真三言、宸居壮麗而輪奐尽美矣、雖然殿前欄未之有也、無欄干、則殿閣之制度不全備也、則削青石、以架欄干於左階右階之上、而欲擬中華宮室之制度云々、

その概要は、「尚真王に謹んで申し上げます。首里城は壮麗で大きく美を尽くしているが、正殿前の石階段には欄干がない。欄干がなければ、宮殿として十全ではない。それで、青石を削って階段左右に欄干を架けて中国の宮殿のように整えたい」ということである。

つまり、石階段に欄干がないことは、正当な国殿（正殿）ではないと考えられていた。また、百浦

⑳太和殿の石階段欄干

添欄干之銘の十一条では、「擬中華宮室之制度、削青石以殿下架欄、古無此盛矣」と記す。同銘の前文では、石階段の左右に欄干を造ることの重要性を説いた。そして、十一条では「中国にならって青石を削って欄干を造った」と述べる。ちなみに、紫禁城太和殿は、⑳のように平行型石階段に、欄干が設置されている。しかも、五つの平行型石階段欄干がある。太和殿は、石階段欄干一つを有する首里城正殿よりも、スケールが大きいからである。ただし、太和殿と首里城正殿の欄干は、いずれも中央部に設けられている。

3 石階段欄干は〈境界の橋〉

大龍柱は、石階段欄干親柱と一体化して正殿全体と御庭との結界を示すと同時に、石階段は聖なる空間と俗なる空間の〈境界の橋〉であると考えることができる。そしてその考えは、久高島のイザイホー祭りの〈七つ橋渡り〉にも窺うことができる。

久高島のイザイホーでは、〈橋〉を渡る。牧田茂氏は、「その〈筆者注、神アシャギ〉入り口に〈七つ橋〉がつくられた。どうみても橋ではなかった。はしごを砂のなかに埋めたようなもので、二本の桁と七枚の板は見えても、そこから落ちる心配の全くない〈橋〉であった」と述べる。そして、「八人のナンチュが、ヤジクたちの左右にわかれてならんでいる間を、七つ橋を踏んで神アシャゲに入る。いったん飛び出してきて、また入る。七たび七つ橋を行きつ戻りつして神アシャゲにはいるのだ」と述べている。[25]

㉑イザイホーの七つ橋[24]

要するに、聖なる神アシャゲに入るために七つ橋を渡るのである。イザイホーの七つ橋は〈結界〉を形成すると同時に〈境界の橋〉であるといえよう。つまり、聖なる神アシャギと俗なる地上を分ける橋であると同時に両者をつなぐ橋でもある。

換言するならば、首里城正殿は神アシャギにあたる聖なる空間であり、御庭は地上の俗なる空間である。欄干は〈橋〉の機能をもたせるために必要であり、欄干によって聖なる正殿と俗なる御庭の〈境界の橋〉となる。と同時に、結界を形成する。

また、大龍柱を建てたのは、聖なる正殿を守護するためであった。その証拠に、『首里城入門―その建築と歴史』は、元旦や冬至の儀式が御庭で行われた折、「大龍柱の周りに米蒔《よねまき》と称して白砂を敷いて御庭を清めた」と記す。(26) 散米《さんまい》は、神事や儀礼に先立って悪霊を払うために行うが、それが大龍柱の周りで行われたということに注目したい。大龍柱は、欄干によって聖なる正殿を守護する役目を担うと同時に、俗なる御庭(地上)側に建つ。しかし、御庭は悪霊が跋扈すると考えられていた。それゆえ、散米を行ったのである。

五　ハの字型石階段と大きな台石を廻る論争

1　はじめに

西村貞雄氏と安里進氏の論争は、ハの字型石階段への改変と大きな台石の設置についての見解の相違であり、彫刻家の西村氏と研究者の安里氏の立場の違いでもある。西村氏は彫刻家として大龍柱は芸術的な視点から低い台石上の正面向きが良いと主張している。が、安里氏は首里城内で発掘した大龍柱の残欠や一七二九年の大きな台石の設置を根拠に相対向きを主張する。

2　西村氏の低い台石

紫禁城太和殿の石階段欄干は平行型であった。そして、首里城正殿前の欄干と大龍柱がはじめて造られたときも平行型石階段であった。そのように考えた西村氏は、次のように述べている。[27]

中国の紫禁城や日本の神社仏閣では、階段の勾欄（欄干）は左右平行に造られている。また、中国の石造勾欄には獅子を配した親柱が多く見受けられ、日本では擬宝珠がつけられている例が多い。正殿石造勾欄は中国様式を取り入れて獅子を配し、正面親柱として龍柱を阿形、吽形の対で組み合わせている。龍柱は龍がとぐろを巻き鎌首を構えている形態を柱に見たてた形で表し、首里城正殿に独自の風格をつくっている。このように考えると、龍柱は単独に建っているものではなく勾欄に組み合わせるように造形的に工夫されたものと推察される。

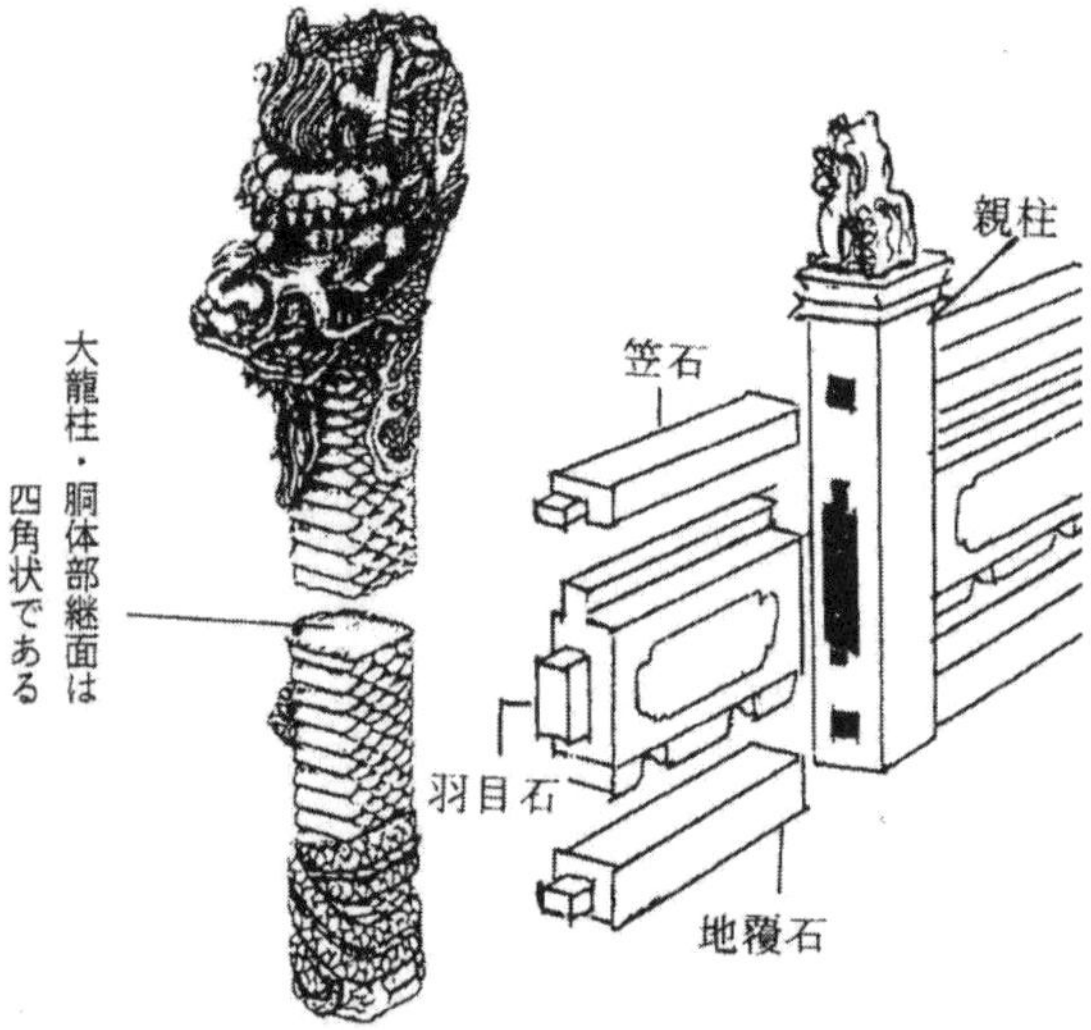

㉒西村作図[28]

要するに、⑴階段の勾欄（欄干）は左右平行に造られる、⑵龍柱は単独ではなく、欄干との組み合わせで建っていると述べる。それが前頁の㉒西村作図であるが、欄干親柱と大龍柱の背には三つのホゾ穴があり、直角に連結するようにつくられている。その構造について、西村氏は「龍柱は単独に建っているものではなく勾欄に組み合わせるように造形的に工夫されていたものと推察される」と述べるが、それは平行型石階段の場合である。ハの字型石階段では、大龍柱の背と欄干親柱のホゾ穴は直角に連結することはなく、斜め角度に形式的に連結することになるからである。つまり、㉒西村作図は、ハの字型石階段に改変される以前の欄干親柱と大龍柱の連結である。

それに対して、㉓西村作図は、末広がり（ハの字型）の石階段で正面向きの大龍柱を描いているが、大きな台石は描かれていない。そこが史実と違うところであるが、西村氏は「大龍柱の大きな台座を取り除くことによって、大小龍柱の高さのバランスがとれる」と述べている。[29] 技能者（彫刻家）としての西村氏は、大きな台石上に立つ大龍柱は高すぎて空間的なバランスを欠いていると考え、低い台座（台石）上の大龍柱を描いたのである。西村氏は大きな台石が設置された史実よりも、芸術的で美的な大龍柱にすることを求めたのである。確かに、約三・一メートルの大龍柱が約一メートルの台石上に立つのは、「根入れ」の部分があったとしても、高

㉓西村作図[30]

すぎてバランスを欠いている。しかも、大きな台石は、何の彫刻も施されず、芸術的センスに欠けていると言わざるを得ない。

しかしながら、歴史的に低い台石から大きな台石へと変わったこと、石階段が平行型からハの字型に改変されたことは、西村氏も含め研究者が一致して認めるところである。したがって、ハの字型と低い台石を主張する西村提案は、復元ではなく、芸術性を追求するオリジナルの大龍柱である。その意味において西村氏の提言は、オリジナル首里城を掲げる技術検討委員会の見解と一致していると考えることもできる。

3 安里氏の大龍柱の残欠の復元

安里氏は、「正殿正面の石階段が直線階段（平行耳石階段）から末広階段（ハの字階段）に変化したのは一七二九年の台石設置以後である。末広階段が登場した時には、大龍柱は石階段の欄干から分離して台石上で自立していた[31]」とし、「無台石のSc-博6（筆者注、大龍柱の残欠、県立博物館蔵）は一七二九年以前の大龍柱になる[32]」と考えた。そして、㉔安里作図を提示し、氏の見解を証明しようとした。

㉔安里作図は、沖縄神社拝殿の実測図をトレースし、大龍柱

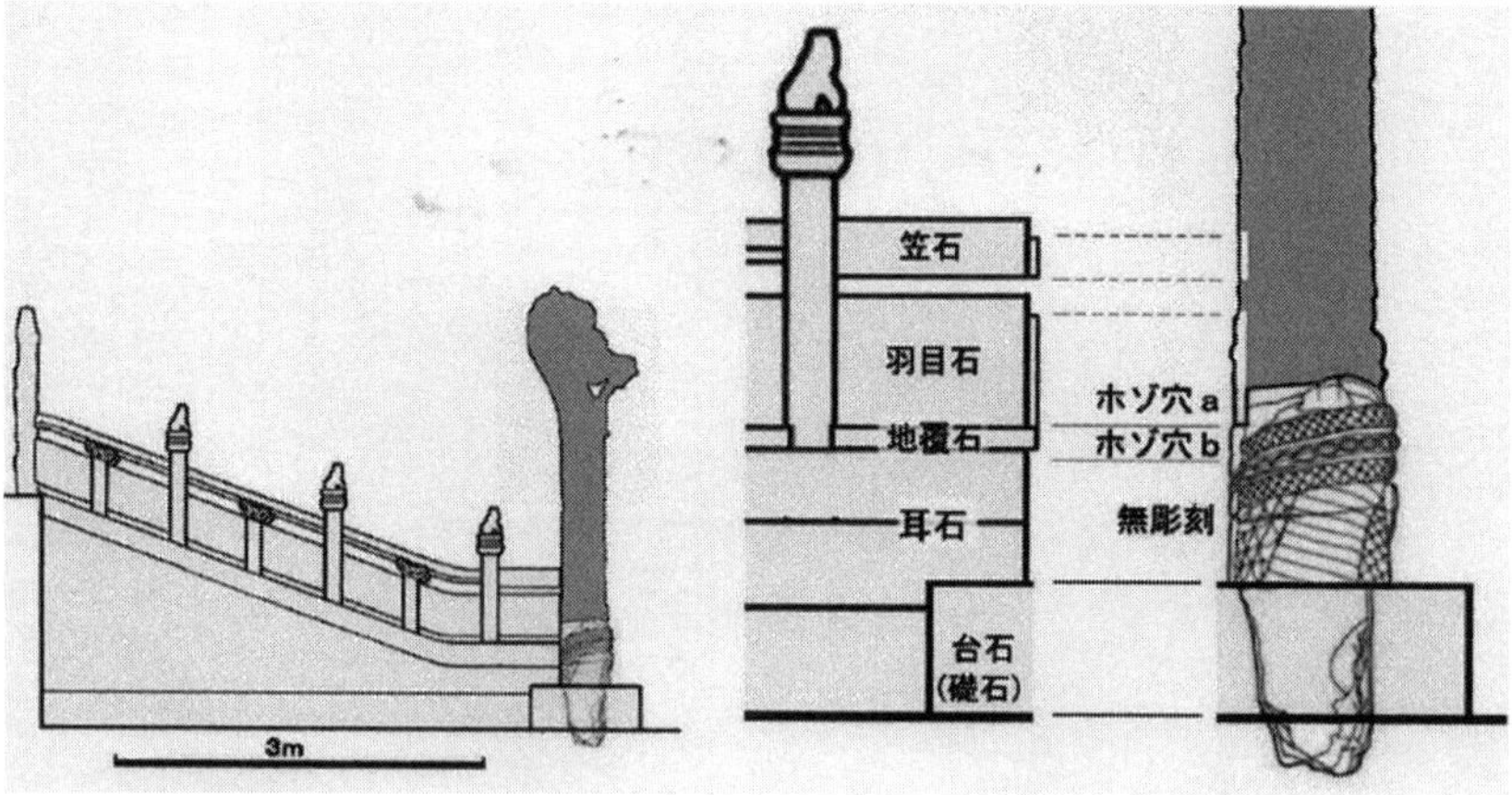

㉔安里作図

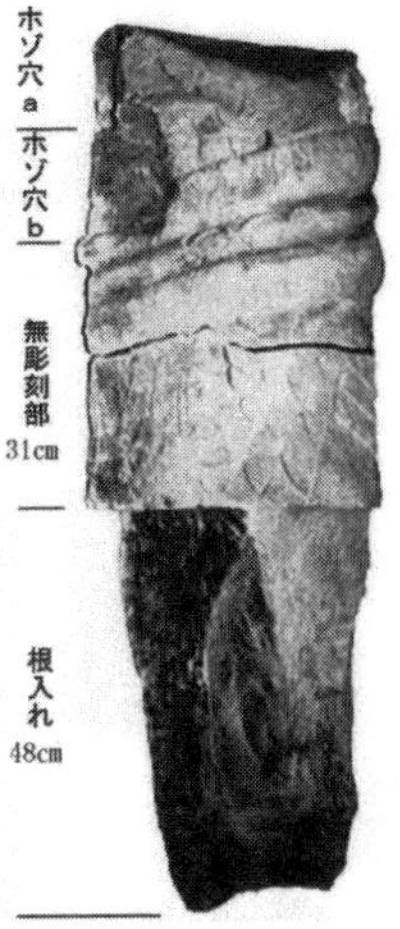

㉕Sc-博6

の残欠〈㉕Sc-博6〉と、ホゾ穴及び欄干部材との対応関係を示した。拝殿実測図をもとにした大龍柱・石階段・台石（礎石）・耳石・地覆石・羽目石の高さや幅のサイズはほぼ正確に描いていると思われる。また、㉔安里作図は平行型石階段で低い台石上に立つ大龍柱を描いており、欄干親柱と大龍柱残欠の背面a・bの両ホゾ穴は、㉔図のように、上から笠石・羽目石・地覆石・笠石を介して連結している。(33)

ところが、㉔安里作図をよく見ると、耳石と無彫刻部分がしっかり連結しているとは思えない。また、大龍柱の根入れの上部は上にはみ出ており、根入れの下部の一部は地中に埋まっている。大龍柱は見るからに不安定であり、少しの力でも倒れそうである。その要因は、安里氏が、〈㉕Sc-博6〉の大龍柱は、低い台石に立つと考えたからであり、平行型石階段では、大龍柱及び欄干親柱にはホゾ穴があると考えていたからである。ただし、大きな台石設置の一七二九年以降に、㉕Sc-博6の大龍柱が建っていたとするならば、約一㎥の大きな台石に根入れ四十八cmと無彫刻三十一cmを合わせた七十九cmでもすっぽり収まり、大龍柱はしっかり固定され自立する。要するに、㉕Sc-博6は、一七二九年の大きな台石設置以降の大龍柱の残欠であると考えられるのである。

換言するならば、㉔安里作図の不安定な大龍柱は、自らの見解を否定すると同時に、もう一つの真実を我々に提示している。それは、大きな台石が設置され、ハの字型石階段に改変された後も、大龍柱の背にはホゾ穴があり、欄干親柱と連結していたということである。そして、そのことは、大龍柱が正面向きだったことを証する。相対向きならば、大龍柱のホゾ穴は不用であり、大龍柱の背のホゾ穴が欄干親柱と連結することはないからである。

六　一七二九年の首里城改修

1 はじめに

安里進氏は、技術検討委員会の「平成復元の検証―報告資料」（二〇二二年二月十六日改訂版）で、比嘉景常の「首里城正殿の大龍柱について」（琉球新報」一九四〇年一月一日～六日）を紹介している。それによると、一七二九年に大龍柱の台石を設置したが、そのことは同年の首里城正殿の改修及び大龍柱の向きの問題と深く関わっていると思われる。

2 一七二九年の正殿改修

一七二九年の首里城正殿改修では、偏っていた御差床（玉座）を正中に設けた。その玉座の移動は、正殿前御庭の浮道の斜行を目立たせたが、それをカムフラージュするために平行型石階段をハの字型石階段に改変した。ところが、ハの字型石階段への改変は、大龍柱の正面向きを斜め向きに開かせることとなり、それを補正し正面向きとするためには大きな台石を設置し大龍柱を自立させる必要が生じた。換言するならば、一七二九年の正殿改修は大龍柱の正面向きを保持するため、さまざまな工夫が行われたということである。尚、ここでは私見をまとめた次頁の年表をもとに検討する。

3 玉座の正中とハの字型石階段への改変

伊従勉氏は、正殿の唐破風向拝の三間拡幅がいつ行われたかを論点として、さまざまな記録資料を渉猟し、最終的には「現存する絵図により判断するかぎり、唐破風向拝の三間拡幅とハの字形階段、及び大龍柱の向きの意匠変更は連動しており、それは一七二九年にではなく、一七六八年の改修工事の際に初めて施工されたと考えざるを得ない[34]」と述べている。が、氏自身も認めているようにこれは絵図のヨミで判断しているに過ぎない。また、ハの字型石階段への改変理由については、次のように述べる[35]。

古琉球の面影（正殿身舎玉座の南への偏向）を残しながら一七一二年に再建された正殿は、一七二九年、国王の政治儀礼の舞台装置に相応しく、内外軸が呼応するように玉座が改規されたが、しかしそれでも十分ではなかった。〈中略〉唐破風向拝が三間に拡幅され、石階段が「ハの字」形に改修され、『御絵図』の姿にみるように名実ともに王権の演出装置に大改装され、正殿軸と御庭浮道の軸との屈折がカモフラージュされるに至るのは、彼（筆者注「蔡温」）の死後一六年も経た一七六八年の尚穆王代

年　代	事　　　項
1722 年（尚敬王 10）	「笑古漫筆」の詮議に「石ていし龍柱此中の様に可然と奉存候」と記す。「此の中《うち》の様に」とは「石階段欄干と大龍柱は、台石を設置するやり方で立てるべき」と理解する。
1729 年（尚敬王 17）	『球陽』には、「国殿の宝座を改めて正中に設く」と記さす。換言するならば「宝座を正中にした結果、浮道の斜行が目立つようになり、それを隠すためにハの字型石階段欄干への改変が必要であった」と考える。
1729 年（尚敬王 17）	「百浦添御普請帳」に「大きな台石を首里城へ運ぶ方法を検討し、大龍柱を建てた」と記す。換言するならば「ハの字型石階段欄干に改変した結果、大龍柱の正面向きを保持する必要が生じ、大きな台石を設置した」と考える。
1768 年（尚穆王 17）	「百浦添御殿普請付御絵図並御材木寸法記」、いわゆる「寸法記」成立。
1846 年（尚育王 12）	『球陽』は「十二年丙午、百浦添殿を重修す」と記す。「御普請絵図帳」（那覇市立歴史博物館蔵）成立。ただし、尚家文書では「百浦添御普請絵図帳」と称す。

であった。その姿が今日復元されたわけである。

伊従氏は、一七二九年に南に偏っていた玉座を内外軸が呼応するように正中に改規したが、唐破風向拝の三間拡幅・ハの字型石階段・大龍柱の向きの変更は一七六八年であったと述べ、それは改革を推し進めてきた彼（蔡温）の死後十六年のことだったと述べる。また、『球陽』尚敬王十七（一七二九）年の八五七「国殿の宝座を、改めて正中に設く」と記し、次のように述べている。

国殿の規模は、原、王座を偏隅に設けて、君臣の分、正を得ざるに似たり。是に由りて、按司良顕（伊江按司朝良）・向其聖（目取真親方朝儀）等をして、国殿を重修するの便に、改めて正中に設く。而して上下の分、燦然として以て明らかなり。[36]

つまり、玉座が偏っており、君臣の身分の上下が正確ではないので、伊江按司朝良・目取真親方朝儀たちに命じて、玉座を改めて正中にしたのである。ちなみに、玉座を正中にするとは、正殿の中心軸を中央に定めたことである。おかげで、君臣の身分は燦然と明らかになった。が、御庭の浮道の斜行を目立たせた。それで、浮道の斜行をカムフラージュするため、従来の平行型石階段をハの字型石階段に改めたということである。[37]

ただし、平行型石階段からハの字型石階段に改変したことで、大龍柱と欄干の連結は構造的な問題を生じた。ハの字型にすると、大龍柱の向きもハの字型に開き、大龍柱は真正面を向かなくなる。と同時に、大龍柱と欄干親柱の連結の強度は弱体化し、強風などで倒壊する危険性が生じる。その問題を解決する方法は、大きな台石に大龍柱を差し込んで自立させ、真正面に向かわせることである。換言するならば、大龍柱と欄干親柱を形式的に連結させ、正面向きを保持するには、大きな台石を設置する必要があったということである。

4　一七二九年の大きな台石の設置

真境名安興の「笑古漫筆」は、康熙六十一年壬寅尚敬王十（一七二二）年の詮議について記す。その〈覚〉には「石ていし龍柱此中の様に可然と奉存候」と述べている。つまり、「石階段欄干と龍柱は、〈此中の様に〉すべきと思います」となるが、〈此中の様に〉をどう解釈するかが問題となる。高良倉吉氏の解釈は「これまでどおりに石階段欄干と大龍柱を立てるべき」とするが、伊従勉氏の解釈は「〈ある仕方〉で石階段欄干と大龍柱を立てるべき」とする。[38]

高良氏の「これまでどおり」とは、石階段欄干は平行型で、大龍柱は正面向きである。それに対して、伊従氏は「内容は分からないが、すでに当時話題になっていた〈ある仕方〉で基壇と龍柱を改修すべきことが問題になったとみられる」と述べる。伊従氏の〈ある仕方〉を具体的に述べるならば、「大きな台石に大龍柱を建て、その背と欄干親柱を連結する」ということであろう。というのは、一七二二年の詮議七年後に、大きな台石が首里城に持ち運ばれているからである。それに関する『百浦添御普請帳』の一七二九年七月二十二日の記録は次のとおりである。[39]

龍柱台石、持ち登り候儀、日用頭共呼び寄せ、色々かけ引きを以て、此程相働かせ候へども□日御普請について、諸方へも日用數多召し使はれ候。其他二百人程の持口最早相達し申さず儀に御座候。尤も御普請回の日用召し使ひ申すべく候へども、其儀に於いては、御普請方差□先様の手□相違し、念遣存じ候間首里三平等の諸士にて引き上げられ候様御仰せ付けられ候ては何様に御座候か、御差圖を得候。以上。

要するに、「大龍柱の台石を首里城へ運ぶため、いろいろと工夫して日用頭と交渉したが、諸方でも大勢の人夫が必要である。ついては、首里三平等の諸士に運ぶように仰せ付けられてはいかがでしょうか。お指図ください」と記している。つづいて『百浦添御普請帳』の閏七月八日には「右百浦添、石の龍柱立て申すべき事」と記すが、これは「翌月の八日に大龍柱を大きな台石に建てた」ということである。

ところが、伊従氏は大きな台石の設置という「百浦添御普請帳」の記録を見落としていた。それで、ハの字型石階段への改変を「寸法記」の絵図で判断し、一七六八年とせざるを得なかった。つまり、伊従氏は、絵図の視覚的感覚的なヨミを根拠にした結果、誤った結論に至ったのである。

ただし、伊従氏は「技術検討委員会」の報告書（二〇二二年一月）で、相対向きへの改変を十八世紀中葉と改め、「なぜ正面向きに変更されたかを説明する文献が発見されるまで、あるいは、その理由が学術的に確認されるまで、研究の進展を待つべきである」と述べ、限定付きの相対向き説に変更している。つまり、伊従氏は、一八八七年のルヴェルトガ少尉撮影の正面向きの大龍柱を意識しつつも、強引に相対向きにすべきと述べているように思われる。その意味において、伊従氏と高良倉吉氏の見解（「技術検討委員会」報告書（二〇二二年一月）は一致しているのである。

5 大龍柱の正面向きと相対向きの根拠

一七二九年、正殿玉座を正中にした。大きな台石の設置も同じ一七二九年というのは偶然ではない。

正殿一階の玉座の正中とハの字型石階段への改変、それに大きな台石の設置は連動していたからである。また、既に述べたように、安里氏は復元した大龍柱残欠のSc-博6のホゾ穴と欄干部材との対応関係を本書一〇六頁の㉔図で示し、大きな台石を設置した一七二九年以降の大龍柱の背にもホゾ穴があったことを示してくれた。しかも、熊本鎮台分遣隊の首里城駐留（一八七九年）以降の欄干親柱にもホゾ穴があったことは㉖写真で明らかである。[40]

その欄干親柱のホゾ穴について、安里氏は「欄干部材は、大龍柱に連結していた時代の部材を再使用していたことがわかる。西村氏もこの写真を根拠に、欄干と連結した正面向き大龍柱の想像図を作成している」と述べている。[41] つまり、安里氏及び西村氏は欄干親柱のホゾ穴から判断して古材の再利用であるとするが、その古材は、一八七七年のルヴェルトガ少尉撮影の写真の欄干親柱であることは間違いない。換言するならば、㉖写真は〈正面向き〉大龍柱のルヴェルトガ写真裏側の欄干親柱であり、一八七七年当時も、欄干親柱と大龍柱は連結していたということを示している。

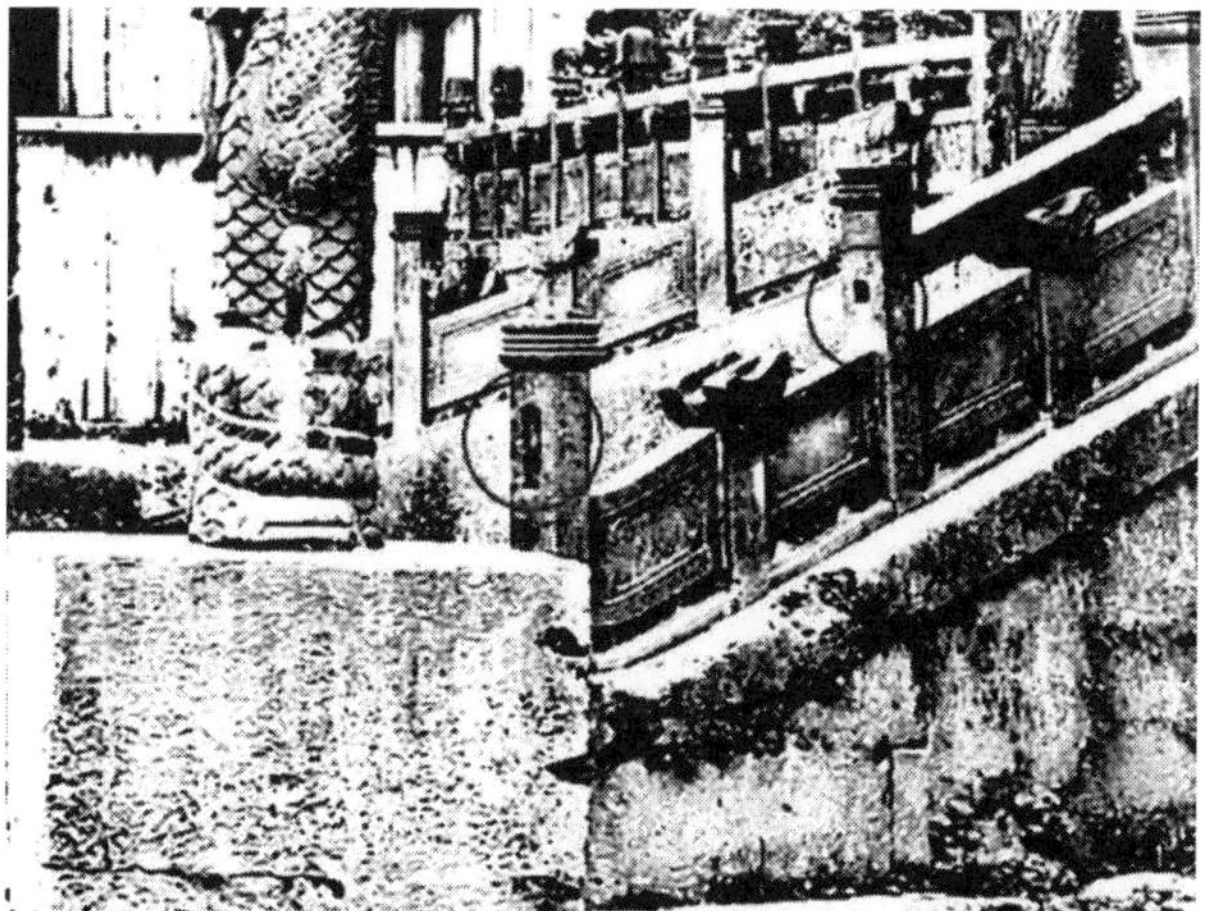

㉖鎌倉芳太郎撮影

要するに、安里氏の論証や鎌倉芳太郎の㉖写真は、大きな台石が設置された後も、大龍柱の背や欄干親柱にもホゾ穴があったことを証明している。また、そのホゾ穴の存在は、大龍柱と欄干親柱が連結していたこ

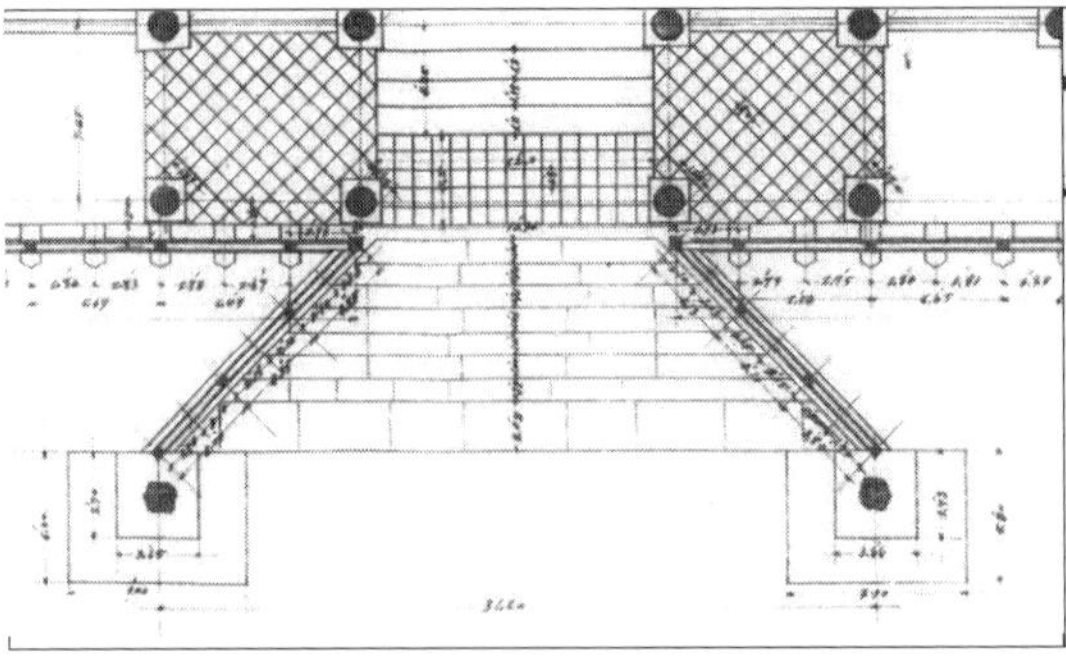

㉗石階段欄干と台石拡大平面図

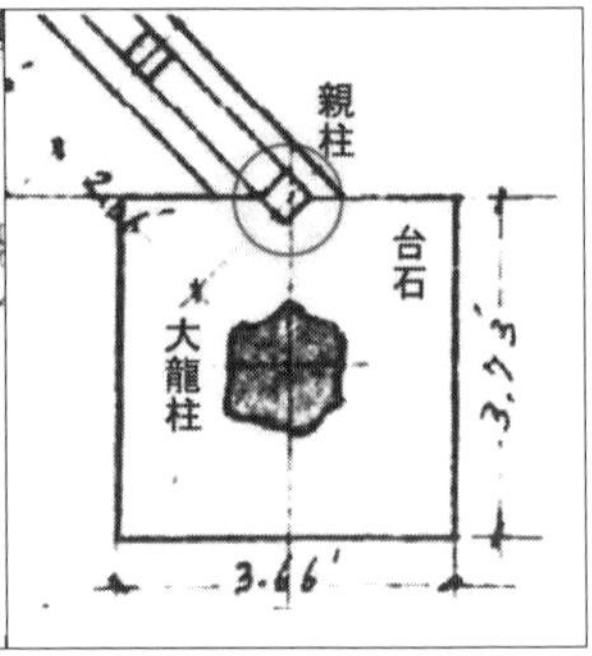

㉘台石拡大図平面図

とを証するものである。ただし、平行型石階段では、欄干親柱と大龍柱の背は強固に組み合わされていたが、ハの字型石階段に改変した後の大龍柱と欄干親柱の連結は形式的である。また、大龍柱と石階段欄干親柱は連結することで結界を形成するが、同時に〈境界の橋〉としても機能していたと考えられる。

しかしながら、昭和の改修時（一九二八～一九三三年）に作成された二十三枚の國寶建造物沖縄神社拜殿圖（沖縄県立図書館蔵、一九八五年に冊子体にしたのが『首里城正殿図面集』）の拡大した㉗石階段欄干と台石平面図には、大きな台石が描かれている。安里進氏はそれをさらに拡大した㉘台石拡大トリミングの平面図を提示し、「台石に欄干の親柱を食い込ませて欄干を安定させる必要があった[42]」と述べる。換言するならば、㉗㉘図の欄干親柱と大龍柱は連結していない。昭和の改修時に相対向きに改変されるに際に、大龍柱の背と欄干親柱の形式的な連結は不用となったからである。

ところが、相対向き説は、昭和の改修時の相対向きの改変については言及せず、大龍柱の相対向き改変を「一七二九年以降」もしくは「十八世紀中葉」とし、正面向きのルヴェルトガ写真まで相対向きを保持したという不可解な見解に固執している。そのためだろうか。安里進氏は「祈りの首里城」というＮＨＫの番組でのアナウンサーとのやり取りで、相対向きへの改変理由を次のように述べている。

〈アナウンサー〉緊張感を、人に威圧感を与えないため、（大龍柱は、）元々は人を威圧するように正面を向いていた。その後、緊張感・威圧感を取り除くようになる。

〈安里氏〉研ぎ澄まされた緊張感ではなくて、ゆるさの中にホッとする。これがやさしさにつながっている。そういう美意識をもっているのかな。そういうふうに考えますね。

〈アナウンサー〉緊張感を感じさせない、ゆるさを大切にした美意識、それはやさしさの文化、今の沖縄にも息づいている。

安里氏は、人を威圧しないために大龍柱の向きを相対向きにしたと説明する。そして、ゆるさの中にホッとする。それが沖縄の美意識であると述べるが、そのような情緒的な解釈で美意識を語ることは科学として不可解と言わざるを得ない。相対向きへの改変は、首里城正殿の思想（信仰）と深く関わっていると考えるからである。

七　首里城の二つの火の神

1　はじめに

石階段欄干と大龍柱は、聖なる空間の正殿と俗なる空間の御庭とを分ける〈結界〉であり、〈境界の橋〉

であると述べたが、一般に聖なる空間には、信仰の対象となる祖先神や神仏などを祀る。首里城正殿の二階のおせんみこちゃは火の神を祀るが、同時に正殿裏の御内原にも火の神が祀られた。その二つの火の神はこれまで同一神とみなされているようだが、実を言うと、おせんみこちゃの火の神と御内原の火の神は同一神ではない。ここでは、その二つの火の神について検討する。

2 火の神信仰と首里城

琉球王及び役人は政治儀礼を執り行い、上級神女は王を守護する祭祀儀礼を行った。それらの政治儀礼や祭祀儀礼は御庭でも行われたという。伊従勉氏は、御庭の儀礼について次のように述べている。[43]

二層構成の正殿は、下階の下庫理が国王の政治儀礼に係り、上階の大庫理が国王と王国とを守護する神女儀礼に係るというように二重の機能を備え、そして御庭はどちらにも用いられる儀礼の場であった。〈中略〉王府の神女職を廃止し、正殿や御庭で神女の司祭で行われる従来の儀礼を改廃し、御庭を王権発揚の儀礼の場に改変する節目となったことは明らかである。神女たちは御庭から退場し、背後の禁裏・聞得大君御殿・三平等殿内の祭祀に囲い込まれた。その代わりに、国王が中華帝国の使者から冊封を受ける冊封儀礼や、国王が礼拝の対象となる王権儀礼が強調されるようになる。

要するに、国王の政治儀礼と国王を守護する神女の祭祀儀礼は御庭でも行われたが、神女たちは御庭から退場し、御庭では、冊封儀礼や、国王が礼拝の対象となる王権儀礼が行われるようになったと述べる。また、伊従氏は、二階の大庫理は、「国王と王国とを守護する神女儀礼に係る」と説明し、「古琉球以来の女性神職による国家祭祀の場である」と述べる。[44] ただし、神女儀礼は二階大庫理で行われたというよりも、「国王と神女の祈願は二階大庫理のおせんみこちゃが中心であった」とすべきであろう。『聞得大君御殿幷御城御規式之次第』の「御城御規式之次第」では、「元日未明、御主加那志前、兼而御精進被ㇾ遊御座候而、御日之御前、御火鉢御前、御額字江、御参拝[45]」と記すからである。首里城正殿二階のおせんみこちゃの火の神の前では、元日の未明（御庭の儀礼の前）に、琉球王を中心とした祭祀が行われていたのである。

池宮城正治氏によると、おせんみこちゃの火の神は、「国王と作事のあむしられが輪番で香を焼き祈る[46]」が、古琉球以来の御内原の火の神はもっぱら女性（神女）が祈る。よって、おせんみこちゃの火の神は、古琉球以来の御内原の火の神とは性格を異にすると思われる。

3 御内原の火の神と正殿二階の火の神

一八四六年の正殿改修を記した『首里城御普請物語』は、火の神の移動行列を記している。次は、麻生伸一氏が要領よくまとめた火の神の移動の様子である。[47]

本史料によると、正殿の建て替えに合わせて、御火鉢加那志は道光二十六（一八四六）年五月一日に正殿二階から首里殿内《スンドゥンチ》へ移され、竣工後八月十七日に正殿に戻されている。また、五月十八日には、百人御物参《ももとおものまい》りを移設先の首里殿内で行うように指示されている。単に御火鉢加那志が移動したのでなく、大勢の従者とともに御火鉢加那志は輿に乗せられて正殿から首里殿内に移ったことになる。

さて、御火鉢加那志の移動の特徴は、行列で首里殿内まで運ばれたことにあろう。本史料には行列の詳細が示されており、その構成を示すと次のようになる。

行列の先払い役を勤めるのは平等所《ひらじょ》の筑佐事《ちくさじ》（一人）である。筑佐事は、犯人の逮捕・尋問のほか警備業務にも就いていた。筑佐事のあとには御火鉢加那志の搬送を担当する下庫理方《シチャグイほう》の筑登之座敷《チクドゥンザシチ》（二人）と勢頭《シードゥ》（二人）が連なる。勢頭のあとには、「御火鉢」が載せられた御乗り台が続く。御乗り台には国王の輿（御轎《ウチュウ》）の部品が転用され、黄染めの絹布などで装飾されていた。これを国王の輿を担ぐ「御轎夫」（四人）が運び、さらに酒庫理《サキグーイ》（一人）が長柄傘を掲げて、御乗り台の両脇には御書院御物当《ごしょいんおものあたい》の親雲上《ペーチン》（二人）が控えた。御乗り台のあとには三平等の大あむしられ三人（首里《シュイ》大あむしられ、儀保《ジーブ》大あむしられ、真壁《マカン》大あむしられ）と、首里大あむしられに従属する掟《ウッチュ》あむ（一人）、佐事《さじ》あむ（一人）が続いた。

長い引用になったが、この行列は警備の筑佐事一人、正殿の下庫理方の筑登之座敷二人、勢頭二人、御轎夫四人、酒庫理一人、御書院御物当の親雲上二人、三平等の大あむしられ三人、掟あむ一人、佐事あむ一人の総勢十七人である。麻生氏は、その火の神について「正殿二階のおせんみこちゃにあった火鉢（香炉）をさすと思われる」と述べている。

ところが、『首里城御普請物語』の原文は、「御内原御火鉢加那志」[48]と記しているので、「御内原に祀られる火の神」と解すべきである。また、御内原の「御火鉢加那志を移す日柄については、先例では上々様（国王）が大美御殿へ移られる日とされている」[49]と記す。御内原の火の神の移動と国王の大美御殿への移動が同日ということは、その火の神が琉球王と密接な関係にあることを示すが、御内原の火の神は、女性が男性（国王）を守護する古琉球以来の火の神であり、各家庭の刀自（妻）が祀る火の神の大元である。その御内原の火の神は赤田村の首里殿内へ移動した。ところが、麻生氏はもう一つの火の神の移動行列についても記している。

それは、中城御殿から首里城への火の神の移動である。[50]

御火鉢加那志と王権の関係を象徴的に示すのは、本史料のほかに国王の即位に関する御火鉢加那志の移動がある。琉球国の最後の国王となる尚泰は、道光二十八年（一八四八）五月八日に即位儀礼を行うなかで中城御殿から首里城に移るが、それに先立つ五月五日に御火鉢加那志を中城御殿から正殿まで行列を組んで移動している。その際の行列は、本史料にある正殿建て替え時とほぼ同様だが、御乗り台に続く大あむしられが首里大あむしられのみとなっている点が異なる。いずれにしろ御火鉢加那志は、新国王とともに首里城に移ってきたことから、国王に属するものであったと思われる。

この記述（傍線は筆者）は、尚泰王の即位儀礼の折に中城御殿から首里城正殿へ移動した火の神の行列であり、これこそが王権の火の神である。つまり、正殿二階のおせんみこちゃの火の神であり、間切や村番所に祀られた火の神の大元であると考える。その火の神について、窪徳忠氏は「地頭フィヌカン、村フィヌカン、ヌルフィヌカンなどは、第二尚氏がその支配と権威とを各地に浸透させるための手段または方法として、フィヌカン信仰を利用しようと考えた結果であって、本来のフィヌカン信仰とは別に扱うべきであろう」と述べる。[51]また、伊從勉氏も「台所の火神とは別に設定されるに至った根所やオヒヤ家、そしてノロ職の火神祭祀の社会共同性の次元は、豊穣祈願・感謝や雨乞、そして来訪神の送迎といったムラ以上の次元にある」と述べている。[52]

要するに、おせんみこちゃの火の神は、地頭火の神・村の火の神・ノロの火の神の大元であり、近世琉球に誕生した王権とかかわる火の神であると考えられるのである。古琉球以来の御内原の火の神信仰をもとに、新たに誕生した王権儀礼のための火の神である。ちなみに、英祖王は「日輪飛び来たりて懐中に入るを夢む」(『球陽』巻二)という日光感精説話で語られる日の神として誕生したが、〈日〉は〈火〉に通じる。また、オモロでは「英祖にや末やれば／てだが末やらば」(『おもろさうし』第五－二五六)と謡われるように、琉球王はテダ子(太陽の子)とされる。[53]

したがって、池宮氏が「国王と作事のあむしられが輪番で香を焼き祈る。聞得大君や三平等の大あむしられ以下の上級神女の任命の他、よろず神女に関する慶事や祭祀がここで行われた」[54]と述べたことは、正殿二階のおせんみこちゃの火の神の特性をよく表している。換言するならば、正殿二階のおせんみこちゃの火の神は近世琉球に誕生した信仰(思想)の大元であり、首里城正殿の玉座は火の神信仰と深く結びつくと同時に、王権発揚の場として機能したのである。

八 近代資料と大龍柱の正面向き

1 はじめに

熊谷謙介氏が紹介したルヴェルトガ少尉撮影の大龍柱は正面向きであり、後田多敦氏が一八七七年の撮影と論証したが、技術検討委員会もようやくそれを認めている。しかも、ルヴェルトガ写真は、熊本鎮台分遣隊が駐留する二年前の写真であることから、近世琉球の首里城正殿前の大龍柱が正面向きであったことを証するものである。ここでは、後田多氏が提示した廃琉置県後の大龍柱の向きと形状を紹介し、大龍柱が一九二八～一九三三年の昭和の正殿改修のとき、相対向きに改変された理由について検討する。

２　後田多氏による置県後の大龍柱の向きと形状の変遷

後田多氏は、「首里城正殿大龍柱の向きの検討―近代における大龍柱「改変」史から―」の論文で、形状図①～⑦を示して大龍柱の向きについて検討した[55]。

大龍柱の形状図①は、「左右とも正面向き＋背丈高」のルヴェルトガ写真であり、浮道が写っている。形状図②は、「左右とも正面向き＋背丈高」だが、浮道は破壊されている。その写真は未確認。形状図③は「左原型＋右破損」であり、宮内庁保管の正殿写真（一八八七年）である。形状図④は「左破損＋右破損」で、左右とも破壊された大龍柱であり、写真は未確認。形状図⑤は「左短小化＋右破損」で、チェンバレンの『琉球～その島と人々』収載の写真（一八九五年）である。形状図⑥は「左右とも正面向き＋短小化」で、レブンウォーレスの『琉球の島々』収載の写真（一九〇五年）。形状図⑦は「左右とも相対向き＋短小化」で、昭和の正殿（沖縄神社拝殿）改修時の写真（一九二八～一九三三年）である。

次は、後田多氏が形状図①～⑦を年表にまとめたものである。後田多氏は、それらの形状図と年表をもとに、「琉球国末の一八七七年から一九二八年（明治大正期、そして昭和修復前）までのおよそ五十年間、三

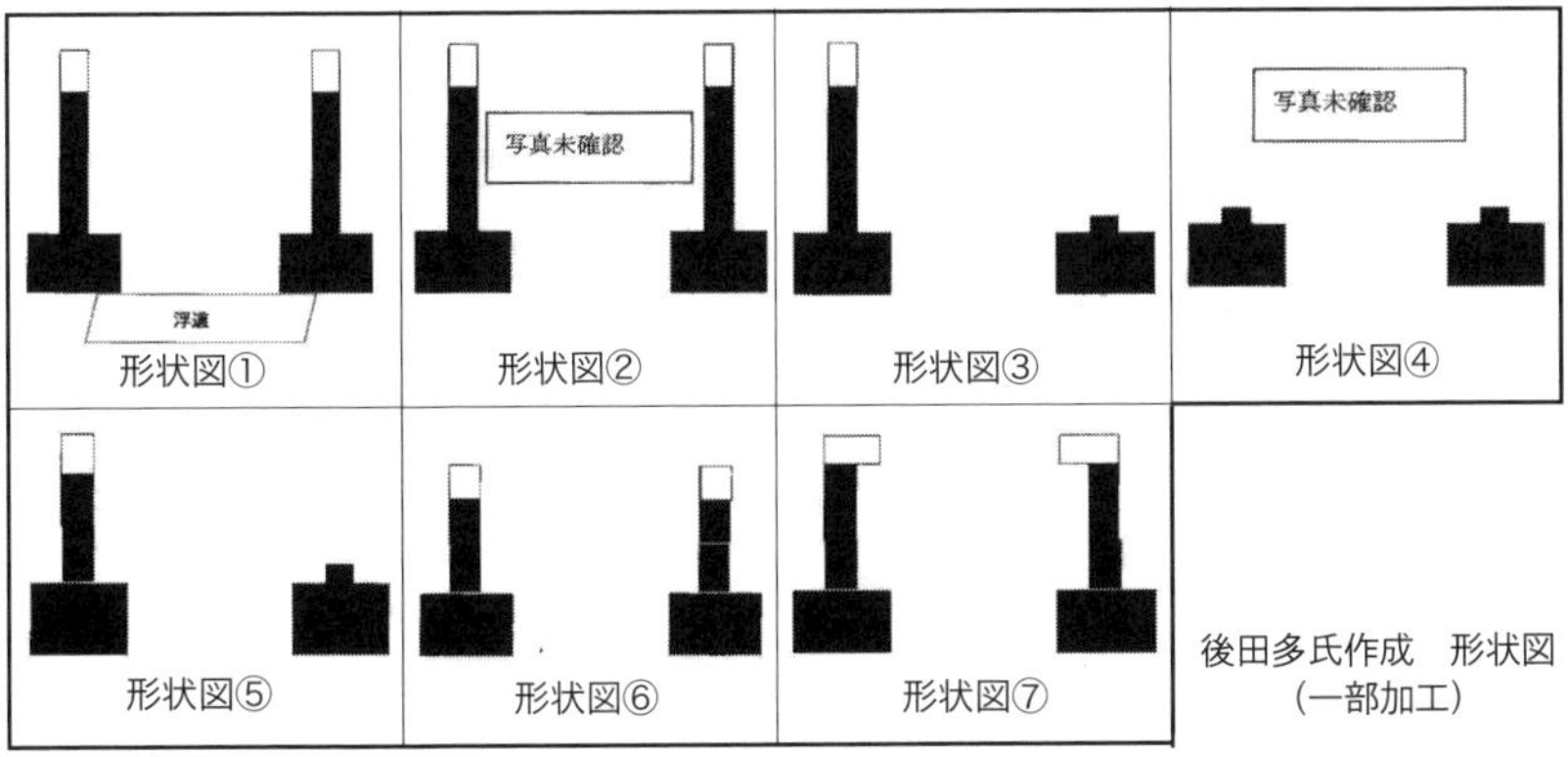

後田多氏作成　形状図
（一部加工）

代目の大龍柱は、破壊と補修を（連結＋短小化）を経験したが、その向きは変えられていなかった」と述べ、次のように結論づけている。(56)

琉球国併合のために派遣された日本軍（熊本鎮台など）の兵士が、首里城内に駐屯していた時期に正殿大龍柱を折った。それでも補修することで背丈は短小化されたものの「琉球国末形状」に近い形に近づけようとしていた。琉球国を併合した日本は、かつての琉球国の国家祭祀を改変し、天皇を頂点とする祭祀体制に再編しようと何度も試みている。その一つとして、沖縄神社が大正末に首里城内に創建され、「正殿」は拝殿とされた。そして、沖縄神社拝殿として「正殿」は修復され、大龍柱の向きが「改変」されたのである。つまり、大龍柱の向きを改変したのは、軍隊ではなくいわば日本の文化宗教政策だった。

要するに、後田多氏は一八八七～一九二八年以前は正面向きだったが、大龍柱が相対向きに変わったのは、昭和修復時（一九二八～一九三三年）であり、それは日本政府の文化宗教政

表②大龍柱の形状「改変」史略年表

年代	左	右	向き	形状図
1877（明治10）	原型	原型	正面	図①
1882（明治15）	原型	原型	正面	図①・②
1887（明治20）	原型	損壊	正面	図③
1895（明治38）	損壊＋接続＋短小化	損壊＋接続＋短小化	正面	図⑤
1896（明治29）	損壊＋接続＋短小化	損壊＋接続＋短小化	正面	図⑥
1905（明治38）	損壊＋接続＋短小化	損壊＋接続＋短小化	正面	図⑥
	損壊＋接続＋短小化	損壊＋接続＋短小化	正面	図⑥
1928（昭和3）	損壊＋接続＋短小化＋向き改変	損壊＋接続＋短小化＋向き改変	相対	図⑦

後田多氏作成

策だったと述べている。換言するならば、大龍柱は建造された一五〇八年以来一貫して〈正面向き〉だったが、昭和の改修時にはじめて相対向きに改変されたということである。

3 大龍柱の向きの改変と沖縄神社拝殿図

大龍柱を相対向きに改変したのは、軍隊ではなく、いわば「日本政府の文化宗教政策」だったという後田多氏の見解は、「大龍柱の相対向きへの改変は首里城の思想の断絶である」とする筆者の見解と通底している。ここでは、その視点から、昭和の改修時における大龍柱の向きについて検討する。

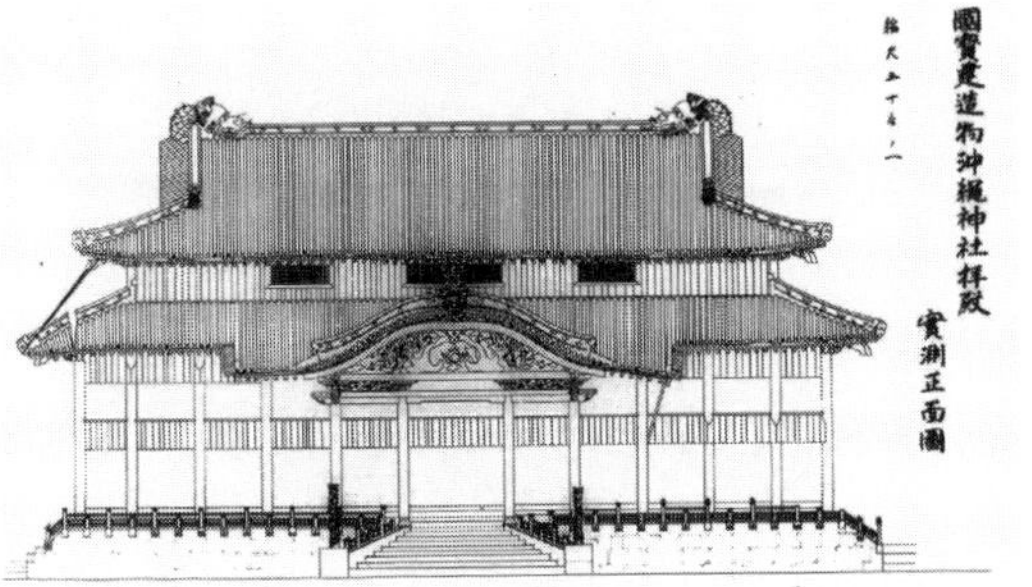

㉙大龍柱正面向き

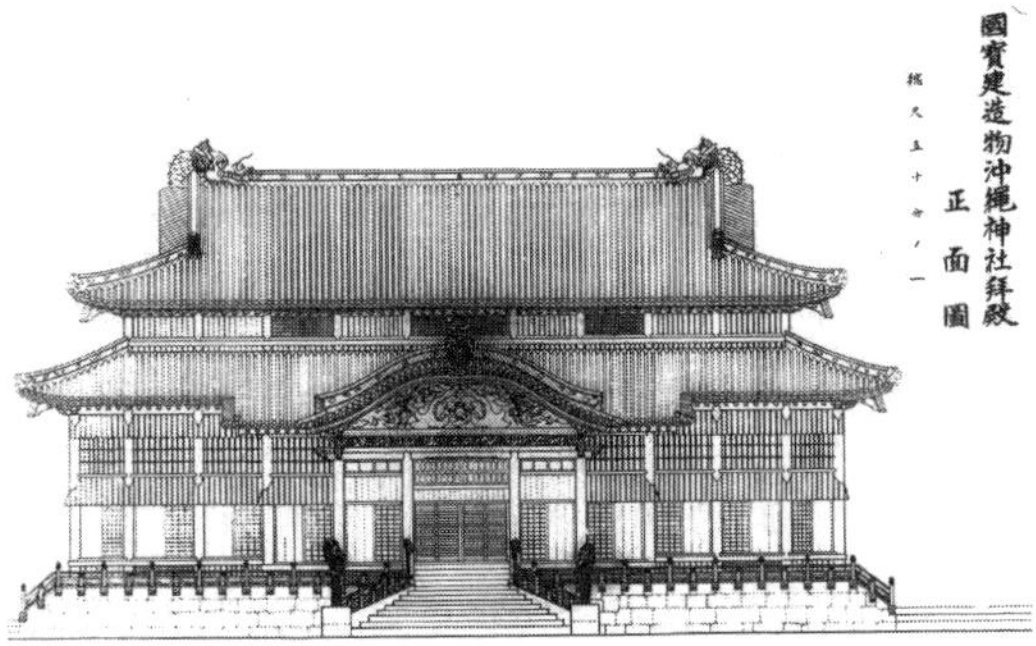

㉚大龍柱相対向き

『國宝建造物沖縄神社拝殿図』は二十三枚の図面である。それらの図面をA3の冊子体にまとめたのが『首里城正殿図面集』である。そのコピーの㉙㉚図について、西村氏は「修理前の図面は、正面向き」で「修理後の図面は、大龍柱が向かい合う」と述べる。(57)

上記の㉙㉚の両図を細かく見ると、大龍柱が正面向きの㉙図の屋根の左は、ワイヤーのようなものでつながれている。が、相対向きの㉚図にはそれがない。また、㉙図の正殿一階

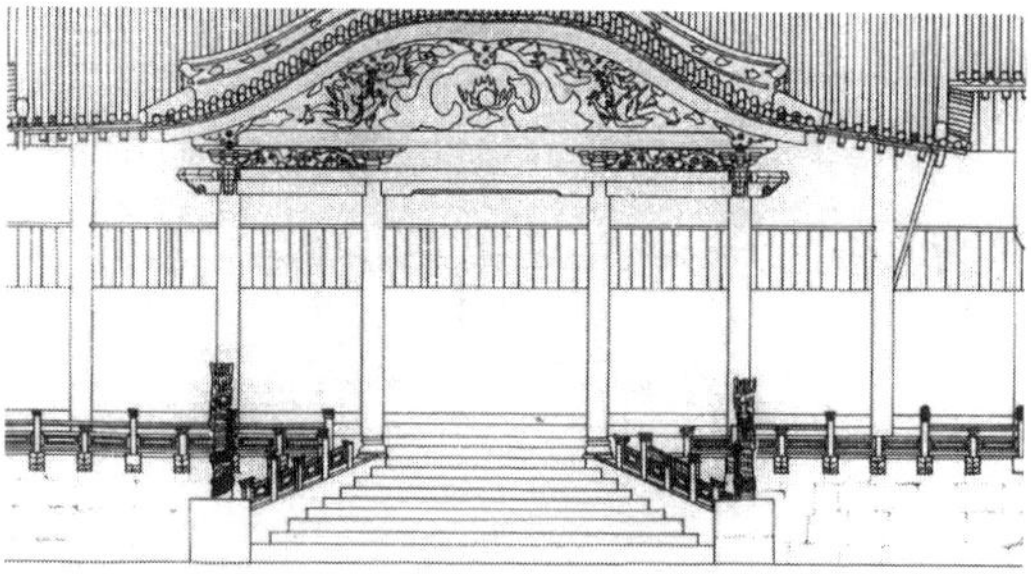

㉛大龍柱正面向きの拡大

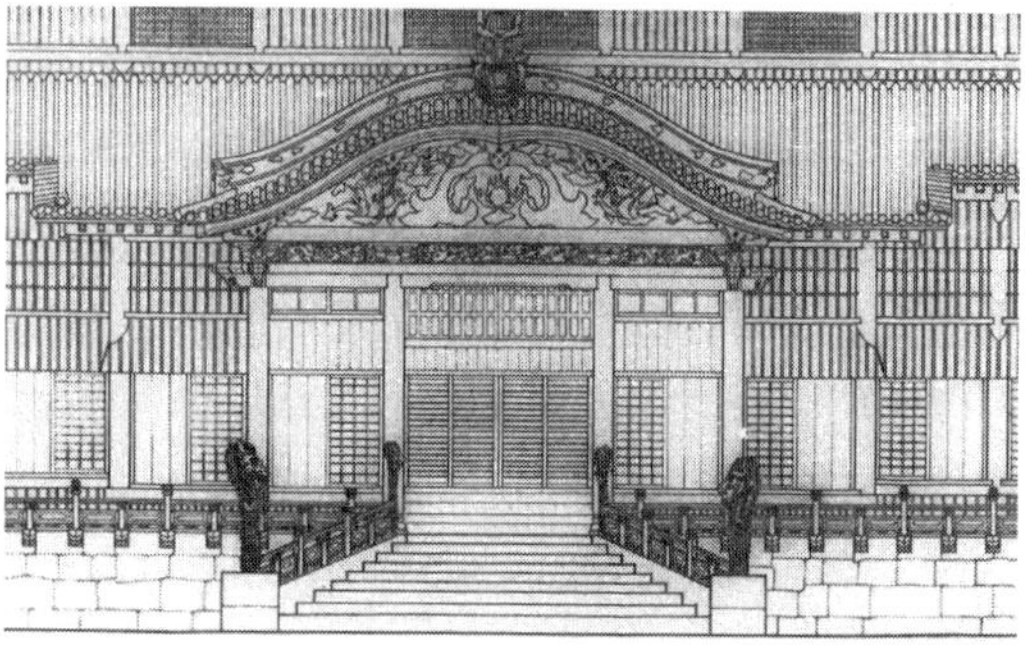

㉜大龍柱相対向きの拡大

正面は白い空白部分が多いが、㉚図には連子や格子のようなものが描かれている。つまり、大龍柱が正面向きの㉙図は改修前であるが、相対向きの㉚図は改修後であるとことを証する図であると考てよい。ちなみに㉙は「實測正面圖」と記すが、㉚は「正面圖」とのみ記し、「實測」の文字はない。つまり、㉚の相対向きの正面図は実測図ではないということである。

　㉙図を拡大したのが㉛図であり、大龍柱の正面向きは明らかである。また、㉚図を拡大したのが㉜図であるが、その大龍柱の相対向きも明らかである。

　ところで、安里氏は、國宝建造物沖縄神社拝殿実測図について、「正殿解体修理で作成した図面で、修理前の正殿を詳細に実測しており、その正確さと信頼度は極めて高い」(58)と述べる。そして、㉙図を拡大した正面向きや㉜図を拡大した相対向きを紹介するが、正面向き・相対向きの大龍柱の問題については触れていない(59)。

　要するに、相反する両図の存在は、昭和の正殿改修においても、正面向き説と相対向き説が存在したことを示すと同時に、修復前の正面向きの大龍柱が何らかの事情で、相対向きに変えられたという事実を物語っている。次の比嘉春潮の一文は、そのことを裏付けるものであり、相対向きに改変されたことへの驚きを素

直に記している。(60)

ただ驚いたことには、殿前の竜柱が前向きでなく相対向きになっていることであった。写真でこのことを知った私は、そのことを（筆者注、伊東忠太）博士に申し上げたら「それは誤りだ。修復を監督した役人に話そう」といわれた。私はそのことを又吉康和君（琉球新報主筆）に書いて送ったが、沖縄戦直前までこの誤りは直されなかったようであった。今度の正殿復原には、是非伊東博士に代わって、鎌倉芳太郎氏に観ていただきたいものである。

昭和の首里城改修の指導者であった伊東忠太博士の「それは誤りだ。修復を監督した役人に話そう」と語った言葉は重い。しかも、比嘉春潮は「今度の正殿復原には、是非伊東博士に代わって、鎌倉芳太郎氏に観ていただきたいものである」と述べている。換言するならば、鎌倉芳太郎も伊東忠太・比嘉春潮と同じく正面向きが正しいと考えていたということである。

そのことと関連するが、平成復元の大龍柱の向きについて、沖縄の古老たちの間でも見解の相違があったという。真栄平房敬（大正十年生れ）と又吉真三（大正十一年生れ）は相対向きで、宮里朝光（大正十三年生れ）は正面向きであった。ところが、彼ら古老たちの年齢を調べてみると、昭和の正殿改修着工時の一九二八年に、真栄平房敬は七歳、又吉真三は六歳、宮里朝光は四歳である。また、表向きには議論に参加しなかった川平朝申は「龍柱は正面を向いていた」と西村貞雄氏に語ったという。明治四十一年生れの川平朝申は、一九二八年には二十歳であった。同様に年齢で考えた場合、明治十六年生れの比嘉春潮は、沖縄県庁を辞めて上京する一九二三年（四十歳）までは沖縄に滞在した。また、明治三十一年生れの鎌倉芳太郎は一九二一年（二十三歳）には沖縄に滞在していた。要するに、大龍柱の向きについて、明治生れは全員が正面向きである。大正生れは「正面向き」と「相対向き」に分かれているが、彼らの年齢は当時七歳・六歳・四歳であり、その記憶力については疑問を抱かざるを得ない。

また、森政三（一八九五〜一九八一年）は、旧国宝であった昭和十一（一九三六）年の守礼門の修理工事や戦後の園比屋武御嶽石門の復元工事に携わった文部省技官であった。その森政三が西村氏に「沖縄神社拝殿以前の大龍柱は、正面向きだった」と語ったという。しかも、森政三コレクションを掲載した『写真集 沖縄』（那覇出版社、一九八四年）には、「向きも明治の廃藩置県以降正面を向いていたが、解体修理を受けた際向き合って建てられた」という一文があり、その記述も大龍柱の正面向きを裏付けている。ちなみに森政三は、一九七一年の上野公園内の重要文化財「旧寛永寺五重塔」修復の監督官であったが、そのとき西村氏は補助員として参加し、その後も森政三との交流はつづいていたと話された。

要するに、比嘉春潮及び伊東忠太の発言は、いずれも大龍柱が昭和の改修において相対向きに改変されたことを証するものであり、鎌倉芳太郎も正面向きだったのである。

4 昭和の改修における相対向きへの改変

沖縄神社創建は、明治四十三（一九一〇）年に申請したが認められず、明治四十五（一九一二）年の再申請によって、内務省が大正十二（一九二三）年三月三十一日に認可した。が、首里市議会の正殿解体の議決は、奇しくも同じ一九二三年だった。また、首里市議会の正殿解体を新聞で知った鎌倉芳太郎は、伊東忠太博士に正殿の復元を要請する。そして、翌年の一九二四年に正殿は史跡名勝天然記念物に指定され、大正十四（一九二五）年には国宝に指定された。その三年後の昭和三（一九二八）年には、国庫補助を受けて首里城正殿の解体修理工事が着手された。

それら一連の迅速な動きで注目されることは、一九二三年に内務省から首里城内に沖縄神社設置の認可があり、その翌年の一九二四年には文部省が正殿を「史跡名勝天然記念物」に指定、翌年の一九二五年には「国宝」に指定した。つまり、正殿から沖縄神社拝殿への改変には、内務省と文部省の連携が窺えるが、実質的には内務省神社局が管轄する工事であった。それが、一九二八〜一九三三年の昭和の正殿改修である。

当時の内務省は権力・財力ともに巨大であり、神社局はその筆頭局であった。したがって、神社局が自らの判断で、大龍柱の向きを改変することは可能であったと思われる。ただし、神社の狛犬に倣って大龍柱を相対向きにしたとするのは、俗説に過ぎない。神社の狛犬には、正面向きもあるからである。

神社局が正面向きの大龍柱を相対向きに改変した目的は、大龍柱に象徴される首里城正殿の思想（信仰）、すなわち正殿二階のおせんみこちゃの王権の火の神の思想を絶つことにあったと思われる。しかも、沖縄神社の祭神は、琉球神話の中でもっとも内務省神社局に都合のよい源為朝と、その子とされる舜天王である。そして、明治政府のもと華族になった第二尚氏の琉球国最後の尚泰王も祭神となり、第二尚氏中興の尚敬王、第二尚氏初代の尚円王をも祭神とした。しかし、中国との進貢関係を樹立した察度王や、中国との交易を促進し琉球国を統一した第一尚氏の尚巴志が祭神として祀られることはなかった。尚巴志と察度王が祀られなかったのは、中国との深い関わりを警戒したからだろう。沖縄神社拝殿の建造は、日本との親密な関係にある王統を祭神にすると同時に、首里城正殿二階のおせんみこちゃの火の神を形骸化する意図があったと言わざるを得ない。

要するに、五柱を祭神とする首里城内の沖縄神社は、内務省神社局の宗教文化政策であり、大龍柱の向きは、

〈向き合うか〉〈正面を向くか〉という「形」だけの問題ではない。琉球国が代々受け継いできた琉球・沖縄の心（信仰）を断ち切ることにあったと考える。

《註》

（1）伊従勉『琉球祭祀空間の研究』五六六頁、中央公論美術出版、平成十七（二〇〇五）年

（2）伊従勉・前掲注（1）五六七頁

（3）安里進「平成復元の検証—報告資料」五三頁『首里城復元に向けた技術検討委員会報告会資料』沖縄総合事務局、二〇二二年二月十六日改訂版

（4）安里進・前掲注（3）五二頁・五四頁

（5）安里進・前掲注（3）五二頁

（6）安里進・前掲注（3）五四頁

（7）安里進・前掲注（3）五七頁

（8）監修国立劇場おきなわ、編集麻生伸一、茂木仁史『冊封琉球全図　一七一九年の御取り持ち』二二頁、雄山閣、二〇二〇年。絵図の⑤は市販されたもので、⑥⑦は復命書の絵図であるが、いずれも尚敬王の冊封（一七一九年）の折の絵図である。

（9）国立国会図書館デジタルコレクション沖縄風俗図絵「琉球國王城正殿の圖」、東陽堂、一八九六年
https://www.dee-okinawa.com/topics/2021/12/15/001.jpg、コマ番号 7/36

（10）西村貞雄「大龍柱の正面性を、仁王像の構えや末広がりの階段との関係からの考察」『琉球大学教育学部教育指導実践センター紀要第3号』二二頁

(11)球陽研究会『球陽　読み下し編巻十』二五〇頁「正議大夫毛文哲・都通事蔡温等、禁城並びに国廟及び玉陵を相す」角川書店、一九七四年

(12)上里隆史氏は、NHKの「祈りの首里城」という番組で「中国の紫禁城・日本の紫宸殿・朝鮮の王宮は南向きであるが、首里城は西向きである」と述べ、「正殿が東を背にしているのは、太陽の恩恵を受けるため」と説明された。琉球王はティダガナシ（太陽加那志）ともいわれるように太陽信仰であり、その関係上首里城正殿は西向きであるとの見解であるが、風水を知らない言説であると言わざるを得ない。

(13)『球陽』・前掲注（11）二五一頁

(14)照屋正賢「近世琉球の都市計画」（『沖縄の風水』二〇七頁、平河出版社）一九九〇年

(15)窪徳忠「宗教と民俗」『佛教文化学会紀要　一九九七巻六号』六頁、一九九七年

(16)『球陽』・前掲注（11）二五〇頁

(17)『首里城入門―その建築と歴史』六一頁、首里城研究グループ編、ひるぎ社、一九八九年

(18)西村貞雄・前掲注（10）二二二頁、二二三頁

(19)西村貞雄・前掲注（10）二九頁

(20)西村貞雄「龍柱の形とは」（やちむん会誌第15号『薩摩侵攻四百年』一二七頁）二〇〇九年

(21)西村貞雄・前掲注（10）二六頁

(22)西村貞雄・前掲注（10）二三頁

(23)⑲西村作図・「首里城周辺の建造物と彫刻に関する意匠の共通性と独自性について」（『琉球大学教育学部紀要第72集』一七九頁、二〇〇八年

(24)宮城鷹夫（文）・石井義治（写真）『白装束の女たち「神話の島・久高」』二五頁、プロジェクト・オーガン出版局、昭和五三（一九七八）年

(25)牧田茂「七つ橋考」（櫻井満編『久高島の祭りと伝承』二七頁、桜楓社、一九九一年。また、牧田茂は同書二九頁で、飛騨高山の春祭りや福島県南会津郡田島町の田島祇園祭りの事例を挙げて、「要するに俗界から清浄、神聖なところへ渡るための〈橋〉であって、かならずしも川にかかっていなければならないものではなかったので

ある。いわば〈結界〉を示すためであった。橋を渡ることによって、俗から聖へ、褻の世界から晴の世界へと入ることができると考えられたのである」と述べる。
(26)『首里城入門』・前掲注(17)一四八頁
(27)西村貞雄「首里城正殿・大龍柱の向きについての考察」『琉球大学教育学部紀要第一部・第二部第42集』九九頁、一九九三年
(28)㉒西村作図・「首里城正殿の龍の配置と様式についての考察」『琉球大学教育学部紀要第一部・第二部(48)』二〇六頁、一九九六年
(29)西村貞雄、前掲注(10)二九頁、また西村氏は、「政変から見る首里城の形」(『やちむん会誌第一五号』一三七頁、二〇〇九年)で、「傾斜した階段を横側から見ると、上段にある小龍柱の頭頂と下段の大龍柱の頭部頂上とは水平になるように工夫されていた。(現在は、大龍柱が大きな台座に建てられたため、その理念は崩れている。大きな台座は一七六〇年の大地震後によると考える)」と述べる。つまり、大きな台石を設置したため、小龍柱の天辺と大龍柱の天辺とが同程度の高さの統一感がとれなくなっていると述べている。
(30)㉓西村作図・前掲注(10)二九頁
(31)安里進・前掲注(3)七頁
(32)安里進・前掲注(3)二六頁
(33)安里進・前掲注(3)二四頁
(34)伊従勉・前掲注(1)五六七頁
(35)伊従勉・前掲注(1)五六九頁
(36)『球陽』・前掲注(11)二八六頁
(37)伊従勉・前掲注(1)五五九〜五六〇頁
(38)高良倉吉「首里城正殿に関する建築史年譜」『沖縄県立博物館紀要第一四号』二六頁、一九九八年。伊従勉、前掲柱(1)五六〇頁
(39)安里進・前掲注(3)六頁。比嘉景常「首里城正殿の大龍柱に就いて」(琉球新報、一九四〇年一月六日掲載)。『天

（40）野鉄夫新聞切抜帳 琉球学集説』六・七、一部不鮮明、沖縄県立図書館蔵

（41）㉖写真、鎌倉芳太郎撮影、沖縄県立芸術大学蔵

（42）安里進・前掲注（3）二五頁

（43）安里進・前掲注（3）三七頁

（44）伊従勉・前掲注（1）五六八頁

（45）伊従勉・前掲注（1）五七一頁

（46）小島櫻禮『神道体系 沖縄』神道体系編纂会、一九八二年

（47）池宮正治『南島文化叢書17 琉球古語辞典混効験集の研究』一〇二頁、第一書房、一九九五年

（48）麻生伸一『首里城御普請物語』一一〜一二頁、那覇市歴史博物館、二〇二二年

（49）麻生伸一・前掲注（47）四五頁

（50）麻生伸一・前掲注（47）四五頁

（51）麻生伸一・前掲注（47）一二頁

（52）窪徳忠『中国文化と南島』三五四頁、第一書房、昭和五十六（一九八一）年

（52）伊従勉・前掲注（1）一三三頁、琉球王府が崩壊すると、おせんみこちゃの火の神とその系列にある各地の火の神（地頭火の神及び村の火の神）信仰は一気に衰退した。その理由は、おせんみこちゃの火の神が、王権とつながりが深かったからだと思われる。

（53）島村幸一「祭場としての首里グスク」（高良倉吉監修、島村幸一編『首里城を解く／文化財継承のための礎を築く』一四六頁、勉誠出版、二〇二一年）。尚、島村氏は琉球王の位置づけについて「古琉球時代の仮名書き碑文記では、国王の位置づけを「大りうきう国中山王尚清ハそんとんよりこのかた二十一代の王のくらひをつきめしよわちへ」（「国王頌徳碑」一五四三年、『金石文』）と記すことから、「源為朝の子とする「そんとん」（尊敦＝舜天王）を起点にする認識があるが、オモロは王を専らティダ（太陽）として謡い、「英（ゑ）祖（そ）にや末（すへ）按（あ）司襲（ちおそ）い」（第三‐九七他）と謡っている」と述べる。

（54）池宮正治・前掲注（46）一〇二頁

(55) 後田多敦「首里城正殿大龍柱の向きの検討―近代における大龍柱「改変」史から―」『非文字資料研究第二三号』二一～四五頁、二〇二一年

(56) 後田多敦・前掲注(55)四二頁

(57) 西村貞雄・前掲注(27)八七頁

(58) 安里進・前掲注(3)五八～五九頁

(59) 安里進・前掲注(3)五九頁・六八頁。安里氏をはじめ相対向き説は正面向き図面が存在する事実は認めても、それを検討することはない。また、『琉球王府 首里城』(総監修(財)海洋博覧会記念公園管理事務所、監修 勝連康之、鈴木嘉吉、ぎょうせい、一九九三年)は相対向きの大龍柱の図面を掲載しているが、正面向きは掲載していない。正面向きの大龍柱を意図的に無視したと言わざるを得ない。

(60) 比嘉春潮「首里城正殿の龍柱(『沖縄タイムス』昭和四十七年一月六日、『比嘉春潮全集第五巻』五八七頁)に収載

Ⅵ　ジュール・ルヴェルトガ「一八七七年の琉球諸島紀行」

訳・解題　熊谷謙介
KUMAGAI Kensuke

日本列島の南端は知られている通り、島や岩礁が絶え間なく鎖のようにつながっており、台湾へと続いている。日本の事情通による信用できる話では、これはマレー系の人々が北上してきた道であり、彼らが日本帝国の基礎を築いたのかもしれない。

一八七七年五月、フランスの巡洋艦ラクロシュトリ号は、この数珠つなぎの島々と危険に満ちた岩礁を南下し、那覇を守るかのように伸びるサンゴ礁を越え、港に入ろうとしていた。この港は、大琉球あるいは沖縄島と呼ばれる群島の中で最大の島の、主要な港であった。

日本列島は大小さまざまな五十余りの島からなり、空間的にも点在している三つの異なる群島で構成されている。北部地域［現在の吐噶喇列島］は、一八四六年に来訪したセシーユ提督［Jean-Baptiste Cécille（一七八七－一八七三年）］が自らの名をつけた島々だが、すでに完全に日本帝国の一部となっているようである。他の二つの群島、琉球諸島と宮古諸島は十七世紀以前から独立国家を形成していたが、一六一一年に薩摩の藩主が征服を行っている。

琉球王国は昨今の日本の封建制の崩壊［廃藩置県］まで、薩摩家の封土となっていた。これ以降、この封土を支配するのはミカドであったが、琉球の人々に対しては、彼らの王や内政、独自の習慣をそのままに残しておいた。しかし幾人かの官吏を日本から派遣して住まわせ、琉球の政府の国務を事実上管理下に置いたのである。琉球諸島ではどの島でも、中国の人々が入り込むのを固く禁じられていた。

琉球王国には十六万人が住んでおり、二十六の島々に分かれて暮らしているが、その最も重要な島が大琉球あるいは沖縄島である。北緯二十六度に位置するこの島は、「沖縄」という日本名が示すように、長い紡錘のような形をしており、全長五十マイル、幅は平均して六・七マイルぐらいである。小さい山々が谷で断ち切られつつ続いているが、その高さは四百メートルを超えることはない。山頂付近にもサンゴ礁の塊がしばしば見られ、この島が火山の隆起によって誕生したことの確たる証拠となっている。島の周りではイシサンゴの運動が変わらず続いているのである。その地理的位置と海風がたえず吹きつける環境のおかげで、沖縄の気温は極端に高いものにはならず、その温暖な気候は、詩人たちが称揚するような国々の気候の温和さに引けをとるものではない。沖縄では熱帯の植生と温帯地域の植生と交じり合うのが見られ、人々の目を楽しませている。檳榔や椰子、バナナの木の隣には松やオレンジの木、竹やガジュマルの木々が見られるのだ。ソテツは自生し、サボテンが少なからず育つ風景はアフリカを想起させる。国全体が賞賛に値するほど文明化されており、中国や日本のどのような地方とも肩を並べるほどである。よく知られているように、農業は誇るべき水準に達している。さつまいもやタロイモは住民の食糧の基盤となっており、毎年収穫されるものの大半を、つまりかなりの量を消費することができる状況である。島にはまた幾分か水田も見られるが、数は多くない。茶やタバコの大規模な農園もあり、藍や野菜、小麦も生産している。さとうきびは国で余剰が出るほど採れる唯一の作物であり、この地域の砂糖産業は日本の商人たちを惹きつけるものとなった。さとうきびを積んで出港し、鹿児島に米や薪、タバコや茶を求めに行くのはジャンク船であったが、日本の会社「三菱」の蒸気船も参入しており、ときどき琉球にもその姿を見せることもあった。

王国の主要港である那覇は大琉球島の南西の端に位置している。サンゴ礁の帯が両脇に二つの水路があることを示しており、こういった地勢はよく小さな川に見られるものである。サンゴ礁は船が沖にいる際にも停泊できる唯一の避難所となっており、港のなかに長い岬のように張り出して、海面に岩をいくつか突き出している。そのため港内の航行は容易ではなく、ごく限られた数の大型船のみを迎え入れることができるのである。港に近づくにつれ展開するパノラマは、非常に美しい風景の一つである。垂直にそそり立つ崖は下の方が海に浸食されて、涼やかで緑に満ちた河口部を城砦のように取り囲んでいる。その一角に那覇はあり、壁に取り巻かれた街で、その赤い瓦の屋根が広がっている様子は、われわれフランスのプロヴァンス地方の小さな街を思い起こさせる。二つ並んでいる埠頭の奥に係留している、中国風に建造されたジャンク船が、輝かしい赤みを帯びた船体や黄土色の帆を見せている。波は礁に打ちつけるが、そこには漁民が大勢みられ、貝をとるため、円錐形をした大きな帽子をかぶって体を動かしている。北側では、豊かな植生に覆われたこんもりとした高台が一つ、二つと果てしなく広がっている。その波は一番高いところで途切れていて、緑に囲まれた王国の首都・首里の家々、そして王城の壁を遠望させてくれる。海岸に沿って、高台の上に白い大きな染みが緑から浮き出ている。これは墓地なのである。

われわれが錨を下ろすとすぐに、土地の住民をいっぱい乗せた、二艘の横幅のある小舟が近づいてきて、われわれの招待に応じて艦上に上がってきた。一目見る分に、彼らの髪をじっくりと注意深く眺めるのでもなければ、彼らを日本人と思い込んでしまうだろう。実際には、日本人は靴や着物を着ていて、大きな袖をした着物はあまり着ていないのである。琉球人の髪は長くまたとても黒々しており、頭の上に巻き上げられ、かなり複雑な結び方でまとめられている。髪の束は二本の銅の針で留められ、そのうちの一本の端は耳かきの形をしている。もう一本はカンザシと呼ばれ、端の方には単純な装飾として、同じ金属でできた小さな星がつけられている。彼らの礼儀深さは日本の住民のものと何ら遜色がない。彼らと言葉を交わして分かることは、われわれが使える少数の日本語の文例も無駄にはならないということである。

突然、訪問者たちは敏捷に姿を消し、小舟のなかに帰っていった。日本の旗を翻した大きな舟艇が近づいてきたのが、彼らをひどく狼狽させたのだ。そこから一人の日本人が出てきた。頭から足まできわめて折目正しいヨーロッパ的服装をしており、琉球王国に在留する、江戸の政府からの使者を名乗っている。細面で知的な相貌をした若い男である。彼はわれわれに奉仕しに来たと申し出るとともに、われわれが何をしに来たのかを知ろうとする。この点については完全に安心したのか、われわれに対して琉球王国とその住民について詳細を伝えてくれるのだが、「琉球人はひどく遅れた貧しい島人であり、ヨーロッパ人を怖れているので、彼らから何か聞き出したいことがあるなら、媒介となる者を必ず通さなければならない」、とわれわれを説得しようとする。続けて、王［尚泰王］は長く病いに苦しんでおり、一時も住まいを離れられないのだと言う。アヤシ・タネモリ［Ayashi Tanemori］。但しフランス語ではhを読まないので、ハヤシHayashiが転記の結果変化した可能性もある］というのがこの役人の名前で、明らかにわれわれに対して幾分か軽蔑する態度を示していたが、その後は、完璧な礼節ぶりを示していた。

彼が艦上を去ると、気づかれぬよう小型船を操っていた琉球人たちは、巡洋艦にとりついて再び船に上がってくる。そのなかの幾人かが、銀のカンザシからも確証されるのだが、頭であるという身分を明かした後に、われわれに水や卵、薪など、さまざまな物資を提供してくれた。そして、薩摩の一族がミカドの政府に対して武器をとったのは本当かと尋ねた。日本のくびきに苦しむ彼らに、はかない希望を打ち砕いてしまうような答えをするよりほかなかった。

琉球人男性が日本人男性を思い起こさせる可能性があるにしても、琉球人女性が日本人女性と共通している面はないと言ってよい。中国のように、高貴な階級の女性はあらゆる人々の視線からも隠れて生活を続けている。しかし庶民階級の女性はさまざまある仕事のほとんどに従事しているのである。琉球人女性はいつもの上着として、帯のない長い上っ張りを着ている。髪の毛は男性の髪とほぼ同じようにまとめられているが、少しだらしない感じにしていて、頭の上で形作られる髪結びは男性のそれより豊かであり、たった一本の長い針で留められている。琉球人女性には手の甲に墨で、点や線を多かれ少なかれ規則的に配置した唐草模様を描く慣習がある。この文身は年齢が進むにつれさらに描き込まれていき、老女に至ってはその手の甲は真っ黒になっている。琉球人は日本の住民よりも肌が赤みを帯び、背が大きいようである。目はまっすぐで鼻は力強い形をしている。

この国の言葉は古い日本語で、現代日本語にもかなり近いものである。しかし文字は中国のもので、音節文字（仮名）を持たないようである。日本語は音節文字を導入することで、表意文字である漢字を自らの特性に合わせて用いることができたのだ。鹿児島に商いに行く大きなジャンク船は、つい最近、中国の沿岸地域に行ってきたそうで、中国風に建造、装飾されたものであった。船首の両側には象徴的な眼のようなものが付けられており［発砲のために空けられ、後に装飾となった炮眼のこと］、これがなくては中国の船乗りは航行の危険に突き当たってしまうのだろうか。一方、彼らが乗る釣り船は原始的なタイプのままである。木の幹の中をくりぬいて作ったカヌーのようなものであり、サンゴ礁の窪んだような小さなところにも入ることが可能である。琉球人の住まいはサンゴ分を含んだ石で建てられており、この石は国の至るところで削り出すことができる。屋根は半円筒形をした赤瓦でふかれており、住民自身で作っているようである。家屋の中にはござや仕切りが見られ、日本の家にいる感じがするが、外は完全に中国の田舎風の住宅様式を想起させるものである。石壁に囲まれており、家を覗こうとするような物見高い人々の視線からは、入り口を遮蔽する第二の壁によって完全に隠されている。街の道という道は、長く続く壁という特異な風景を見せてくれる。壁が空いている場所はあまり見られないが、その場所に見られるのは積み上げられたイシサンゴである。店は琉球ではその存在をほとんど知られておらず、人々が何か手に入れたい場合には、市場に行く必要がある。身分の低い者たちが住まう小屋はかなりみすぼらしいものである。稲わらや麦わらなど、この従順な者たちはすべて自分で調達して小屋を建てるのである。木材は琉球では大変稀である。鹿児島から輸入しているが、高価なため、それを使うのは身分の高い者たちの住居や寺院に限られる。

琉球人は仏教徒である。寺院は高い壁に囲まれており、遠くから見ると城砦に見える。門には二体の守り神であり、仏教における魔神である、雷神と風神が見られる。墓の大きさや豪華さは先祖を祀る信仰の深さを示すものである。先祖たちは中国の福建で見られるような様式、馬蹄形に象られていて、その中心の空いた部分から、墓の中心にある埋葬所へ入ることができる。死者はまず墓穴に埋められる。三年後、墓が開かれ、家族は骨を集める。それを骨壷に収めて、葬送の儀式は終了するのである。

橋はすべて石でできており、アーチは要石を中心に大きく湾曲し、橋台は頑丈そうである。

ラクロシュトリ号の艦長［アンリ・リウニエ Henri Rieunier（一八三三－一九一八年）］は日本の役人のもとを訪ね、都である首里を訪問する約束をとりつけた。それは王の宰相と会見するためであった。というのも、王自身は［病気で］姿を見せていなかったからである。首里は島を縦断する山稜の一角を占め、那覇から一里だけ離れた場所にある。道はどこでも五、六メートルもの幅があり、舗装されていない所はなかった。いくつか小川を渡るが、かかっている橋は石造りの瀟洒なものである。その欄干には神話の登場人物を中国風に象った彫刻が見られ、すばらしい出来栄えである。道の一部は松の並木道となっており、大きな賑わいを見せている。都を往来する者は多く、四、五尺の背の高さをした小型の馬も通っている。馬には農作物が積まれたり、人が乗っていたりするが、銀色のかんざしや首もとに差している扇によって貴族であることが分かる。那覇を出ると、道の両脇には塩田が長く続く。左には、緑の丘を背にするかのように、泊という小さな村があり、柳の木々が所々で見られる。道の脇の木々の茂みの下には、この地球の片隅で死を迎え、安らかな眠りについている。この近くに、一八四六年から一八四八年にかけて、セシーユ提督に随行してカトリックを布教しに来た宣教師が眠っている。だが、彼らの敬虔な努力も空しく、薩摩の影響力に抗し切ることはできなかった。

そうこうするうちに、われわれは巨大な壁を通りすぎたが、非常に厚いものであった。壁には三つの小さな門があるが、生い茂る木々に埋もれているかのようである。熱帯の植物の濃い緑を背景に、大きなデイゴがその美しい赤い花を輝かせている。竹はその空気のように軽やかな葉を震わせている。この壁は、琉球の歴史において有名な場所を囲む壁のようである。崇元寺［この紀行文ではSinfoujiと書かれているが、艦長の曾孫に残された手記ではSon-ngen-djé］と呼ばれる場所で、かつて王の大臣たちが北京の宮廷の大使［冊封使］たちから遠路はるばる届けられた贈り物を受け取りに来た場所である。今日ではこの地は仏教の寺となっている。

道は上り坂となり、海抜二百メートルに達する。その頂に首里城がそびえ立っている。道を上っていくにつれて、眼の前には魅惑的な光景が広がっていく。穏やかに波打つように、植物の緑に覆われた城である。この目に心地よい田園の美しい光景は、その巨大さ、屋根の曲線が反り返る姿から、都市を囲む中国のアーチ状の城壁を想起させるのに十分である。案内の役目を果たしに来たのだろう、二人の人物がわれわれの到

UNE VISITE AUX ILES LOU-TCHOU. 253

nois, assez bien exécutées. Elle est bordée de pins sur une partie de sa longueur et présente une grande animation; les piétons qui vont à la capitale ou en viennent sont nombreux, ainsi que les petits chevaux, hauts de quatre à cinq pieds, chargés des produits de la terre ou montés par des cavaliers que le kansachi en argent et l'éventail dans le cou font reconnaître pour des nobles.

Au sortir de Nafa, la route longe des salines assez étendues. Le petit village de Toumaï, qu'habitent les sauniers, s'étend sur notre gauche, adossé à une ondulation verdoyante; sous un des bouquets d'arbres qui l'environnent reposent quelques Européens surpris par la mort dans ce coin perdu du globe. Ce fut près de là aussi que résida, de 1846 à 1848, une mission catholique amenée par l'amiral Cécille et dont les pieux efforts ne purent lutter contre l'influence de Satsuma.

Bientôt nous dépassons une muraille massive et profonde percée de trois petites portes et ensevelie sous un bouquet d'arbres où, sur le vert ardent de la nature tropicale, d'énormes érythrines font éclater leurs belles fleurs rouges et les bambous agitent leur feuillage aérien. Cette muraille enclôt un lieu célèbre dans l'histoire du pays, appelé Sinfouji : c'était là que, jadis, les ministres du roi venaient recevoir les présents apportés de loin en loin par des ambassades

Sinfouji. — Une route aux Lou-Tchou. — Dessin de G. Vuillier, d'après une photographie de M. J. Revertegat.

de la cour de Pékin; aujourd'hui le monument est devenu une bonzerie.

La route aboutit au pied de la hauteur de deux cents mètres au sommet de laquelle s'élève Shiuri. A mesure qu'on s'élève, la vue s'étend sur un ravissant paysage doucement ondulé et couvert de vertes cultures, et la beauté de cette riante campagne fait qu'on arrive sans trop de fatigue à un arc chinois, de vastes proportions, à angles de toiture relevés, qui marque l'entrée de la ville. Deux personnages qui remplissaient évidemment les fonctions d'introducteurs nous y attendaient et nous conduisirent dans une maison voisine, où l'on nous servit du thé selon l'étiquette de la cour. Cette formalité remplie, nous continuons notre route; l'avenue s'élargit, bordée de murs et de bois de haute futaie; les groupes de curieux deviennent nombreux ; les hommes ont le courage de regarder en face les terribles étrangers; mais dès qu'on lève les yeux sur une femme, elle prend la fuite.

Bientôt les murs qui bordent l'avenue s'élèvent; nous passons deux nouveaux portails et nous voici en face d'une immense construction de murailles superposées, de portes en retrait, auxquelles aboutissent de longs et larges escaliers, de toits saillants surmontés de pavillons dont les angles relevés déchirent le ciel. Deux énormes chimères en pierre gardent l'entrée

図1「崇元寺石門—琉球の道—写真をもとにした G. ヴュイイエのデッサン」。以降、挿絵については著者の「写真をもとにした」ことが言及されている。

着を待っていて、近隣の館へと連れていく。そこでは宮廷の作法にのっとって茶を出された。この儀礼を終えると、さらに城へと歩を進めることとなる。道は広くなり、壁や背の高い樹々が道の両側に現れ始める。物見高い人々の集団が増えはじめ、臆することなく、奇妙な外国人のことをまじまじと見つめてくる。とはいえ、こちらの方でも一人の女性に視線を投げると、彼女は逃げてしまったのだが。

そうこうするうちに、道の両脇にある壁がさらにせり上がっていく。新しく二つ門をくぐると、巨大な城壁が折り重なっているような構築物に突き当たった。奥まったところに城門があり、そこから長く幅広の階段が延びている。別館を覆うように張り出した屋根がまた別の屋根と作り出す、反り返るような稜線は天を引き裂くかのようである。正門［歓会門］の入り口は二体の巨大な石造のキマイラ［シーサー、石獅子］に守護されている。そこを入ると、四十段の階段をのぼった頂のその先に門［瑞泉門］が立ちはだかる。自然もまた壮大な装飾を添えている。巨大なソテツが城の立つ斜面を至るところ覆っており、何百年もの樹齢を誇るような木々が丘の起伏に沿ってそびえている。王宮の天辺の上方に輝く太陽に向かって、手を伸ばそうとしているかのようである。今、われわれの前で開かれた門は「時の門［漏刻門］」と呼ばれている。というのも、かなり古びているが、王領の時間をつかさどる日時計のある中庭に通じる門だからである。日時計が立つ石の台座からは、都に向かって眺望が広がっている。人口は二万人にすぎないと言われているが、木々に囲まれた中に集落が散在していることを考えれば、集落の中では人々が折り重なるようにして生きていることが想像される。

もう二つ門を通って、私たちはようやく宮殿前庭［御庭］にたどりついた。その奥に正殿がそびえているのだが、木造の巨大な長方形の建造物といったところである。しっかりと設えられた土台の上にそびえ、前

図2「琉球の王城─漏刻門─写真をもとにした G. ヴュイイエのデッサン」（挿絵に描かれているのはおそらく瑞泉門。挿絵のもととなった写真が、艦長の子孫エルヴェ・ベルナールのコレクションに残されている）

方には日本の寺院の中に見られるように柱廊が整然と伸びている。木柱で支えられているのは巨大な屋根であり、われわれに向かって張り出してきている。屋根がおりなす稜線の両端には、彩色された龍の二つの巨大な頭が輝いている。建物の本体を取り巻いているのは、木工細工をされた板であり、聖獣や仏教の天上界のさまざまな女神たちが浮き彫りにされている。ほぞ穴や穹窿のアーチ型曲線、張り出した部分などは、日本風に彩色された唐草模様によって引き立たせられたものとなっている。前庭には赤い石畳が敷かれている。その周囲を取り囲むのは、正殿に次ぐ地位の建築物の数々で、使者を応接したり宮廷の官僚が控える場所として使われているようである。正殿については、われわれを迎えてくれた者たちが「お寺」と呼んでいるように大きな寺院であるが、ネズミ一匹入れない空間となっている。壮大な儀式の際にしか開か

図3「首里城—J・ルヴェルトガ氏の写真をもとにしたG. ヴュイイエのデッサン」
ジュール・ルヴェルトガ「1877年の琉球諸島紀行」

れないからであり、王はそれに隣接する建物に住んでいる。王を垣間見ることさえできないのである。

われわれは正殿の横にある応接の間［西殿＝現在の北殿］に参上を許された。赤地に黄金色の漢字で書かれているところによれば、「清涼の間」と呼ばれる場所のようである。南に向いた間取りによって、夏中、そよ風が部屋に入ってくるようになっているというのが、その名の由来ということだ。小さな卓が左右対称に配置され、その一つ一つに茶や、小麦や米でできた菓子が置いてある。卓の周りにある椅子は中国風である。部屋の四方に置かれた中国の屏風は、長い歳月を経てきたことが幾つもの傷からうかがえる。部屋の天井からは、黒地の絹糸で織られた布が垂れ下げられている。その上には白く、琉球人の王が持つ武器が浮かび上がっている。床にはござが敷かれている。

われわれが着くとほぼ同時に物奉行［宰相に当たる役職］が現れたが、年のころ六十の老人のような相貌である。士官が幾人か随行しており、皆が席に着く。懇談がお決まりの社交辞令とともに始まり、茶がつぎ直されるたび話は中断する。これが極東の礼儀作法では期待されるところだろうか。われわれの艦長は今回の訪問の目的を伝え、王に対面がかなわなかったことを残念に思うと告げる。そして物奉行に訪問名刺を渡し、王にそれを手渡すことを願い出た。物奉行は屏風の後ろに消えたかと思うと、この小芝居が前もって仕組まれたもののように思わせないためなのか、すぐに戻ってきて、明日、王が船に運ばせる贈答品のリストを示す。五十羽の雌鶏、二百個の卵、二束の野菜、二袋のサツマイモをくださると言う。

　われわれはまた宮殿前庭［御庭］を横切って、王の取り巻きの人々の中を歩いていく。領国には二千の氏族がいるとのことだが、皆代表を出して、宮廷に参上したいと考えているのである。

　かつて琉球では日本のように、貴族は剣を二本差していた。薩摩による征服の際、この特権は剥奪され、階級を示すものとしては銀のかんざしと平和的でしかない扇だけが残されたのである。今日、日本の古くからの藩

図4「琉球人たち—写真をもとにしたG. ヴュイイエのデッサン」

のように、貴族たちは米やサツマイモといった、現物支給を受けており、王家の収入から出ているものであった。その収入額は、王国の総生産の約十分の三にまで上るものであり、国家のさまざまな税からあまねくとられたものである。

日本の役人が無作法にもわれわれに教えるところでは、琉球国の支配者である尚泰王は、彼の年齢と同じ数だけ、つまり三十六人の女性を囲っていたとのことである。しかし三人しか子供がおらず、一人は娘、二人は息子で、その長男は十八歳になるという。王家の家族の全体については、王も含めて、日本の役人には分からないとのことである。

首里城が建てられたのは五百年前、王国の繁栄期であり、琉球のジャンク船がマレー半島まで貿易を行いにいっていた時代であったが、非常に素晴らしい建築の一つと言えるだろう。城を囲む庭園はその様式の荘厳さと見事に調和している。高くそびえる樹林に分け入れば、名高い比喩で語るなら、光が木々によって濾過されて届かない、いわば闇の空間を見せてくれる。

首里の街は王家の住まいである城を中心として、隣接する高台に広がっている。その道は那覇の道と同様に、越えられないような壁が長く続いているのである。市場は汚く貧相な様子であるが、開け放たれたように大きく広がった広場で行われている。女性がいっぱい詰めかけているが、馬もひしめき合っている。売られているのはとりわけ、サツマイモ、茶、タバコ、さとうきびが切り分けられたもの、布、そして帽子である。

翌日、物奉行はたくさんの従者を連れて、われわれの船を訪問した。彼の前で大砲を一発撃つとたいそう驚愕し、この恐ろしい武器に点火する引き縄をつかむこともできかねるようだった。一方、艦内の設備にはどこもかしこも強い関心を抱いた模様である。彼には軽い食事を出したが、天上のご馳走であるかのように気に入った様子である。王からの贈り物への返礼として、さまざまな種類のワインを王に贈るように物奉行にお願いした際、彼の顔からは喜びが溢れ出していた。このワインによって、王もその家族も、日本人が王領を完全に帝国の一地方にしてしまう機会を虎視眈々と狙っているという恐怖を、ひとときでも忘れることができるのではなかろうか。王もまた旧藩主と同様、江戸に留め置かれることになるのだろうか。

大きな蔦や蔓が絡み合い、苔むした木々の幹にレースをかけるかのようである。舗石が敷かれた小道は、竹や松、バナナの木や月桂樹の茂みで覆い隠され、神秘的なたたずまいである。そうこうするうちに、閑けさが支配する窪地の底に降り、蓮に覆われた小さな池を見つける。池には寺院の宝石ともいうべき、典雅な小堂のある島が見え、そこに行くのに小さな橋を渡るが、そのなめらかで優美な曲線は、周囲を取り巻く迫力のある自然を背景にして、美しく浮かび上がっている。この甘美な御堂は、人間の手によって繊細なタッチが加えられたもので、「カンノン」という神に捧げられた場所となっている。観音は日本人の言う弁天を指し、調和と海の神であると同時に、漁民の守護者でもあり、仏教の世界観において最も詩的な形象と言ってよいだろう。琉球王国は海によって地理的に守られた位置にあり、宮殿の壁掛けに見られる王の武具も、他ならず、日本では愛らしいとされる観音を象徴として採りいれた武具となっているのである。

［解題］

ここに訳出したのは、Jules Revertegat, "Une visite aux îles Lou-Tchou,1877", Le Tour du monde (Paris), XLIV, 2,1882, pp. 250-256 である（［ ］内は訳者による注記）。今回この琉球紀行文を全訳するに先立って、『沖縄タ

イムス』紙上で、解説とともにその部分訳を紹介する機会に恵まれた。翻訳のきっかけと新聞紙上での発表の仲立ちをしてくださった後田多敦氏、編集を担当してくださった沖縄タイムス社学芸部の内間健氏、編集局首里城取材班の城間有氏に感謝申し上げたい。また訳文はじめ、訳注や解題について記事内容と重複する箇所があることをお断りしておく。

本紀行文、とりわけそこで挿絵として掲載されている首里城の大龍柱が正面を向いていることについては、本誌に掲載されている後田多敦氏の論文を参照していただきたい。

ジュール・ルヴェルトガ「一八七七年の琉球諸島紀行」『世界一周 Le Tour du monde』誌は、一八六〇年にエドゥアール・シャルトンによって創刊された旅行記・探検記を主題とした雑誌で、現在の『ナショナルジオグラフィック』誌の元祖と言えるような雑誌である。紀行文だけでなく図版がふんだんに取り入れられた誌面構成で知られ、著名な芸術家であるギュスターヴ・ドレも図版制作に参加している。図版は木口木版により制作されたが、その多くは写真をもとにしたものであった。写真と文章を同じ誌面で印刷する網版印刷の技術が開発される前は、写真をそのまま印刷にかけることができないために版画におこされることが多く、この紀行文に掲載されている首里城の図版も、その例にもれずもととなった写真が存在していた。

ジュール・ルヴェルトガ（Jules Revertegat。Revertégat という表記も見られ、その場合は「ルヴェルテガ」となる）について、詳しいことは知られていない。巡洋艦ラクロシュトリ号の艦長、アンリ・リウニエの曾孫エルヴェ・ベルナール氏が所有する「ラクロシュトリ号、一八七八年 四月 十三日にシェルブール港に寄港」という文章によれば、ルヴェルトガは一八五〇年に生まれ、一八六六年に海軍に入り、一八七一年に海軍少尉、一八七八年に海軍中尉に昇進したとされるので、来琉時は海軍少尉となる。リウニエ艦長のもとで長年任務に服し、一八七五年 七月 二十五日に、三十二ヶ月の極東地域（中国・日本）の巡洋に向けてシェルブール港を出発する。ルヴェルトガは日本語を解するとされ、通訳として艦長に随行した。また訪問地についてのメモや写真による記録も担当し、今回の琉球訪問において、首里城最古の写真を撮影したとされる。最後は海軍大佐まで昇りつめレジオン・ドヌール勲章を受け、一九一二年に生涯を閉じた。

エルヴェ・ベルナール氏は航海日誌や書簡、未発表の写真や政府への報告など、貴重な資料を保有している。彼が艦長の手帖から書き起こした文書を参照することで、首里城の写真撮影に至った経緯も確認することができる。

ルヴェルトガの琉球滞在を日程順に追っていこう。一八七七年五月十三日、紀行文に示されているようにラクロシュトリ号は那覇港に着岸するが、日本の内務省出張所からの役人からの視察を受けた後、日本人に気づかれぬよう船に忍び込んだ琉球人たちによって、西南戦争の情勢について尋ねられたようである。子孫がまとめた手記によるならば、「二人が何としても聞きだしたかったのは九州の情報であり、昨今の反乱の指導者となった前の元帥、西郷隆盛のことである。われわれの答えは彼らを狼狽させるもので、彼らは心から反乱者たちに共感しているようであった」。彼らは拙い英語を話すとされ、首里城訪問の際には通訳として登場することから、琉球王朝が日本の政治状況の趨勢に敏感であったことがうかがえる。

翌五月十四日、日本の内務省(出張所)を訪問する。尚泰王が病気であることを伝えられるが、手記によれば、フランス人たちがそれでも首里城を訪問することを言うと、随行したい旨伝えられたようである。「アヤシ(ハヤシ)・タネモリ」がどのような人物であるのかは同定できなかった。

ルヴェルトガの紀行文では、首里城訪問の記述の前に、琉球人の外見や言語、習俗についての考察が見られる。中でも興味深いのは宗教や葬送に対する言及である。こうした記述は聞き書きである可能性もあるが、帰仏後に研究書を参照したものかもしれない。

十五日、首里城訪問の日である。内務省（出張所）は駕籠を用意していたが、リウニエ艦長、ルヴェルトガをはじめとする総勢八名の一行は歩いていくこととしたようである。那覇から泊の方へ向かうが、泊では一八四六年から一八四八年にかけて琉球を訪問したセシーユ提督に随行した宣教師たちの墓地について想起している。実際、泊には外人墓地があり、フランス人宣教師、マチウ・アドネ（一八一三－一八四八年）の墓が今もなお残る。道中、彼らは崇元寺にも注目しており、紀行文の挿絵においても、「三つの小さな門がある」寺のたたずまいが描かれている。

とうとう首里城が見えてくる。物見高い人々に見つめられながら、一行の前には城門が次々と現れる。歓会門、瑞泉門、漏刻門をくぐり抜け、一行は宮殿前庭、すなわち御庭にたどりつく。正殿の屋根の上に龍が輝くのを仰ぎ見た後、一行は「正殿の横にある応接の間である西殿に参上を許された」とあるが、西殿は現在の北殿にあたる建物となる。

病気の王の代わりに物奉行と会見し、紀行文に見るように贈り物をいただくのだが、艦長の子孫ベルナール氏によってまとめられた艦長の手記にはその続きがある。「私は物奉行に、皆さんを連れてラクロシュトリ号を訪れてくださいと伝えた。申し出は快諾された。そのうえ、翌日にルヴェルトガ小尉が首里城と都の様子を撮影することも、許可していただいた。彼を迎えた役人たちは、さまざまに注意しながら写真撮影に同行し、感じのよい態度ではあった。が、日本の内務省（出張所）の副長と二人の警官の存在は、写真を撮影する立場としては大変都合が良かったものの、琉球の庶民にとっては気づまりなものであっただろう」。訪問当日は王の取り巻きの人々が多くいたという記述があるのに、正殿を写した写真に琉球の人々が見られないのは、こうした事情に起因するのかもしれない。

翌十六日午前、物奉行一行は礼品を届けに、ラクロシュトリ号を訪問する。返礼としてのワインの贈呈の記述は、琉球王国の滅亡を予感させるものであり、ここで紀行文は終わりを告げる。ルヴェルトガは物奉行たちを送りがてら首里城へ同行し、沿道や首里城の撮影を行ったのだろうか。

十八日、ラクロシュトリ号は那覇を出港し、中国・福建を経由して、一八七八年四月十三日にフランス・シェルブール港に帰着した。ルヴェルトガの紀行文は一八八二年に発表されるが、一八七九年の尚泰王の首里城明け渡しと東京連行という、琉球処分の結果を知ったうえで、紀行文の末尾が書かれたのかは分からない。

この琉球王朝末期のフランス人訪問については、琉球側の資料においても確認されている。二〇二〇年十一月二十二日に行われた「首里城再興に関する公開討論会」において、高良倉吉氏は尚家文書「御書院日記」に、首里城訪問と写真撮影をしたと考えられる一八七七年五月十五日・十六日と同時期に、二日連続で仏人一行が首里城を訪問したことが記されていることを紹介している。

最後に、このルヴェルトガの紀行文は、森田孟進氏が琉球大学附属図書館報『びぶりお』において、「Le Tour du Monde（「世界一周旅行」）シリーズとM. J. Revertegat（ルヴェルトガ）"Une Visite aux îles Lou-Tchou"（琉球諸島紀行）」と題された連載で紹介、一部翻訳している。今回の翻訳でも参考にさせていただいた。この場を借りて感謝申し上げたい。今回の報告ではそれを、首里城訪問の全体を訳し、艦長の子孫、エルヴェ・ベルナール氏による艦長の手記の書き起こしで補足することで、新情報を提供しようと試みた。森田氏自身、「フランスの海軍関係文書の中に琉球に関する記録が数多く見いだされる可能性がある」としており、その一端をここに日本語で示すことができたとすれば、幸いである。

初出：『非文字資料研究』24号（神奈川大学日本常民文化研究所非文字資料研究センター、二〇二二年）

Ⅳ　首里城大龍柱の本来の向きと「寸法記」イラストの検討
――相対説はなぜ根拠イラストを誤読したのか――

後田多　敦

一　はじめに

本稿では、首里城（沖縄県那覇市）の正殿正面石階段上り口両側にたっていた大龍柱の本来の向きについて検討する。戦後復元された大龍柱は二〇一九年の火災で損傷したため、今回あらためて復元設置されることになった。この令和復元でも、向きは「暫定」とされつつ相対とする方針が決められている。しかし、琉球国末期の一八七七年、大龍柱は正面向きだった。本稿では相対説が根拠資料を誤読していることを示し、大龍柱の本来の向きは正面であることを確認したい(1)。

現在、首里城と呼ばれている琉球国時代の王城・御城は一八七九（明治十二）年、「琉球処分」で日本政府に接収された。接収後は日本軍が駐屯した後、建物から段階的に払い下げられ学校などや沖縄神社に利用された。用地は一九〇九（明治四十二）年、首里区に払い下げられている。一九四五（昭和二十）年の沖縄戦では、地下に沖縄守備軍第三十二軍司令部壕が設置され、日米両軍の戦闘で壊滅的に破壊された。戦後は琉球大学に利用された後、沖縄の日本「復帰」二十年を記念し、一九九二年に正殿などから復元公開された（平成復元）。復元が全域で完成したのは二〇一九年だった。しかし同年十月三十一日未明、正殿から出火し関連九施設が

焼失している。(2)

平成復元では一七六八年から一九二五年までの間の正殿が復元対象となった。そして、大龍柱は相対向きで設置された。この相対向き復元には、本来の姿は正面向きだと当初から強い異論が出されていた。(3)相対向きの根拠は「百浦添御殿普請付御絵図并御材木寸法記」(一七六八年、沖縄県立芸術大学蔵、「寸法記」)と尚家文書「百浦添御普請絵図帳」(一八四六年、那覇市蔵、「御普請絵図帳」)で大龍柱が相対向きに描かれたイラストだった。(4)しかし、明治大正期の写真では正面向きである。この矛盾に対し、平成復元では本来相対だったものを日本軍が首里城接収後に正面に変えたと説明していた。日本兵が大龍柱をへし折った事件があり、両方とも破損、短小化されて接続されていたため、相対説の説明は成立する可能性もあった。(5)

二〇一九年の首里城火災後、筆者が首里城接収以前の一八七七年に正殿を写した写真(ルヴェルトガ写真)を確認し、二〇二〇年の琉球民族独立総合研究学会で紹介した。(6)このルヴェルトガ写真で、琉球国末期には正面向きだったことが確認され、日本兵が正面に変えたとする相対説の説明は誤りであることが確定した。これを受け、令和復元の在り方を検討する国の「首里城復元に向けた技術検討委員会(委員長・高良倉吉)」(以下、技術検討委員会)の判断に関心が集まった。これに対し、技術検討委員会は二〇二一年十二月、令和復元でも「暫定」としながら相対向きとする方針を発表した。(7)

相対向き復元の方針を示した技術検討委員会だが、相対説が抱える根本的な矛盾は解決していなかった。ルヴェルトガ写真で確定した史実は、一八七七年段階で大龍柱は正面を向いていたということ。そのため、「寸法記」「御普請絵図帳」イラストの相対向きが実際の形状を正写しているとするなら、一八四六年からルヴェルトガ写真の一八七七年までの三十一年間に向きが正面に変更されている必要がある。この向き変更がなければ、相対説は成立しない。しかし、技術検討委員会はこの点を実証できなかった。

基礎的な前提事実を実証しない（できない）相対説は成立しない。しかし、技術検討委員会の決定で、本来の姿と異なる形で令和復元が行われる。史実に基づかない「復元」だ。さらに、大龍柱向き改ざんが固定化されれば、文化財保護の在り方が根底から揺さぶられ、将来に禍根を残すことになる。首里城はかつての琉球国の王城で、正殿基壇遺構は二〇〇〇年、世界遺産に登録されている。(8) 世界遺産登録に際しては、正殿が「完全なレプリカ」であることも重要な意味を持っていた。その点で、大龍柱向き改ざんは世界遺産登録の正当性にもかかわっている。問題の重大さを踏まえ、本稿では相対説が根拠とする「寸法記」イラストを誤読していることを示し、大龍柱の本来の向きは正面であることをあらためて確認したい。

二「寸法記」の資料的価値と解読の前提

1「寸法記」の資料的価値、そして対立点

相対向き（相対説）の根拠は、「百浦添御殿普請付御絵図并御材木寸法記」（一七六八年、沖縄県立芸術大学蔵、「寸法記」）と、時代が下って成立したほぼ同じ内容の尚家文書「百浦添御普請絵図帳」（一八四六年、那覇市蔵、「御普請絵図帳」）のイラストだ。(9) 「寸法記」には、大龍柱が相対向きに描かれた二点のイラストがあった。

「寸法記」は、首里城正殿一七六八年重修の王府記録とされ、鎌倉芳太郎が沖縄で戦前に収集・筆写し残した資料の一つである。原本と思われるもの（イラスト中心の資料A）と鎌倉が大学ノートに筆写した記録（文字で寸法などが書かれた資料B）からなる。「寸法記」は来歴や成立年代の異なる二つの資料で構成されているが、

平成復元では重要資料として活用された。

イラスト中心の資料Aは原本（あるいは原本相当）で、一七六八年成立と考えられている。しかし、原本なら尚王家に所蔵されていてしかるべきもので、何故に鎌倉の元に残されたのかという疑問が残る。ただ、鎌倉は、戦前の中城御殿（尚家）に出入りし、資料Bを筆写している。それを踏まえると、資料Aは実物が鎌倉にわたった可能性も否定できない。だとすると、中城御殿にあった原本か、あるいは副本などの可能性が高く、原本相当だと位置づけても問題はないだろう。

また、「寸法記」を理解する上で、ほぼ同じ内容の那覇市蔵の尚家文書「御普請絵図帳」「百浦添普請日記」なども重要な意味を持つ。「御普請絵図帳」は一八四六年重修の王府記録で、琉球国三司官印が押された公文書原本である。

平成復元に携わり、令和復元では国の「技術検討委員会」委員長を務める高良倉吉は、「寸法記」と「御普請絵図帳」について、最近の論考で以下のように説明している。[10]

「寸法記」は一七六八年に竣工した正殿の重修記録であり、「御絵図」と「御材木寸法記」の二部構成になっている。尚家の沖縄屋敷(中城御殿)に保存されていたと見られるこの記録の「御絵図」の部分(原本)を鎌倉は沖縄で収集し、「御材木寸法記」部分は大学ノートに写した。特に「御絵図」は正殿の内部や外部を詳細に描いており、「拝殿図」の限界を超えるものだった。「寸法記」を基軸的な根拠資料と位置付け、それを補完する資料として「拝殿図」を利用することによって、正殿は限りなく往時に近い姿で復元することが可能となった。……

四冊の尚家文書のうち「百浦添御普請絵図帳」（道光二十六年）は「寸法記」と同様の正殿の建築

仕様を詳細に描いたものであることが判明した。そして、一七六八年重修（「寸法記」）の際の正殿と、一八四六年重修（尚家文書）の際の正殿は同一の建築様式として存続したことが確認できた。つまり、この二件の根拠史料により、沖縄神社拝殿としての正殿ではなく、王国時代の正殿＝百浦添御殿としての復元が決定づけられたのである。

「寸法記」は筆写資料（資料B、高良の文章では「御材木寸法記」）を含むが、その全体は尚家文書「御普請絵図帳」などで裏づけられ、イラスト部分（資料A、高良の文章では「御絵図」）が原本相当であるとする点に異論はない。本稿では資料A（原本相当）のイラスト理解が焦点なので、資料Aと資料Bを一体として「寸法記」とする見方に従う。「寸法記」の内容について、高良倉吉は「形式上は重修工事完了報告書の一部、内容としては重修工事の仕様書」であり、「(現段階としては)何よりも、正殿内の間仕切り、部屋割を正確に捉えうる唯一の資料」とする。(11) つまり、重修の工事仕様を図示したものであり、工事完了の報告書にもなっている。さらに踏み込めば、「寸法記」はいわゆる建築差図であり、また対象を実測し一定の基準で縮尺したものでもない。

相対説と正面説の見解が大きく分かれるのは、大龍柱を描いたイラスト二点の理解だ。そのイラストから当時の実際の向きが確定できるのか、できないのか。その理解が対立点となっている。相対説は大龍柱の向きを正写しているとし、正面説は正写していないと考える。

一七六八年「寸法記」と同様のイラストを収録する一八四六年「御普請絵図帳」の間には、およそ八十年余の経過がある。その間をはさんだ両資料のイラストで、大龍柱は相対向きで描かれている。つまり、一七六八年の段階で相対だと理解するなら、向きは一八四六年までは同じであり、一七六八年に正面だと理解するなら一八四六年までの間も正面となる。

一方で、ルヴェルトガ写真で一八七七年段階では正面向きだった事実が確定している。正面説は一八七七年の正面写真と矛盾しない。これに対し、相対説は矛盾する。「御普請絵図帳」（一八四六年）からルヴェルトガ写真までの三十一年間に相対から正面へ向き変更がなければ、相対説は成立しない。この間の向き変更の存在が、相対説成立の基本的前提である。しかし、向き変更の事実は確認できていない。[12] 前提が成立していないにもかかわらず、相対説は論点をすり替えながら主張されているので、「寸法記」理解以前の前提としてあらためて以下を確認しておきたい。

①正殿大龍柱の向きで、確定した最古の事実は琉球国末期の一八七七年段階で正面向きである。
②大龍柱は固定された造形物で、外部の力が働かない限り向きは変わらない。
③一八七七年以前に向き変更の事実は確認できない。
④イラストには制作目的があり、写真と異なり必ずしも事実・実態を客観的に記録していない。

2 建築差図と十八世紀の測量技術と図法

相対説の根拠イラストを検討する前に、「寸法記」が成立した十八世紀における琉球の建築差図（指図）、測量や製図技術などについて整理したい。「寸法記」は一七六八年正殿重修の記録で、いわゆる建築差図である。建築差図は、建物の新築や増改築の際に施主あるいは施工者が、建築内容を明確に把握する目的で作成される。[13]「寸法記」イラストは絵地図などと異なるものとして理解する必要がある。

建築差図に似たものに絵地図などがある。地形情報などを伝える地図は、琉球国でも時々の技術で測量を行い、そのデータを基に一定のルールで作成されていた。十八世紀初頭の琉球国では王府重要施設絵図差図調製事業が実施され、その際の測量術は田畑面積の簡単な計算手段である十字法で、絵図は俯瞰図という段階だった。廻り検地（廻り分間法）のような精確な方位と距離の計測による測量が、琉球で実施されたのは乾隆検地（一七三七～五〇年）からだった。乾隆検地の間切島針図調整事業で用いられた針竿測量と針図は、当時のアジアでの最先端の水準に達していたという。

乾隆検地で用いた針竿測量は、現代のトラバース測量と同じ原理だ。安里進は琉球の印部石（測量図根点）ネットワークが近代測量の三角網に相当し、世界最先端の測量術を持っていたフランスでも、三角網による国土測量は十八世紀前半に始まったとする。さらに、『針図』と呼ばれた測量図も、測量対象を測点と測線で正確に図化しただけでなく、印部石との位置関係を図示して再測量を可能にしたもので、少なくとも江戸時代日本にはまだ存在しない地図だった」と、琉球の技術の高さを指摘する。(14)

つまり、琉球の測量技術と測量図は、「寸法記」イラストが成立した当時、アジア最先端の水準だった。ただ、その技術でも、地形の高低などの立体的な情報全体を平面図で正確に表現できない。そのため、地形の高低などを反映させた俯瞰図などが利用された。地図に高低情報を含む等高線が登場するのは、後の時代となる。日本で標高の地図記載が始まったのは、明治初期からと考えられている。(15)

その最先端測量・作図技術は、「寸法記」イラストの作成で直接的に用いられてはいない。十八世紀段階の琉球で建造物などを絵図化する方法は、俯瞰図から正面図、御座構之図、そして針図の段階だった。建築物の情報を二次元で正確に図面化できるのは、近代の平面図、正面図、断面図などが登場してからである。相対説が根拠とする「寸法記」「御普請絵図帳」のイラストは、実測データを基に一定の縮尺で縮小する形では作成されてはいない。つまり、オンスケール（定規を使用することで正しい寸法を採ることができる縮尺のついた図面）ではないのである。

「寸法記」では、正殿重修のための情報がイラストと文字で紙に記録されている。紙などの平面に記録を残す場合、文字を用いた文書と線や色彩によるいわゆる絵画がある。絵画は信仰や観賞用として描かれて美術的価値の高い、美術工芸品の中に位置づけられる「絵画」と、記録や実務のために描かれた「絵図」などに分類できる。そして、この「絵図」を内容でみると、信仰絵図や経済絵図、そして建築絵図などがある。(16)

建築絵図には、建築の設計や施行の際に用いられた図面以外に、儀式や行事の際の諸道具の配置や座敷位置、人の移動経路などを描いたものが含まれる。これらは、単独の図として作成される場合もあるが、関連記録の挿図として描かれる場合もある。建築のために作成される図面類には、「指図（差図）」「建地割」「部分図」などがあり、さらに図面類以外に施工上の詳細などの情報（現在でいえば仕様書）も必要となる。建築差図は、建物の新築や増改築の際に施主あるいは施工者が、建築内容を明確に把握する目的で作成される。前近代の建築差図は、建物位置を決めるための敷地見取り図（配置図）や平面図がある。建物の平面を描いたものだ。

「寸法記」の正式名は「百浦添御殿普請付御絵図并御材木寸法記」で、その「御絵図」（資料Aの部分）と「御材木寸法記」（資料Bの部分）が、それぞれ「図面」や「仕様書」の情報に相当すると考えていいだろう。そして、建築用の「図面」「仕様書」には、それを用いる大工が共通に修得している知識・技術が前提にある。例えば木割術（建物の各部材の寸法やその組合せを比例によって定める技能）と規矩術（指金や直定規などを使って、あらゆる角度を正確に出す木造大工の技）などだ。この背後にある共通の技能や知識が前提となり、間取りと柱位置などの簡単な二次元の図面で木造建築物を建てることができた。

「寸法記」イラストは、実測と縮尺に基づくものではない。これが「寸法記」イラストの基本的性格である。描かれている大龍柱も実測し、そのデータを縮尺したものではない。つまり、イラストの大龍柱は「絵」の一つである。

三 「寸法記」イラストを読む

1 「寸法記」イラストの概要と内容

「寸法記」はイラスト部分の資料A（原本相当）と、木材の寸法などを文字で記した記録の資料B（筆写）で構成されている。そして、資料Aは二十四点のイラストからなる。この二十四点を収録順に「イ①」から「イ㉔」と便宜的に番号を付し、表題や対象などで整理したのが「表1「『寸法記』イラストの表題と主な内容」である。また二十四点のイラスト自体を抜き出したのが「表2『寸法記』イラスト一覧」である。[17] 表2は全体を縮小して掲載したが、実測データを基に一定の基準で縮尺し作成されたものではないことは確認できるだろう。

「寸法記」資料Aは「乾隆三拾三年戊子／百浦添御殿普請付御絵図并御材木／寸法記」（斜線は改行）など、年号などが書かれた二種類の表題から始まり、その後に正殿正面のいわゆる姿図(?)、唐破風（玻豊）の仕上げ、正面石階段の間口、大龍柱の寸法、御差床、御床、おちよくい（階段）、各階平面図（差図）など、正殿各部の工事上の要領などがイラスト二十四点で示されている。イラストには部材寸法や色彩、彫刻の姿図や仕上げなどの情報も文字で注記されている。

「寸法記」イラスト二十四点を表題で分類すれば、「題欠」が三点、「図」が十九点、「寸法」が二点と三分される。さらに十九点の「図」は、「絵図」一点と「差図」三点、そして「図」十五点に小分類できる。さらに「図」には「真正面之図」と「側之図」の各一点が含まれている。この構成を見れば、二十四点は「図」が中心だといっていい。しかも、表題を「図」とするイラストは、さらに細かく「絵図」や「図」「差図」などと用語を使い分けている。この表題の違いは、イラストの目的や内容に反映されていると考えていいだろう。

表1 「寸法記」イラストの表題と主な内容

題	種類		番号	表題	種類	主な内容
題欠	?		イ①	題欠（百浦添御殿・仮題）	?	正殿全体
			イ③	題欠（唐玻豊斗拱・仮題）	?	玻豊骨格
			イ④	題欠（大龍柱寸法・仮題）	?	石階段と大龍柱
図	絵図		イ②	玻豊絵図	絵図	玻豊妻飾りデザイン
	図		イ⑤	御差床之図	図	一階の御差床。玉座
			イ⑥	台御座床之図	図	御差床の台
			イ⑦	御床之図	図	御差床の御床
			イ⑧	おちよくい之図	図	国王専用階段
			イ⑨	おちよくい引戸之図	図	国王専用階段引き戸
			イ⑩	真正面よち之図	図	
			イ⑪	唐玻豊真正面之五はい坪天井図	図	唐玻豊真正面天井
			イ⑫	唐玻豊左右之坪天井図	図	唐玻豊左右天井
			イ⑯	大庫理御床之図	図	二階の御床
			イ⑰	台御座床之図	図	二階の御床台
			イ⑱	おせんみこちゃ御床之図	図	国家火神祭祀空間の御床
			イ⑲	二階連子之図	図	連子：窓に細い木材を縦・横に並べたもの
			イ⑳	同連子之図	図	連子
		真正面	イ⑭	大庫理御差床真正面之図	図（真正面）	二階の御差床。玉座
		側	イ⑮	同御側之図	図（側）	
	差図		イ⑬	下庫理差図	差図	一階：国家儀式や政治の空間
			イ㉑	二階差図	差図	二階：王家の祭祀などの空間
			イ㉒	三階之差図	差図	
寸法			イ㉓	身屋柱上下壁付之寸法	寸法	身屋柱
			イ㉔	廂柱上下壁付之寸法	寸法	廂柱

*「寸法記」を基に作成。「イ①」から「イ㉔」は「寸法記」掲載順。「イ①」と「イ④」相対説の根拠イラスト

「イ①」のほかは、全て文字の書き込みがある。表題用語の使い分けと、文字書き込みの有無に関係はないようだ。表題に唯一「絵図」とある「イ②」には、「玻豊」の意匠情報が含まれており、表題に「絵」と付加することで意匠情報が重要であることを示したものだろう。「差図」は三点で、「イ⑬」は正殿一階、「イ㉑」は二階、「イ㉒」は三階と、それぞれの階の平面図となっている。表題に「寸法」とある「イ㉓」「イ㉔」は、その部位の寸法情報を伝えるもので、文字情報を伝えるためのイラストとなる。

このように一瞥すると、表題から三分類される「寸法記」イラスト二十四点は、作成目的によっても三グループに分類できると考えていい。そして、相対説の根拠「イ①」と「イ④」は表題を欠いているので、その目的は絵図や図、そして材

表２「寸法記」イラスト一覧

【イ①】＝相対説の根拠イラスト

【イ②】

【イ③】

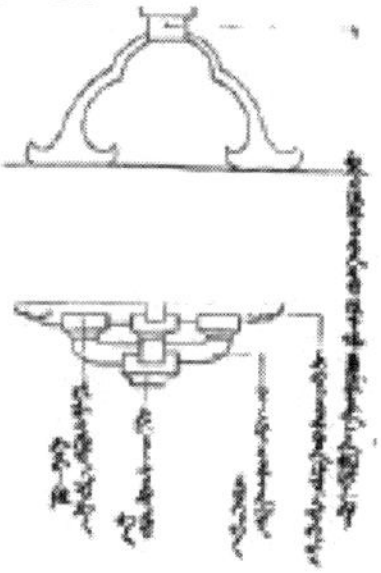

【イ④】＝相対説の根拠イラスト

【イ⑤】

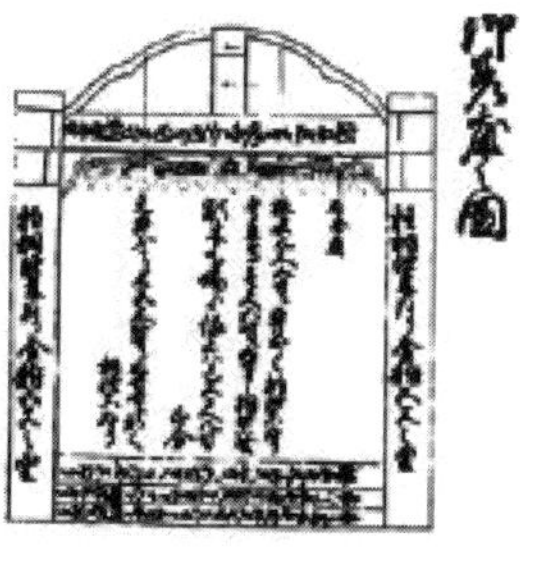

【イ⑥】

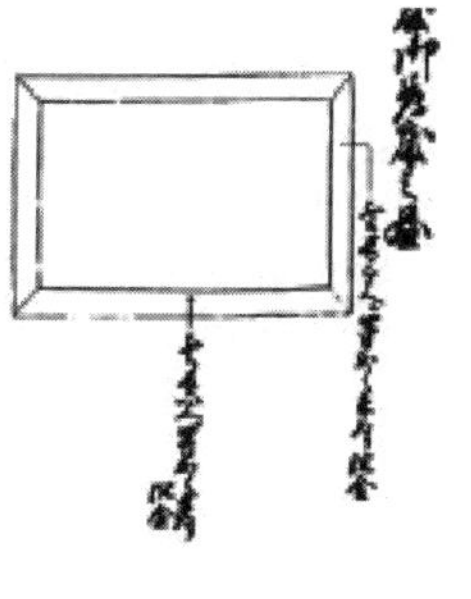

【イ⑦】＝相対説の根拠イラスト

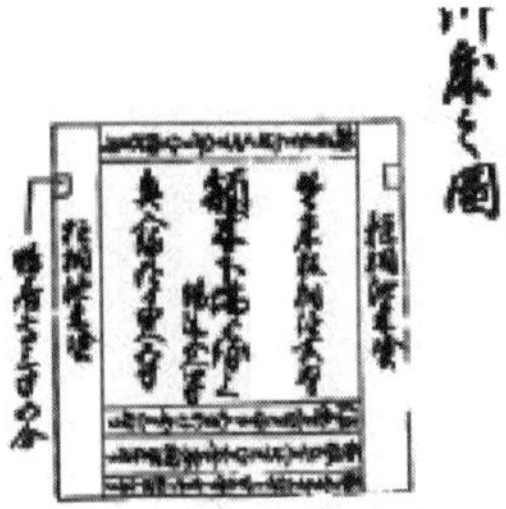

【イ⑧】

【イ⑨】

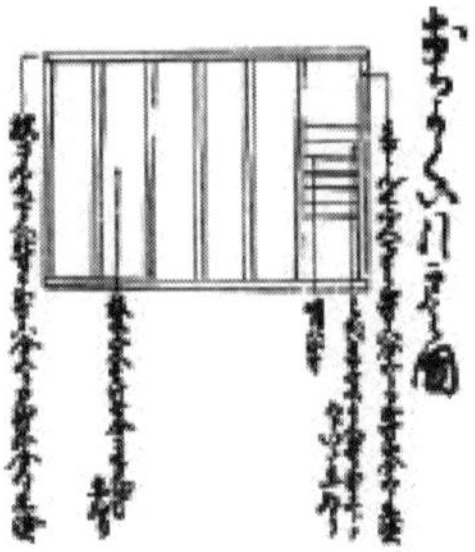

【イ⑩】

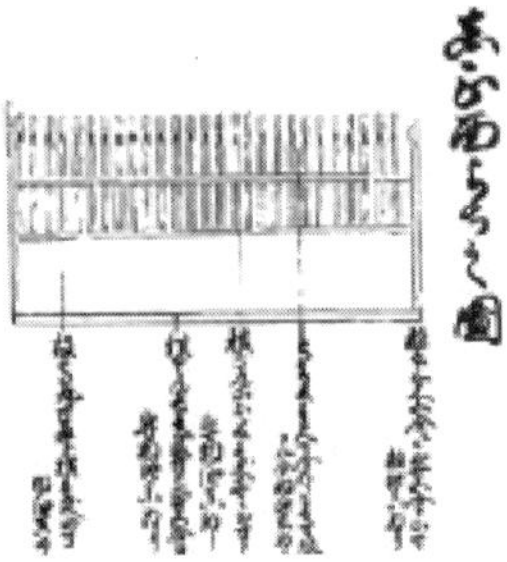

【イ⑪】

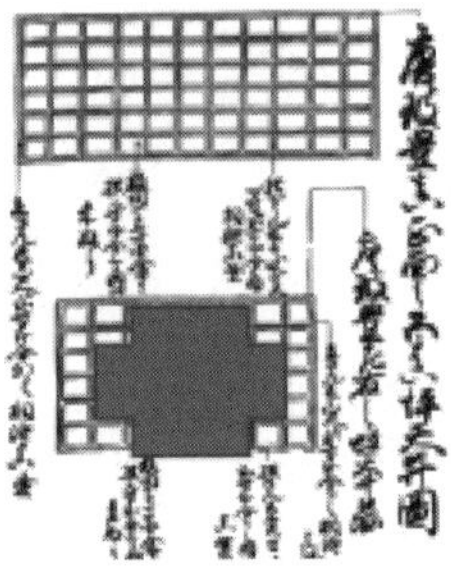

【イ⑫】

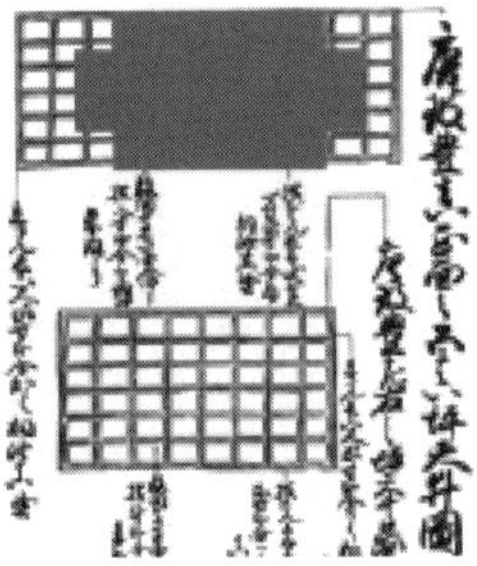

【イ⑬】

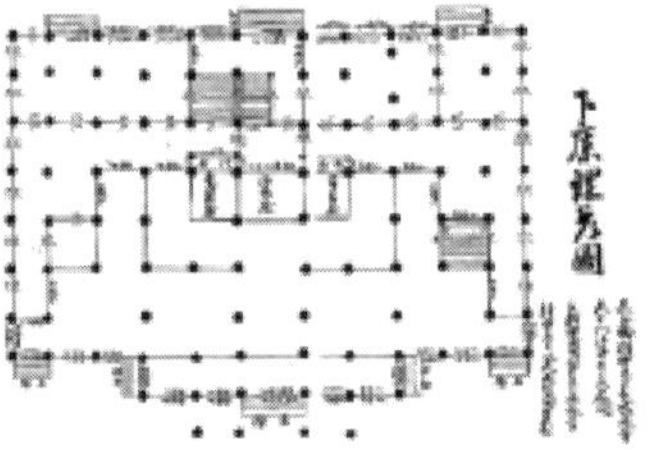

【イ⑭】

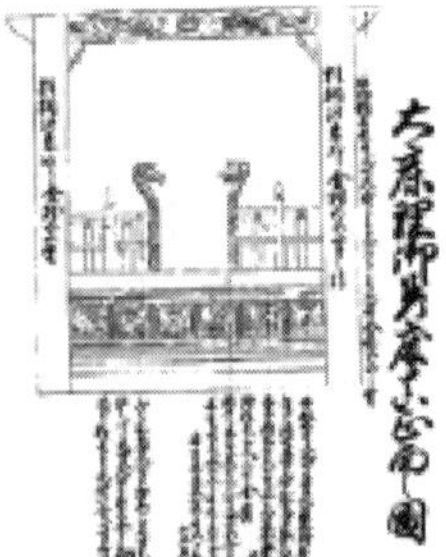

【イ⑮】

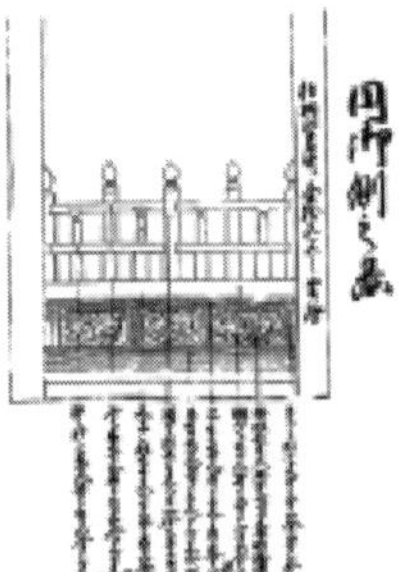

【イ⑯】

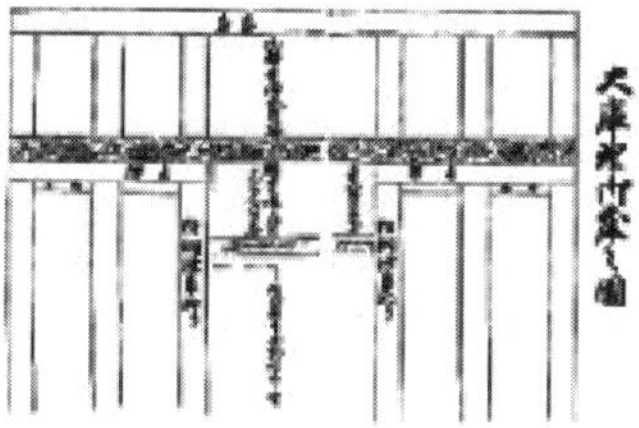

【イ⑰】

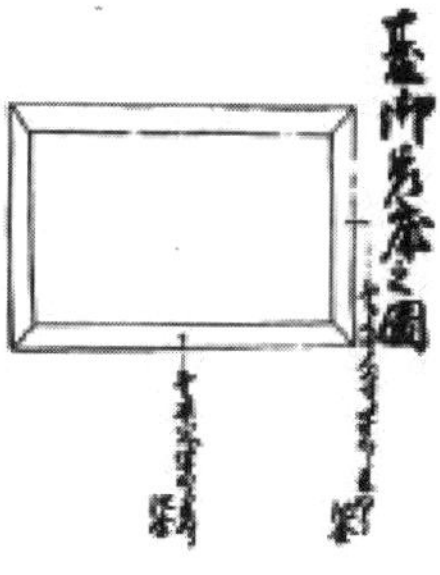

【イ⑱】

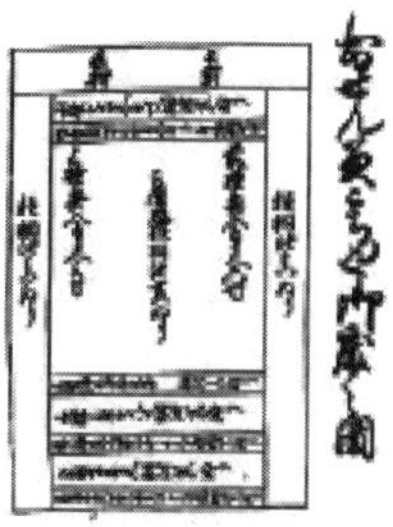

【イ⑲】

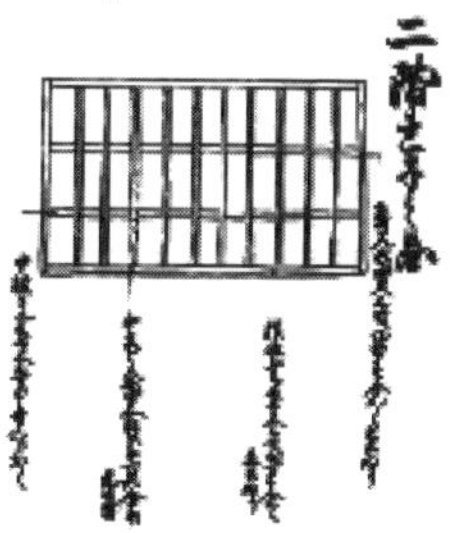

【イ⑳】

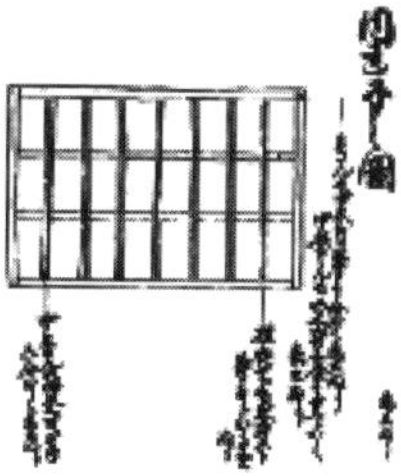

【イ㉑】

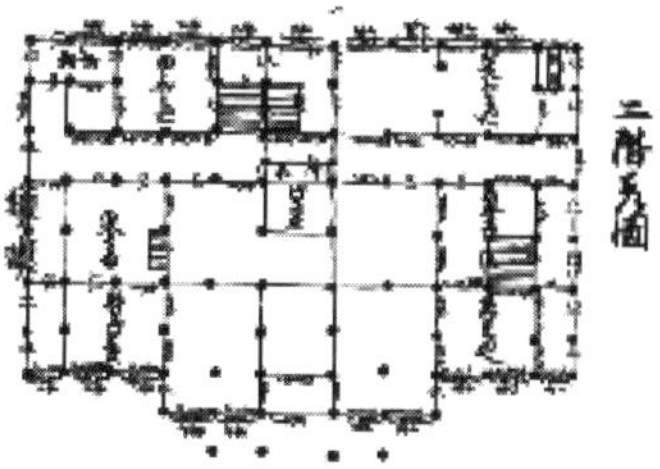

【イ㉒】

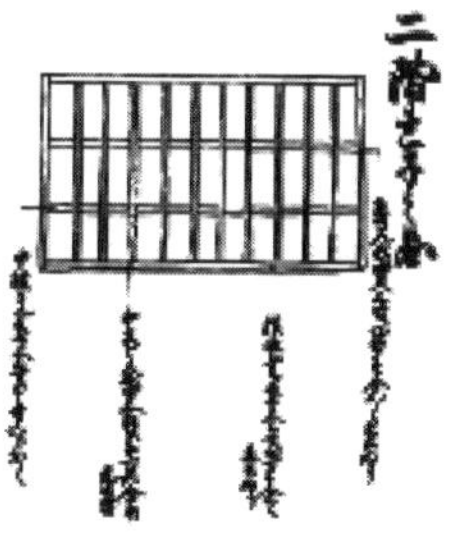

【イ㉓】

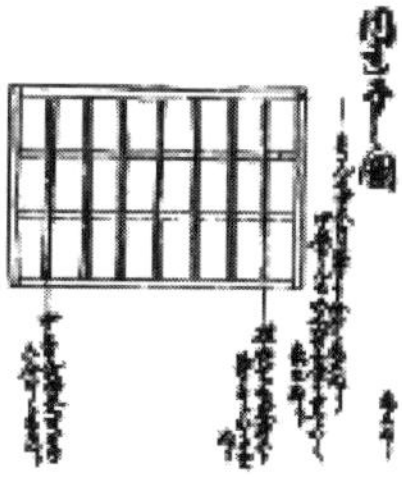

【イ㉔】

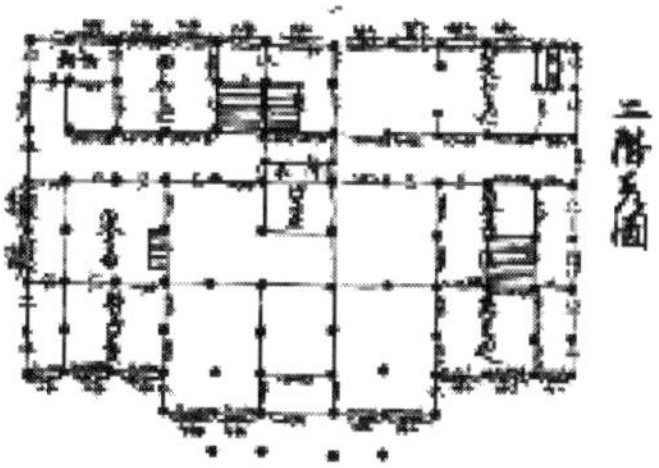

料などの寸法ではない。再度確認すれば、大龍柱が描かれた「イ①」「イ④」はオンスケールでもない。それでは「イ①」と「イ④」は何のためのイラストなのか。そして、当時の実際の大龍柱の向きを正写しているのか。

2 「寸法記」イラストの内容とその意味

「イ①」のほかの「寸法記」イラストは、描かれた場所や部位などを表題でも説明し、設置場所や部材、寸法などの情報も注記している。イラストの目的は重修工事の際の材料や寸法、意匠などについての情報を提供することで、対象の形状を正確に記録することではない。「寸法記」イラストの基本的性格が、実測・縮尺に基づくものではないという点を確認できる。

建築物などの立体物を二次元で表現することは簡単ではない。近代の建築図面はオンスケールとするために、真上や側面などの位置から見た平面図、断面図、側面図など複数の異なる図面を用いている。この違いは、「寸法記」イラストと「正殿」が沖縄神社拝殿として実施された昭和修復（一九二八年～一九三三年）で作成された「国宝建造物沖

【図1】

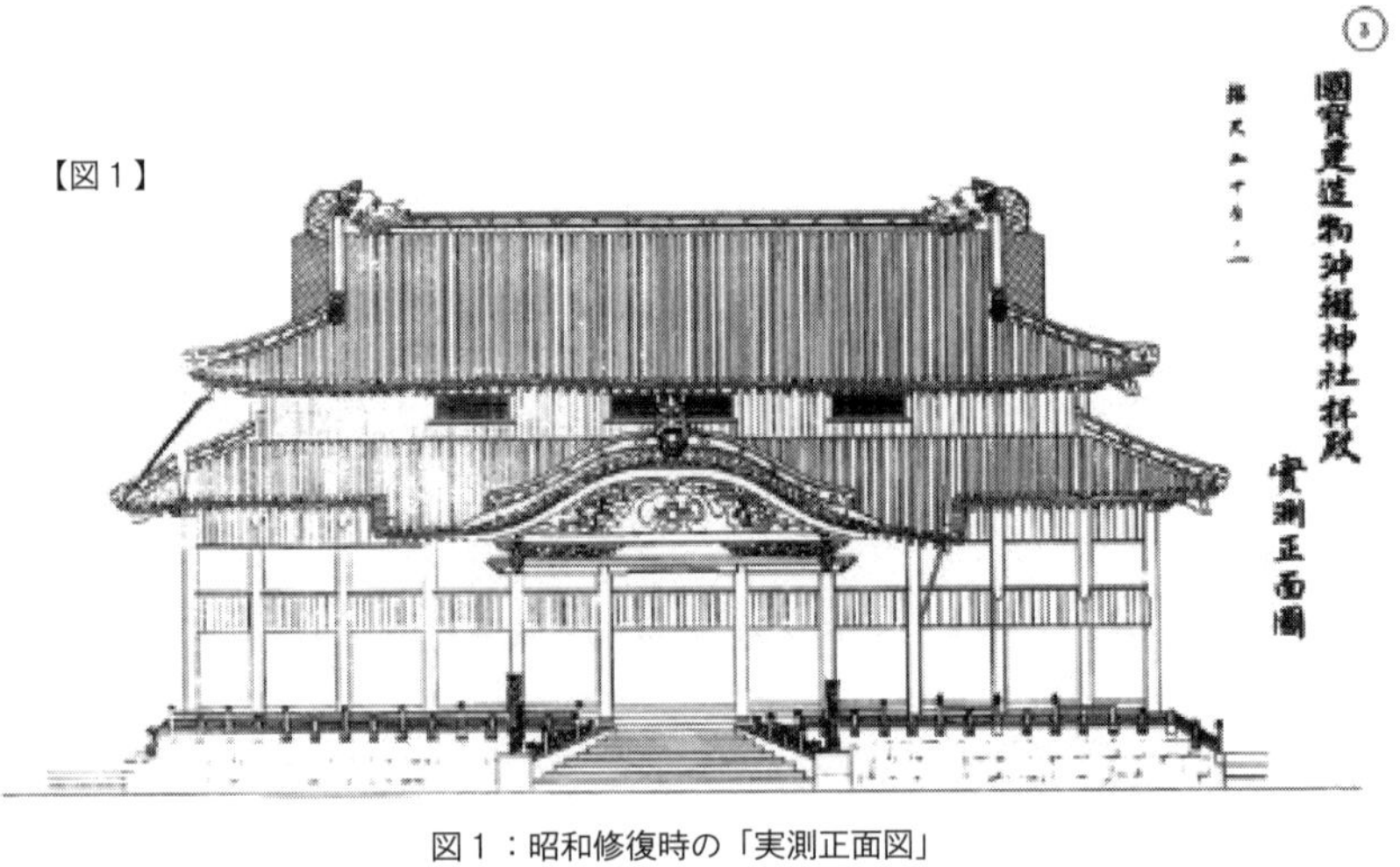

図１：昭和修復時の「実測正面図」

縄神社拝殿図」（文化庁蔵、以下「昭和拝殿図」）と対比すれば、分かり易い。[18] 作成年代は異なるが、同じ「正殿」を対象としているからだ。

「昭和拝殿図」は、修復前実測図四枚と竣工図十九枚で構成されている。実測図四点は「（基礎・楚石）実測平面図」「（一階）実測平面図」「実測正面図」「実測側面図」である。四点とも表題に「実測」とあり、修復工事前の状態を正確に記録する。例えば、「実測正面図」（図1）には、「実測」や「縮尺五十分ノ一」と記入され、実測データを五十分の一に縮尺して作成したことが分かる。当然、大龍柱も実測に基づくデータで縮尺され、正面から見た当時の姿が正確に記録されている。「昭和拝殿図」は修復前の実測図と竣工図という目的の異なる二種類の図があり、「実測図」が形状を正確に伝えるのは当然である。

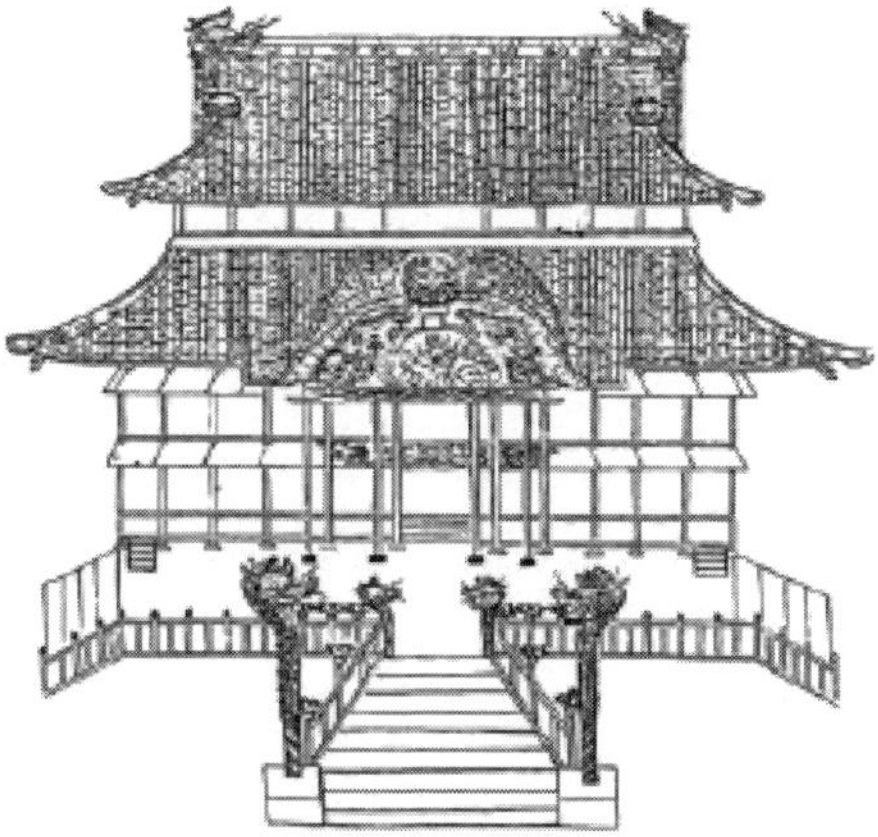

図2：「寸法記」イラスト「イ①」＝相対説の根拠イラスト（いずれも『首里城関係資料集』（沖縄総合事務局開発建設部、1987年）より）

高良倉吉が指摘するように、「寸法記」は工事仕様書が完成報告書にもなっている。「寸法記」イラスト二十四点で、「昭和拝殿図」の「実測正面図」（図1）と同様に正面からの正殿を描いているのは、表題を欠いた「イ①」（「図2」）である。「実測正面図」と比べてみれば、「イ①」がオンスケールでないことは明白だ。言い方を変えれば、「イ①」は実際の形状から離れることで、正殿の特徴や大龍柱の存在や雰囲気などが際立つイラストとなっている。

二十四点の中で、「昭和拝殿図」の「（一階）実測平面図」（図3）と同じ一階平面を描くのは「イ⑬（下庫理差図）」

（図4）である。「（一階）実測平面図」は実測データを五十分の一に縮尺した正確な図となっているが、「イ⑬」はオンスケールではない。ただ、「イ⑬」は「寸法記」で表題に「差図」とある三点のうちの一つだ。「イ⑬」は正殿一階（下庫理）の平面図で、注記情報を合わせると正殿一階平面の形状を正確に再現することができる。つまり、「イ①」と「イ⑬」はともに「寸法記」収録イラストだが、その目的が異なるため引き出せる情報が異なるのである。

「イ⑬」（図4）と「（一階）実測平面図」（図3）を比較すれば、正殿は規模上で違いはあるがほぼ同規模となる。二つの図で、柱の配置は全く同一で、正面十一間、側面七間、正面に五間幅の張り出しを設け、さらに三間幅の向拝柱があることが分かる。

福島清は「外周一間より内側の基本柱間は『寸法記』で八尺五寸、『拝殿図』では八尺五寸五分、中央間桁行はそれぞれ十三尺三寸と十三尺二寸七分で大差はない。しかし、外周一間については六尺と六尺六寸、向拝の出は六尺と七尺四寸五分と大きく違っている。この違いの理由を示す資料はまだ見つかっていないが、外周部は外側に緩みやすくまた傷みも早いため、修理のたびに寸法が大きくなったと考えられている」とする。[19]

まとめると、「昭和拝殿図」の「（一階）実測平面図」「実測正面図」「実測側面図」は、実測データを基に五十分の一に縮小した「正殿」を正確に描いている。一方、「寸法記」の「イ⑬（下庫理差図）」はオンスケールではないが、柱の配置や間幅などが記入され、注記や背景情報から建築に必要な情報を読み取ることができる。そのため、「昭和拝殿図」の「（一階）実測平面図」の情報に見劣りしない。高良倉吉は、「寸法記」で正殿内の間仕切りや部屋割りが確認できたとするが、「イ⑬」はその情報を伝えることが目的だから当然のことである。これは「イ⑬」など「差図」と表題のついたイラストの特徴でもある。

「寸法記」には建築図面としての平面図（「差図」）が、下庫理差図（正殿一階）、二階之差図、三階差図（「イ⑬」、「イ㉑」、「イ㉒」）の三点ある。三点ともオンスケールではないが、先に確認したように、下庫理差図（「イ⑬」）などは、作図のルールや注記などから「昭和拝殿図」の「実測図」に見劣りしない情報を引き出すことが可能だ。つまり、三点の差図は一七六八年重修の平面図であり、一七六八年以降の正殿の姿は、これらの差図に基づいたものである。

また、二階「御差床」に関しては、「差図（平面図）」のほかに「真正面之図」（イ⑭）と「側之図」（イ⑮）が各一点あることに注目したい。二階「御差床」では三方向からのイラストが作成されている。この三方向からの記録は二階「御差床」だけである。つまり、二階「御差床」は三方からの形状や方向の情報も記録して伝える必要があったということだろう。

二階「御差床」イラストはオンスケールではないが、三方向からのイラストで立体情報を引き出せるようになっている。「昭和拝殿図」が三面の実測図（平面図、正面図、側面図）を持っているのに相当する。二階「御差床」にのみ、三方向からの記録がある点に注目すれば、二階「御差床」イラストは向き情報も含んでおり、御差床龍柱

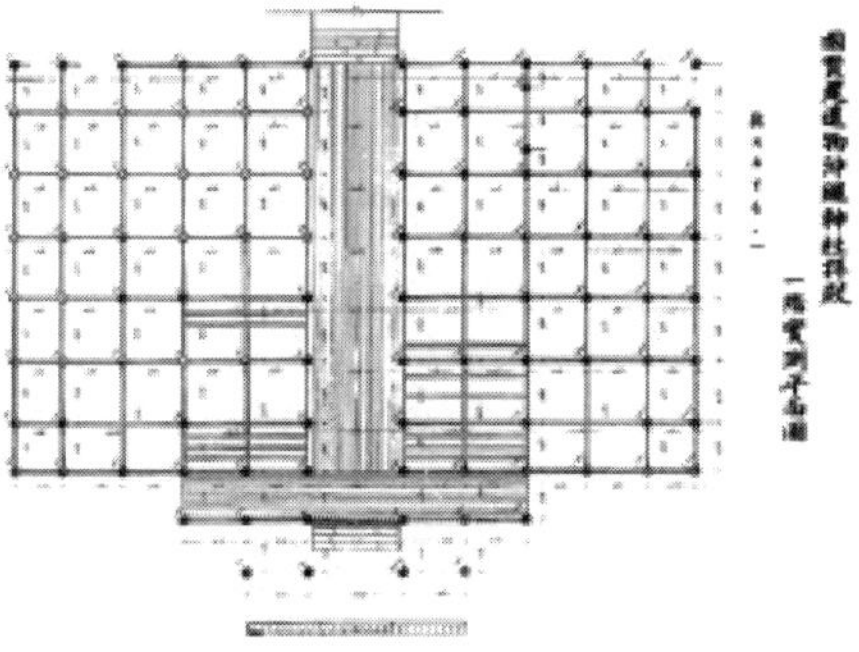

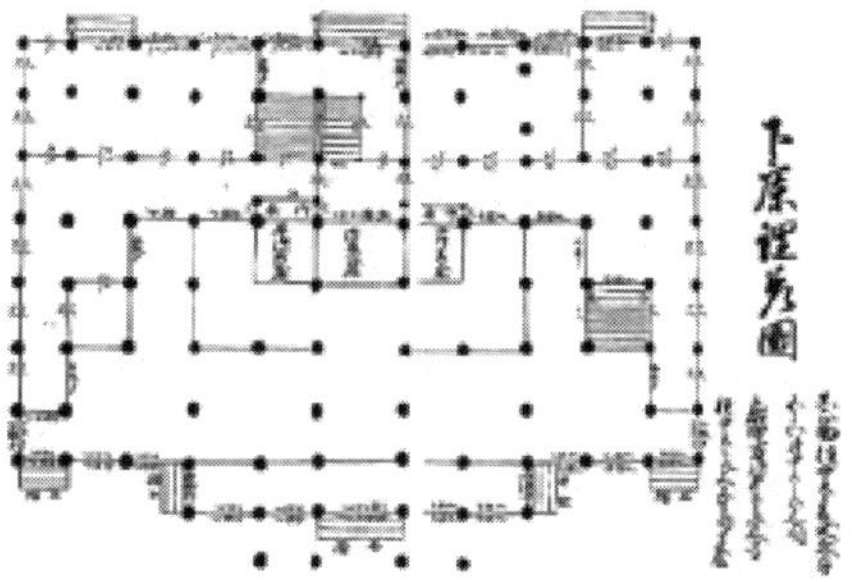

上図３：昭和修復時の「一階実測平面図」
下図４：「寸法記」イラスト「イ⑬（下庫理差図）」（いずれも『首里城関係資料集』（沖縄総合事務局開発建設部、1987 年）より）

は大龍柱と異なり、イラスト通り相対向きに設置されていた可能性は高い。これは平成復元の理解と同様だ。ただ、「イ⑮」では、柱で隠れて龍柱が確認できない。

「昭和拝殿図」の「実測正面図」（図1）は縮尺のついた図面であり、正面から見た形状を正確に図化している。しかし、「寸法記」の「イ①」（図2）は目的が違う。相対説はオンスケールか否かというイラストの基本的な性質を区別せず、形状は正写されていると考えた。相対説がイラスト情報を誤読した理由はその点にあるだろう。

3　相対説の根拠イラストを読む

大龍柱が描かれて相対説の根拠となっている「イ①」（図2）と「イ④」（図5）を検討したい。この両方とも表題がない。題欠の意味は何か。

「イ①」は「寸法記」の最初に登場し、文字の書き込みもない。大龍柱が目立つように描かれているため、相対説が注目する心情も分からなくはない。しかし、題欠の意味を含め、イラストの作成目的を考えるべきだろう。題欠を踏まえると、「イ①」は(a)一定の方向・視点からの絵図ではない、(b)文様などを示すものではない、(c)寸法など（や実際の形状）を示してはいない――などの特徴が浮かび上がる。それでは、「イ①」の目的は何か。「寸法記」は「百浦添御殿普請」資料であることを視覚的に示すためなのか。あるいは正殿全体の完成予想図で、正殿の真正面からの形状などを伝えたかったのか。

正殿真正面からの形状などを伝えることが「イ①」の目的なら、「御差床」イラスト（「イ⑭」）のように「百浦添御殿真正面之図」と題を付けただろう。しかし、「イ①」は正面から見た正殿の正しい形状を伝えてはいない。この点は実測に基づいて正確に縮尺され、形状や向きが正確な「昭和拝殿図」の「実測正面図」（図

1）と比較すれば明確となる。それ故に、「イ①」に「真正面之図」という表題を付することはできず、「題欠」となったと考えたい。

「イ①」を理解する上で、注目したいのは正殿向拝四柱の四礎盤が黒く塗りつぶされ、正殿の他の楚石と異なっている点だ。そして、四礎盤や向拝四柱に注目するなら、「イ②」（「玻豊絵図」）と「イ③」（題欠）も合わせて理解する必要がある。「イ①」「イ②」「イ③」の三点は関連して正殿向拝全体の情報を伝えていた。「イ②」は二四点で唯一、「絵図」と名付けられており、妻飾りなどの模様形状が示されている。表題の「絵図」はデザインなどであることを示している。つまり、「イ①」は玻豊（「イ②」）のあるべき位置や全体的な配置を示したもので、大龍柱の向きを示したものではない。

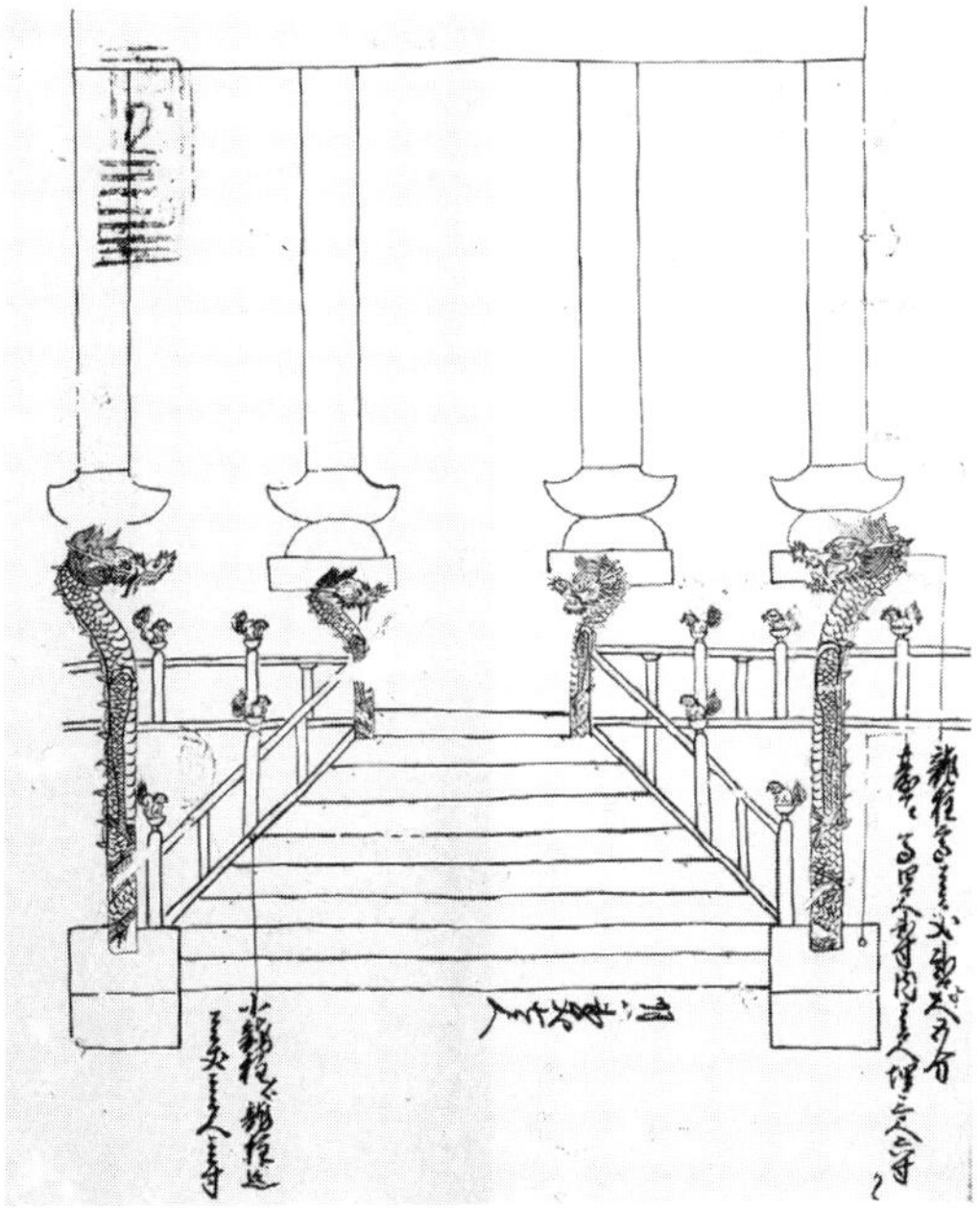

【図5】:「寸法記」イラスト「イ④」＝相対説の根拠イラスト（『首里城関係資料集』（沖縄総合事務局開発建設部、1987年）より）

もう一点、大龍柱が相対向きで描かれたイラストは「イ④」である。これも表題がなく、正殿向拝四柱と四礎盤を背景に、大龍柱や台石、石階段の間口寸法、大龍柱と小龍柱の距離が記入されている。石階段上り口側（御庭側）の幅を数値で記入し、石階段の形状は上り口側が広い「ハの字」であることを明確に伝えている。また、大龍柱と石台の高さ、大龍柱と小龍柱の距離など注意すべき点を具体的に示したと理解できる。一七六八年重修での重要な変更点を示したものだ。それ以前、正殿正面石階段は平行だったが、一七六八年重修で正殿石階段上り口側が広がり「ハの字」となったと考えられている。この「ハの字」への変更は、相対説も一七六八年重修の際だと考えている。[20]

つまり、「イ④」は、これら向拝や石階段の形状変化を示すためのものだ。大龍柱と台石の高さ情報が書き込まれたのは、「ハの字」への変化に伴い、石台の形状、大龍柱との関係が変わったからだろう。小龍柱との距離数値もその延長線上で理解できる。「イ①」は正殿の向拝柱が四本となり、二間から三間（四本柱）となった唐玻豊向拝の変化に伴う新しい情報を示し、「イ④」は石階段が「ハの字」であることを示す寸法を記入したと理解できる。

そして、大龍柱の向き問題に関連すれば、「イ④」には大龍柱の向き情報が書き込まれていない。それまでの正面向きから、変化がなかったということだ。「イ④」が大龍柱の向きなどの形状を正写しているなら、「〇〇真正面之図」などと付しただろう。しかし、寸法記入が目的なので、その表題を付けることはできなかった。さらにいえば、「イ④」は大龍柱の形状（向きを含めなくても、足の在り方など）、親柱上の獅子の個数などが明確に実態と違うので、造形物の形状などを示していないことになる。

実際の大龍柱が正面向きなら、「寸法記」イラストはなぜ、あえて相対向きで描いたのか。次にイラストにおける向きの描き方について考えたい。

四　絵図と差図イラストの「読み方」

1　イラスト「浦添ようとれ」の位置づけ

「寸法記」イラストで、大龍柱は相対向きに描かれている。当時の実際の向きが正面なら、なぜイラストは相対向きに描いたのか。計測や一定の縮尺ルールに基づかない限り、実際の形状を正確に縮小再現したイラストは描けない。しかし、あえて実態と異なる向きで描くことがあるのか。十八世紀に描かれた「浦添ようとれ」の例で、イラストと実際の形状との関係を考えたい。「浦添ようとれ」は、相対説論者が積極的に利用する資料である。

浦添ようどれは、浦添グスクの北側崖下にある琉球国初期の王陵。その王陵を描いたイラストを撮影した写真が「浦添ようとれ」(図5)である。沖縄の文化財関係で多くの仕事をした仲座久雄の遺品に残されていた。「浦添ようとれ」のイラスト原本は確認されず、それを撮影した写真が残されている。浦添ようどれ復元に携わった安里進は、写真が確認された際、次のように紹介している。

「浦添ようどれ絵図」と古写真

この絵図と古写真は、琉球政府文化財保護委員会の仲座久雄氏（故人）の遺品の中から、野々村孝男氏が昨年発見した資料です。

「浦添ようどれ絵図」は、綴じれた古文書を開いてその中の絵図を撮影した写真で、縦21・5㎝、横31・0㎝の印画紙に焼き付けられています。北側からみた浦添ようどれの全景で、描写はかなり的確です。大小の奇岩が屹立し、クバやソテツ、雑木が生えた崖を背に、三重の石垣で囲まれた墓庭、二番庭、暗しん御門をふくむ参道が描かれています。一番庭の石垣は、英祖王陵の崖上までめぐらされています。

絵図の中央上に「浦添ようどれ」と書かれ、庭や参道にはその広さが書き込まれています。一番庭は、幅「二六間」に「四間」、奥行きは読み取れない。二番庭は「三間五尺」に「六間」、参道は幅「壱間」に長さ「六間」。また、英祖・尚寧陵の墓口には「向丑寅ノ間」、一番庭入り口のナーカ御門には「向戌ノ方」と記されています。

細部も正確に描かれています。英祖王陵の墓口の左右に「田」の字形の窓があります。尚寧王陵の両側の石積み上には二匹の石獅子が向き合いで描かれています。両王陵の墓口の扉は、把手つきの開閉式の扉として表現されています。英祖王陵と尚寧王陵の間にようどれ碑文があります。

（後略[21]）

イラスト原本の製作者や製作目的について、安里進と伊従勉の研究から確認したい。イラストには「浦添ようどれ」とあるが、安里は「浦添ようどれ絵図」、伊従は「浦添ようどれ差図」と名付けている。このイラストを安里は絵図、伊従は差図として読み取ったことになる。煩雑になるが、本稿では両者の引用では両者それぞれの名称とする。

伊従勉は製作者を「稲福親雲上盛時」とし、安里は「嘉楊親雲上盛時」とする[22]。ただ、「稲福親雲上盛時」と「嘉楊親雲上盛時」は同一人物だ。安里は「家譜」に従って「嘉楊親雲上盛時」を用いている。伊従によれば、稲福親雲上は一七〇一年から一七〇七年まで、王府の絵図并指図奉行だった。首里王府が十八世紀前期に重要施設絵図指図調製事業を始め、稲福親雲上が絵図并指図奉行としてその事業を担当している。イラスト原本はその事業で製作されたとする。安里も同じ見解である。

イラスト原本が、王府重要施設絵図指図調製事業で製作されたとする点は極めて重要である。なぜなら、相対説は製作者が王府絵師か民間絵師かで、イラスト描写の正確さを区別するからだ。相対説の論理を本稿との関連でいえば、王府絵師と民間絵師の描くイラストとが異なる場合、王府絵師の描写が正しいと考える。「浦添ようとれ」は王府公式記録なので、相対説の論理だと実態を正しく描写していることになる。そして、安里は「浦添ようどれ絵図」の描写は正確だとする。

「浦添ようとれ」など、王府重要施設絵図指図調製事業で製作されたイラスト原本は現在所在不明だ。しかし、原本の内容を伝えるものとして、森政三が戦前に原本を撮影したと考えられる写真四点と東京大学史料編纂所所蔵の原本模写図と考えられている七点の合計十一点がある。[23]

安里はこの写真・模写十一点の型式と建築描画手法を分析し、A1型式とA2型式、B型式、C型式に分類した。A型式は四方位を表示し十字竿を多数書き込んだスタイル。B型式は主要施設について風水羅盤による施設方位を注記するが四方位の記載はなく、十字竿数もわずかなもの。C型式は正面図を用いている。そして、重要施設絵図は十八世紀後半には施設を会場とする各種イベントの進行情報を注記したD型式（御座構図）へと発展したとする。描写手法は「斜め俯瞰図」→「正面俯瞰図」→「正面図」と変化進展したとみる。また、「重要施設絵図調製事業」の主要目的は、王府の各種イベント会場となる重要施設の絵図作成にあったとも指摘する。

このイラストは王府公式記録で、製作目的は王府の各種イベント用だとする安里の結論に異論はない。また、イラストが正面側からの俯瞰図で実態を詳細に再現し、現場の雰囲気を伝えていることも確かだ。しかし、安里が考えるように「その絵画的描写は詳細かつ正確である」のではない。そもそもオンスケールではないからだ。そして、目的に即して表現対象を取捨選択して描いており、描く精度にも対象によって差があるのである。

2 「浦添ようとれ」に描かれた石獅子

浦添ようどれ復元に際し、イラスト「浦添ようとれ」の写真は重要な資料となった。また、相対説の安里進は浦添ようどれと首里城、玉陵との関係に注目し、構造的な関連性を強調した論も立てている。[24]その「浦添ようとれ」(全体が図6、図7は部分拡大)に対する安里の読み方を石獅子で検討する。

安里は「浦添ようどれ絵図」を重要施設絵図型式のB型だと位置づけた。そして、測量と絵画的描写について「全ての点において、『浦添ようどれ絵図』は、当時の浦添ようどれの姿を詳細かつ正確に描いていることが確認できる」「『浦添ようどれ絵図』は重要施設絵図型式からみて一七一三年以降の一八世紀前半に作成されたもので、その絵画的描写は詳細かつ正確であることを確認した」とする。[25]安里は浦添ようどれの戦前の実際の姿をとらえた写真と、「浦添ようどれ絵図」を比較検討し、「十字竿の距離の測量精度はかなり高い。ただし、図化の精度は相当に悪く、注記の間数と測量線の誤差は大きい」とする。一方で「全ての点において、『浦添ようどれ絵図』は、当時の浦添ようどれの姿を詳細かつ正確に描いていることが確認できる」と述べている。また、「東室両サイドの方塔の上に石獅子が描かれている。これらは古写真どおりである。とくに、石積み方塔は、古写真をよく見ると西方塔は庭面から積み上げられているが、東方塔は石段二段目から立ち上がっている。こうした微妙な違いも『浦添ようどれ絵図』は正確に書き分けている」とする。

しかし、必ずしも全てが正しく描かれているわけではない。「図6」が「浦添ようとれ」全体で、「図7」は東室部分を拡大したものである。拡大した「図7」で、石積の方塔上に一対の石獅子が相対向きで描かれているのが確認できる。しかし、実際の石獅子は正面向きだ。右側石獅子は沖縄戦で破壊されたが、左側石獅子は破壊されていない。両方とも本来の姿が正面向きなのは、沖縄戦で破壊される前の写真でも確認でき

図６上：「浦添ようとれ」（「仲座久雄資料」沖縄県立博物館・美術館蔵）

図７左：「浦添ようとれ」の部分拡大

る。そして、向き変更の史実はない。

安里が検証に用いた戦前の現場を写した写真でも、石獅子は正面向きだ。そして、浦添ようどれ復元でも、正面向きとされた。つまり、十八世紀のイラスト「浦添ようとれ」では、石獅子は実際の向きと異なる姿・相対で描かれていたのである。しかし、石獅子の向きは実際と異なって描かれているが、建造物の配置や寸法、墓口（向丑寅ノ間）とナーカ御門（向戌ノ方）の方角など、他の情報は間違ってはいない。「浦添ようとれ」の目的は、それらを正しく記録し伝えることであり、石獅子は石積方塔上にあることを示せば十分だったのだろう。

イラストはその対象をあるがままに正写するわけではない。「浦添ようとれ」イラストは、実際の向きと異なる形で石獅子が描かれた例だ。そして、石獅子の向きが実際と異なって描かれた事例は、首里城に関しても少なくない。歓会門両側の石獅子は正面向きだが、相対向きに描いたイラストも多い。なぜなのか。それらのイラストは向きの実態描写が目的ではなく、その場、その位置に獅子が存在することを示せば十分だからである。「寸法記」イラストの大龍柱の向きも、その延長線上にあるといっていい。作成目的によっては、イラストは必ずしも実際の形状を正写していないのである。

イラストの目的や図法の違いは表題などに現れる。「浦添ようとれ」に伊従が「差図」を、安里が「絵図」を加えたのは、読み取ろうとした情報の差だろう。しかし、表題の重要さを考えれば、この後世からの付加は内容の誤読と直結する危険となる。

五　おわりに

琉球国末期の一八七七年、正殿大龍柱は正面向きで御庭を睥睨していた。この史実があるにもかかわらず相対説が、「寸法記」（一七六八年）と「御普請絵図帳」（一八四六年）のイラストを根拠に相対向きを主張するなら、一八四六年から一八七七年までの間に正面への向き変更があった事実を証明しなければならない。しかし、その間の向き変更の事実は確認されていない。向き変更が存在しない以上、相対説が成立する余地はない。つまり、「寸法記」イラストは大龍柱の向きを示していない。相対説は「寸法記」イラストを誤読しているのである。

本稿ではその基本的前提を踏まえつつ、さらに相対向きの根拠「寸法記」イラストの背景などについても検討した。そして、一七六八年正殿重修のための建築差図である「寸法記」イラスト二十四点は、実測・縮尺に基づくものではなく、また大龍柱の向きの実際の形状を示したものではない、ということを確認した。「寸法記」イラストは、大龍柱が相対向きだったことを示す根拠にはならない。大龍柱は一七六八年も正面向きだった。それ故に大龍柱は一八七七年に正面向きでルヴェルトガ写真におさまったのである。

相対説は「寸法記」イラストの性格などを踏まえず、イラストが大龍柱の向きの実態を正しく描いていると主張してきた。しかし、「寸法記」はオンスケールでもなく、大龍柱も実測・縮尺に基づかない「絵」である。一定の計測と縮尺などに基づかない「絵」は、実際の形態を明らかにする決定的根拠にはならない。東洋画・日本画では、対象の本質に迫ることが優先され、形状を必ずしも正確に描写するものではないのである。

明治・大正・昭和時代に活動した日本画家・川合玉堂の「日本画実習法」(26)から、日本画の技法について書かれた部分を紹介する。

> さて動物の写生をするには、はじめその骨格をよく解剖的に研究してからとりかかる必要があるが、……ここでは牛を最適のものとしてその描法を説明してゆこう。
>
> 形の描写　その形であるが、これは位置や姿勢をよくえらんで描かないと、描くにもむつかしく又描いた後の結果もよくないものである。例へば真正面から牛を描くのはどうであらう、その形も殺風景であると共にその感じもよくない。これは同じ牛でも位置や姿勢によつて感じもちがひ、描き方も異るから諸君はその容易な位置や姿勢によつて、よりよい感じを多くするやうにすればよい。……
>
> 猛獣の描写　……自然そのままの実物を絵にすることができない場合で、かかる場合に実物の形態や色彩などを多少変へるのは、画面を美化する方法としてやむをえないことである。だから、自然がそのまま何時も絵になつていると思つては間違ひである。ただいつでも自然を自分の勝手に直してはいけないが、それだけの形態や色彩を画面のうへで美化しうるだけの眼識は、養つておくべきものである……

写実と精神　けれども日本画は自然そのままを絵にすることのできないことは、しばしば前に述べたとほりであるが、そのやうに日本画はうつさんとする自然の意をくみ、その精神を失はぬやうに表現すればよいのである。だからある場合には自然の改廃となるが、それでゐてしかもそのものをよく現はしているのは、日本画がその精神を捉へるに妙且つ巧みだからである。故にほとんど自然の形を滅してゐる古来の日本画に、なほその精神の彷彿として現はれてゐるのを見るのはこのためである。それで日本画は生命感あり、活気あり、そしてそのものの精神あつてこそ初めて生きるのである。……

形の描法　いかなる時もさうだが、日本画は洋画の自然そのままの描写の範囲にはいることなく、自由にものの形を絵、いわゆる日本画風にかきとつておかなければならない。……

「寸法記」イラストはいわゆる建築差図である。二十四点には、各階の差図（平面図）などで建物の寸法などを正確に引き出せるイラストもあるが、イラスト自体はオンスケールではない。相対説の根拠イラスト二点もまた、当時の大龍柱を実測しそのデータを基に描いたものではない。大龍柱の形状を正確に記録することを目的にしてもいないのである。「浦添ようとれ」で検討したように、ある程度写実的なイラストであっても、必ずしも全ての対象の形状を正写するものではない。その作成目的に応じて描かれるのである。東洋画・日本画では、必ずしも対象を自然通り描くとは限らない。この基本的な点が理解できれば、「寸法記」イラストの「イ①」と「イ④」から、実際の大龍柱の向きを確定できないことが分かるだろう。

相対説が「寸法記」を根拠に成立するには、二つの方法しかない。一つはルヴェルトガ写真の正面向きを否定すること。もう一つは、一八四六年から一八七七年の間に正面への向き変更がなされた事実を示すことだ。しかし、相対説はルヴェルトガ写真の正面向きを否定できず、向き変更の事実も見いだせていない。相対説は「寸法記」イラストを誤読しているのである。

なぜ、相対説は資料を誤読したのか。大龍柱問題でいえば、相対説は多くの誤りと誤読をくりかえしてきた。幾つか挙げれば以下となる。

①駐屯した日本兵が大龍柱の向きを正面向きに変えた。＝史実の誤り
②大龍柱が正面を向いている古写真の存在を無視した。＝資料の恣意的利用
③大龍柱が正面向きであるルヴェルトガ紀行文図版の誤読。＝史実の誤認と理解の混乱
④「寸法記」イラストは形状を正しく描いている。＝根拠なき主張

現段階の相対説は、成立前提の事実さえ実証できていないので、本来なら検証すべき対象ではないだろう。合理的に考えることができれば、相対説は成立していないからだ。それを前提にしていえば、「寸法記」誤読以上の相対説の誤りは、自説の成立前提さえ実証しないままに主張を積み重ねたことにあるだろう。

相対説に対して「平成復元」から多くの異論が出されていたが、令和復元における国の技術検討委員会はその批判と真摯に向き合わず、相対説の成立前提さえも立証しなかった。「寸法記」の誤読は、相対説の誤りの一つにすぎない。幾つもの誤りの連鎖の根底にあるものは、批判に向き合わず実証できない自説を押し通していくという手法である。「たかが大龍柱の向き」ではない。問題の核心は、「復元」名目で事実と異なる姿を既成事実とすること、それはまさに、歴史の改ざんであるということである。

《註》

（1）本章は「首里城大龍柱／向きの検証」（上・下）（『琉球新報』二〇二二年七月二十六日、二十七日）を基にして、大幅に加筆したものである。

（2）近現代における首里城の歴史は、真栄平房敬「近代の首里城」（『甦る首里城—歴史と復元—』首里城復元期成会、一九九三年、二七四頁以下）、真栄平房昭「廃城と祭神—首里城の神社創設と為朝伝承について—」、後田多敦「首里城の権利をめぐる近現代史」（いずれも『うるまネシア』23号、21世紀同人会、二〇二二年）などを参照。首里城の最新情報については「首里城公園」HP（http://oki-park.jp/shurijo/）を参照。

（3）大龍柱本来の向き問題については、早くから正面説を主張する西村貞雄の「首里城正殿・大龍柱の『向き』についての考察」（『琉球大学教育学部紀要』第42集、琉球大学教育学部、一九九三年、七五～一〇五頁）など多くの研究がある。相対説の主張や根拠などは、後田多敦「首里城正殿大龍柱の向きの検討—近代における大龍柱『改変』史から—」（『非文字資料研究』23号（神奈川大学日本常民文化研究所非文字資料研究センター、二〇二一年）などを参照。近年の議論などは、市民らでつくる首里城再興研究会ＨＰ（https://www.shurijo-saikou.net）には、最近の各論考のほか新聞報道や関連資料が掲載されている。

（4）絵図資料自体には、絵画や絵図や差図、図、地図などの表題が付されており、また研究者によって同一資料を異なる名称で使用している場合もある。本稿では表題タイトルとの混同を避けるため、二次元で表現された絵画、絵図などを便宜上「イラスト」とする。

（5）前掲・後田多「首里城正殿大龍柱の向きの検討—近代における大龍柱『改変』史から—」を参照。「百浦添御殿普請付御絵図并御材木寸法記」などの関連資料は『首里城関係資料』（沖縄開発庁沖縄総合事務局開発建設部、一九八七年）に掲載されているものを利用した。解説も含めて参照。

（6）『琉球独立学研究』5号（琉球民族独立総合研究学会、二〇二二年）の六〇頁以下に学会発表での資料が収録されている。

（7）沖縄総合事務局のＨＰ（http://www.ogb.go.jp/kaiken/matidukuri/syurijou_hukugen_iinkai）には、国の技術

検討委員会の記録や報告会での各委員の資料などが収録されている。『琉球』89号（琉球館、二〇二二年）では二〇二二年一月の報告会を受けて特集が組まれている。後田多は『琉球』に「首里城正殿と『国の技術検討委員会』報告」（一四～二二頁）を執筆している。また後田多「首里城復元で大龍柱の向きは相対と暫定決定―国の『技術検討委員会』報告会の報告―」（『非文字資料研究センター News Letter』48号、神奈川大学日本常民文化研究所非文字資料研究センター、二〇二二年）参照。

（8）『琉球王国のグスク及び関連遺産群―玉陵・園比屋武御嶽石門・今帰仁城跡・座喜味城跡・勝連城跡・中城城跡・首里城跡・識名園・斎場御嶽―』（「琉球王国のグスク及び関連遺産群」世界遺産登録記念事業実行委員会、二〇〇一年）を参照。

（9）前掲・『首里城関係資料』の収録資料と高良倉吉の解説（三頁など）、福島清「首里城正殿重修史料にみる琉球建築の諸相」（『首里城研究』2号、首里城研究会、一九九六年、二六～三〇頁）など参照。

（10）『国宝「琉球国王尚家関係資料」資料集　首里城御普請物語』那覇市、二〇二二年）一七五～一七六頁。

（11）前掲・『首里城関係資料』の高良倉吉の解説（三頁）。

（12）国の「技術検討委員会」が二〇二二年一月三十日、沖縄県立博物館・美術館で実施した説明会で、高良委員長がこの間の向き変更が確認できなかったことを説明した。前掲・沖縄総合事務局HPに各委員のレジュメなど報告会資料も掲載されている。

（13）川上貢『建築指図を読む』（中央公論美術出版、一九八八年）五頁以下、西和夫「建築のための図面」（杉本史子ほか編『絵図学入門』東京大学出版会、二〇一一年、九六頁以下）を参照。

（14）安里進「首里王府の重要施設絵図調製事業」（『首里城研究』15号、二〇一三年、二四頁）。伊従勉『首里古地図』の製作精度―琉球における測量術の発達と首里絵図―」（『地図と歴史空間―足利健亮先生追悼論文集―』大明堂、二〇〇〇年、四〇四～四一六頁）、伊従勉「元文（乾隆）検地以前の測量法と絵図―近年の地図と絵図発見からみえてきたもの―」（『琉球の築土構木―土木・技術からみた琉球王国―』、一般社団法人沖縄しまたて協会、二〇一六年、一一五～一二四頁）

（15）『復刻版　陸地測量部沿革誌』（不二出版、二〇一三年）。明治七年の項に「最初ノ近世式地圖及其ノ複作」（七～八頁）があり、附図、附表の目次にも「附圖第四（最初ノ近世式地圖）」とある。附圖第四の「最初ノ近世式地圖（下総國習志原東南地方之図ノ一部）、明治八年測図」で、等高線と思われる線及び数字が記入されている。測量・地図百年史編集委員会編『測量・地図百年史』（建設省国土地理院、一九七〇年）参照。
(16)『近世建築指図の総合的研究（第一巻）』（中央公論美術出版、二〇一二年）九頁。景山春樹「古絵図概説」（『古絵図　特別展覧会図録』京都国立博物館、一九六八年、一頁以下）。
(17) 表1、表2とも、前掲・『首里城関係資料』の「寸法記」から作成した。
(18)「国宝建造物沖縄神社拝殿図」など図1から図4は、前掲・『首里城関係資料』より。『国営沖縄記念公園首里城地区計画・設計の記録―平成の復元』（沖縄総合事務局国営沖縄記念公園事務所、一九九五年）八三頁以下
(19) 福島清「平面形式」（『琉球王府　首里城』（ぎょうせい、一九九三年、一五二頁）
(20) 伊従勉『琉球祭祀空間の研究―カミとヒトの環境学―』（中央公論美術出版、二〇〇五年）五六七頁。伊従は、唐破風向拝の三間拡幅と正殿石階段の「ハの字」への変更は連動し、一七六八年の改修工事の際に初めて施工されたとする。また、大龍柱はこの時、それまでの正面向きから相対へ変更されたとしている。
(21) 安里進「『浦添ようどれ絵図』と古写真」（『浦添市立図書館紀要』11号、浦添市図書館、二〇〇〇年）。
(22) 伊従勉「新発見の『首里城古地絵図』の測量法について」（『民族術』23号、民族藝術学会、二〇〇七年、三七～四七頁）。前掲・伊従「元文（乾隆）検地以前の測量法と絵図―近年の地図と絵図発見からみえてきたもの―」。前掲・安里「首里王府の重要施設絵図調製事業」二七頁。
(23) 前掲・安里「首里王府の重要施設絵図調製事業」一四頁、二八頁、五〇頁。
(24) 安里進「琉球王国の陵墓制―中山王陵の構造的特質と思想」（篠原啓方 編『陵墓からみた東アジア諸国の位相―朝鮮王陵とその周縁』関西大学文化交渉学教育研究拠点、二〇一一年、一九五～二一三頁）参照。
(25) 安里進「尚巴志王石棺と焚字炉屋根蓋のナゾ」（『首里城研究』17号、首里城研究会二〇一五年、四～二〇頁）
(26) 川合玉堂「日本画実習法」（『書画骨董叢書　第四巻』書画骨董叢書刊行会、一九二八年）九〇頁、九九～一〇〇頁、一四六頁、一四九～一五〇頁。

初出：『非文字資料研究』26号（神奈川大学日本常民文化研究所非文字資料研究センター、二〇二三年）

Ⅷ　改ざんされる琉球の歴史文化、そして空間
―首里城大龍柱の向き問題から考える―

後田多　敦

一　はじめに

沖縄戦で破壊され戦後に復元された首里城は、二〇一九年十月三十一日未明に正殿から失火し、正殿ほか関連九施設が焼失した。未明の空を赤く染める炎のニュース映像は衝撃的だったが、この火災は首里城だけでなく、沖縄をとりまく現在の政治状況をもより具体的に浮き彫りにした。特に正殿大龍柱の向き問題で可視化されたものは、「日本のなかの琉球」「日本のなかの沖縄」をつくりあげるための動きであり、有形物の「改変」「改ざん」を既成事実化し、「歴史の姿」としてイメージを作り上げようとする力の存在である。[1] 琉球国の王権の拠点だった首里城の歴史的位置を考えれば、その「復元」や大龍柱の向きの在り方は琉球・沖縄の近現代の歩みに直結し、一対の大龍柱の変化が沖縄の来し方を象徴的に反映していることに気づくからである。本章ではその正殿大龍柱の向き議論によって見えてきた問題を考えたい。

琉球国時代の王城の国殿正面階段上り口両側には、大龍柱が正面向きでたっていた。比嘉朝健の表現を借りれば「『百浦添』欄干の埠前に、高く睥睨して、王廷を鎮護するが如き観のある、一対の石彫刻がある」となる。「高く睥睨して、王邸を鎮護する」という表現は、大龍柱の姿を端的に表している。[2] 琉球国が日本

に併合された際に王城は接収され、城内に駐屯した日本軍兵士が大龍柱の右側をへし折った後、両方とも短小化される形で接続されるという改変がなされた。それでも向きは正面向きだった。

その後、大正末期に沖縄神社が城内に設置され「正殿」は拝殿とされた。沖縄神社を軸として旧王城は「日本の祭祀空間」として位置づけられ、その空間的意味も改変された。そして、昭和期の拝殿修復で「正殿」大龍柱に手が加えられ正面向きから相対向きへ改変された。一九四五年の沖縄戦では、首里城地下に第三十二軍司令部壕が作られたため、日米の激しい戦闘の場となり首里城・沖縄神社も破壊された。その後の一九九二年に「日本復帰」二十周年事業で、正殿などが復元整備された（平成復元）。その際、大龍柱は相対向きで設置された。(3)

近代の歩みを一瞥しただけでも、日本による琉球国王城の接収と日本軍の駐屯、そして皇民化過程での大龍柱の改変史が見える。そして、その基本的な構図は現在も変わらない。なぜ、大龍柱はへし折られたのか、なぜ短小化されたまま接続されたのか。さらになぜ、向きを変えられたのか。幾つもの「なぜ」から、「日本」側の人為的な力が働いていたことを明確に確認できる。

二〇一九年火災後の復旧（令和復元）でも、国は大龍柱の向きを相対向きとする方針だ。選択された相対向きの根拠は実証されていない。それどころか、国の「首里城復元に向けた技術検討委員会」（高良倉吉委員長）は史実を実証すること自体を放棄した。つまりは、大龍柱の向きについての史実を明らかにしようとしていたのではなく、「相対向き」との結論が先にあったのである。「学問的装い」を纏いながらマスコミを使って「情報操作」を行い、さらに「相対向き（説）」の説明の矛盾が露呈されると、矛盾に対して取り繕うことさえもしなくなった。令和復元では、大龍柱は「復元」名目で改ざんされるのである。(4)

ここでは、現在の大龍柱の向き問題は史実の実証的な検証という次元ではなく、明確な意図をもった改変、つまり「復元」名目の史実の改ざんであることを確認し、その「政治的意味」を考えることで、現在の沖縄を取り巻く状況を浮かび上がらせたい。

二「改変」する主体とその主体側の説明

まず、大龍柱の向きを「改変」する主体やその主体による説明などを確認する。

首里城火災を受け内閣官房長官を議長とする「首里城復元のための関係閣僚会議」が二〇一九年十二月一日に開催され、「首里城復元に向けた基本的な方針」が決定された。これを受け、沖縄総合事務局は「首里城復元に向けた技術検討委員会」(以下、技術検討委員会)を設置し、第一回会合を十二月二十七日に沖縄で開催した。さらに、沖縄総合事務局では二〇二〇年一月一日、首里城復元に向けた体制強化のため定員を5人緊急増員し、首里城復元整備推進室を設置した。一連の流れを追えば、内閣が復元に向けた基本方針を決め、技術的な検討を行う場として「首里城復元に向けた技術検討委員会」が設置され、事務局として沖縄総合事務局に首里城復元整備推進室が設置されたということになる。

「首里城復元に向けた技術検討員会」は高良倉吉委員長ら委員十人で構成され、ほかに十一人の協力委員がいる。委員会メンバーをまとめたのが「表① 首里城復元に向けた技術検討員会委員名簿」である。委員の肩書は当初のみを掲載した。同委員会は設置規則(二〇一九年十二月二十七日施行)に基づいて運営され、その下のワーキンググループの記録なども含め、情報は沖縄総合事務局HPで公開されている。本章の同委員会についての情報はそれに基づいた。(5)

基本的な前提を確認すれば、現在の首里城(公園)の所有者は、土地建物ともに国である。登記簿を確

表① 首里城復元に向けた技術検討委員会委員名簿			
	R1.12.27 時点	R2.5.21 時点	R2.9.25 時点
委員長	高良 倉吉（琉球大学名誉教授）	高良 倉吉	高良 倉吉
委 員	安里 進（沖縄県立芸術大学附属研究所客員研究員）	安里 進	安里 進
委 員	伊従 勉（京都大学名誉教授）	伊従 勉	伊従 勉
委 員	小倉 暢之（琉球大学名誉教授）	小倉 暢之	小倉 暢之
委 員	関澤 愛（東京理科大学研究推進機構総合研究院教授）	関澤 愛	関澤 愛
委 員	田名 真之（沖縄県立博物館・美術館館長）	田名 真之	田名 真之
委 員	長谷見雄二（早稲田大学理工学術院創造理工学部建築学科教授）	長谷見雄二	長谷見雄二
委 員	波照間永吉（沖縄県立芸術大学名誉教授）	波照間永吉	波照間永吉
委 員	室瀬 和美（公益社団法人日本工芸会副理事長）	室瀬 和美	室瀬 和美
委 員	涌井 史郎（東京都市大学特別教授）	涌井 史郎	涌井 史郎
協力委員	11 人（氏名略）	11 人（氏名略）	11 人（氏名略）

認すると、土地は所有者を国土交通省として登記がなされていたが、建物の登記はされていない。(6) ここではその問題は深入りしないが、十九世紀末の「琉球処分」で日本政府に接収された首里城の土地建物は、その後段階的に払い下げられた後、沖縄戦や沖縄の「日本復帰」を経て、土地は再び国のものとなった。そして、その土地に「復帰二十周年」事業の一環として、国が首里城の復元整備を行ったのである。

これらを踏まえれば、首里城の令和復元（平成復元も）は、所有者・国の主導のもとに進めていることが確認できる。二〇一九年十二月十一日の首里城復元のための関係閣僚会議で示された「首里城復元に向けた基本的な方針」を確認したい。以下全文を紹介する。(7)

首里城復元に向けた基本的な方針

二〇一九年十二月十一日

首里城復元のための関係閣僚会議

今般焼失した首里城は、沖縄県民のアイデンティティの拠り所として大切にされてきた、沖縄の方々の誇りであるとともに、日本の城郭文化の概念を広げる国民的な歴史・文化遺産である、極めて重要な建造物である。

政府は、首里城の早期の復元に向けて、首里城復元のための関係閣僚会議及び幹事会を開催し、沖縄県やこれまで復元に携わってきた有識者の参画を頂きながら議論を進めてきた。これまでの議論を踏まえて、一日も早い首里城の復元に向けて、以下の基本的な方針に基づき、取組を進めていくこととする。

（1）首里城の今般の復元に向け、詳細な時代考証に基づく前回復元時の基本的な考え方を踏襲して首里城を復元していくこととする。すなわち、首里城正殿について、一七一二年に再建され、一九二五年に国宝指定されたものに復元することを原則とする。

（2）その上で、前回復元後に確認された資料や材料調達の状況の変化等を反映するとともに、今般の火災を踏まえた防火対策の強化等を行う。

（3）前回の復元計画にできる限り沿って復元できるよう、政府一丸となって木材や漆などの資材調達に取り組むとともに、沖縄独特の赤瓦の製造や施工等について、前回復元時から沖縄県内に蓄積、継承されている伝統技術を活用するための支援を行う。

（4）これまで復元に携わってきた沖縄の有識者の方を含めた技術的な検討の場を内閣府沖縄総合事務局に設け、国土交通省等の関係省庁と連携しつつ、沖縄県民の意見を十分に反映できるよう沖縄県の参画を得ながら検討を進める。

（5）首里城跡の世界遺産登録に悪影響が及ばないよう、政府として、引き続き、国際連合教育科学文化機関（ユネスコ）と緊密に連携しながら進める。

政府は、上記の基本的な方針の下、関係省庁における検討を進め、技術的な検討の場における議論も踏まえて、本年度内を目途に、首里城正殿等の復元に向けた工程表の策定を目指す。

政府として、引き続き、沖縄県や地元の関係者、有識者の方々と共に、国営公園事業である首里城の復元に向けて、予算措置を含め、必要な措置を講じていくとともに、観光振興や復元過程の公開等の地元のニーズに対応した施策を推進するなど、責任を持って取り組むこととする。

「首里城復元に向けた基本的な方針」は首里城正殿の復元対象時期を「首里城正殿について、一七一二年に再建され、一九二五年に国宝指定されたものに復元することを原則とする」として、平成復元での方針を踏襲した。そして、平成復元で大龍柱相対向き採用の主要根拠資料となったのが、一七六八年重修の首里王府記録『百浦添御殿普請付御絵図并御材木寸法記』（「寸法記」＝資料A）と一八四六年重修の王府記録『百浦添御殿御普請絵図帳』（「普請絵図帳」）など四冊（＝資料B）、昭和初期の神社拝殿としての修理の際の記録「国宝建造物沖縄神社拝殿図」（＝資料C）などである。(8)

大龍柱の向きについて言えば、資料Aと資料Bを根拠とする。しかしそれはイラスト（絵）である。平成復元では資料Aと資料Bのイラストが、当時の大龍柱の形状を正写していると判断して、強い異論が出るなかで相対向きを採用した。そして、令和復元でも相対向きを採用し、平成復元の方針を引き継いだのが、今回の関係閣僚会議の「首里城復元に向けた基本的な方針」となる。

この国の基本的な方針が示された後、話題となったのがフランス人・ルヴェルトガが一八七七（光緒三、明治十）年に撮影した首里城正殿の写真だ。その写真には正面を向いて御庭を睥睨する大龍柱がとらえられていた。[9] このルヴェルトガ写真の出現で、国の「首里城復元に向けた技術検討委員会」（高良倉吉委員長）は、「寸法記」や「普請絵図帳」の写真の向きとの矛盾を説明する必要が出てきたのである。しかし、技術検討委員会はその矛盾を解決する資料を提示できなかったのである。

大龍柱の向きについて相対説の矛盾を解決できなかっただけでなく、令和復元においても実証できない相対向きで設置する方針を固めたのである。その方針を示した高良委員長の説明（「総括的な視点から」）は、理論的に破綻しており要約することが困難なので、長文だが該当部分をそのまま引用したい。ぜひ沖縄総合事務局ホームページの公開資料で全体を確認してほしい。

Ⅰ　平成復元の要点と根拠資料

（前略）

Ⅱ　令和復元に際しての新たな資料や知見の確認と検討

（1）復元対象年代については、「『一七一二年に再建され、一九二五年に国宝指定された正殿の復元を原則とする。』との趣意に鑑み、正殿に関する建築様式等の変遷を把握した上で、根幹的な資料である首里王府の記録「寸法記」（一七六八年）や「御普請絵図帳」（一八四六年）等の尚家文書に依拠しつつ、昭和初期の解体修理記録とそこに至るまでの諸情報を活用する」、と確認した。
（2）古瓦や漆芸技術、建築意匠、絵画などに関する最新の知見が提示されており、それに基づいて平成復元を見直す作業を行った。
（3）一八七七年（明治十）に首里城を訪問したフランス海軍のルヴェルテガらが撮影した正殿の貴重な古写真が登場した。正殿の外観は「寸法記」や「御普請絵図帳」とほぼ一致しているが、大龍柱が正面を向く点に大きな違いがある。その事実を検証することが課題となった。主な検討事項は以下の通りである。
①解像度の高いフランス海軍古写真を入手して比較分析すること。
②様々な図像資料等を収集して龍に関する意匠表現の特徴を検討すること。
③「寸法記」（一七六八年）や「御普請絵図帳」（一八四六年）と同時代に描かれた王府絵師たちの絵図表現を検討し、その図法レベルを確認すること。
④王府絵師たちの絵図表現が信頼できるものとの前提に立つと、「御普請絵図帳」（一八四六年）以後、フランス海軍古写真までの間に大龍柱の向きが変更されたと考えられるので、その経緯を確認するために尚家文書を中心とするぼう大な古文書類を調査すること。
⑤大龍柱や高欄の変遷を確認するために、各機関が所蔵する残欠や遺物を検討すること。

Ⅲ　検討結果の概要

検討結果の要点を、大龍柱の向きに絞って整理すると以下の通りである。

（1）フランス海軍古写真（一八七七年）の正殿と、「寸法記」（一七六八年）や「御普請絵図帳」（一八四六年）が描く正殿は、形態や仕様、規模などすべての面でほぼ一致した。ハの字形に開いた階段やその段数、大龍柱やそれが載る台石も同様である。

異なるのは大龍柱の向きのみである。右側の大龍柱（阿形）の胴体には、何らかの理由で損壊し、その部位を補修した痕跡を確認した。

一八七四年（明治七）に大地震がありその後も余震が続いたという記録（喜舎場朝賢『琉球見聞録』）はあるが、損壊の事実を特定できなかった。

（2）王府絵師たちが同時代に描いた業務上の絵図資料、例えば「貝摺奉行所文書」中の漆器製作図案、「御冠船之時御道具之図」中の各種道具の製作図、「火花方日記」中のからくり花火台図などで明らかなように、一定のレベルの図法技術を持っていたことが確認できた。この技術は「寸法記」（一七六八年）や「御普請絵図帳」（一八四六年）においても発揮されており、正殿各部を描写する図法に活かされている。正面向きの大龍柱を描くのが困難だったために、便宜的に向き合う姿態として描いたという推測は成り立たない。

（3）文献記録の検索については、九名の琉球史研究者が分担を決め、尚家文書や関連記録などぼう大な資料を調べた。現時点では、大龍柱の向きに変更を加えたことを示す明確な記述は見出せなかった。

（4）遺物・残欠の検討に関しては、大龍柱の変遷は従来知られているよりも複雑であり、正殿の建築様式等の変遷の問題を含めて、引き続き調査・研究が必要なことを確認した。

Ⅳ　暫定的な結論

上記の検討結果をふまえた上で、令和復元においても、大龍柱の向きは平成復元を踏襲することとした。

（1）フランス海軍古写真と「寸法記」「御普請絵図帳」はほぼ一致しているが、正殿の内部や外部の仕様、つまり細部にわたる総体としての正殿を甦らせるための根拠資料としたのは後者であり、大龍柱の向きについてもそれに依拠することとした。フランス海軍古写真が示すのは正殿の外観である。

（2）ただし、「御普請絵図帳」（一八四六年）からフランス海軍古写真（一八七七年）に至るまでの三〇年間において、大龍柱の向き等に変更が加えられたと考えられるので、その経緯や理由を示す説得的な資料および認識が提示されるならば、上記の結論は再検討される。今後の学術的な議論を期待するが故に、今回の決定は暫定的な結論であることを確認しておきたい。

高良委員長の上記の説明は、技術検討委員会の第一回報告会（二〇二二年一月三十日）で示されたものだ。その後、第二回報告会が二〇二三年三月二十三日に開かれた。そこでは「令和の復元」の「平成の復元」からの変更点などを説明している。私は第一回報告会には参加することができたが、第二回報告会は参加できなかった。第二回報告会資料では、以下の二十八項目で変更することとし、「検討結果、変更理由」などが詳しく説明されている。具体的な説明は公開されている報告会資料で直接確認してほしい。

①塗装材料（久志間切弁柄《くしまぎりべんがら》）

②高欄《こうらん》の石獅子《いしじし》の体・顔の向き
③向拝奥《ごはいおく》の彫刻物の文様（牡丹《ぼたん》、獅子、唐草《からくさ》）
④向拝奥《ごはいおく》の彫刻物（左右の獅子）
⑤一階御差床《うさすか》垂飾《たれかざり》
⑥二階御差床《うさすか》高欄《こうらん》
⑦「黄《き》ぬり」の色調
⑧「金磨《きんみがき》」の技法
⑨「かけ合わせ真《しん》ぬり」の塗装
⑩「久米赤土《くめあっち》」の塗装
⑪小屋丸太梁《こやまるたばり》のオキナワウラジロガシ
⑫軒丸瓦《のきまるがわら》の瓦当文様《がとうもんよう》
⑬電気系統の安全対策の強化
⑭監視カメラの強化
⑮煙感知器、熱感知器の強化
⑯炎感知器、放火監視センサーの新設
⑰火災時の自動通報装置の新設
⑱スプリンクラーの新設
⑲屋内消火栓の強化
⑳ドレンチャー配管の複数系統化

㉑軒の防火補強
㉒建物の耐震補強
㉓避難鉄骨階段、防火戸の新設
㉔防煙垂壁《ぼうえんたれかべ》の新設
㉕消火水槽、防火水槽の増設
㉖連結送水管の敷設
㉗仮設階段棟の設置
㉘平成復元時の瓦、礎石の再利用

平成復元から変更するとした二十八項目のうち、⑬以降の項目は防災や安全などを目的とするものである。正殿に関する項目は外側のものもあり、変更する根拠として③と④ではルヴェルトガ写真が提示されている。高良委員長は、第二回報告会では以下の簡単なメモを資料として公開している。

「平成の正殿」と「令和の正殿」の違いについて
―総括的な所見―

高良倉吉

Ⅰ「平成の正殿」の要点

★根拠資料

＊「百浦添普請付御絵図并御材木寸法記」（一七六八年、略称「寸法記」）

＊「百浦添御普請絵図帳」（一八四六年）他三冊の尚家文書
＊「国宝沖縄神社拝殿図」（昭和初期）他の解体修理記録
＊古写真や発掘資料、研究成果等
★結果として、一九九二年に甦った正殿（「平成の復元」）は琉球王国時代の姿に近づいた。
★一定レベルの防災・防火対策を講じたが、結果としては不十分だった。

Ⅱ「令和の正殿」に向き合う際の課題と前提
★2度と焼失しないための課題に取り組む。⇩防災・防火対策の徹底化
★新たな資料、新たな知見によるバージョンアップを。
＊琉球漆芸技術史研究の進展
＊祭祀・儀礼空間としての首里城研究の進展
＊遺物や残欠等の解析の進展
＊首里王府の拠点としての首里城研究の進展など
★宿題としての「久志間切弁柄」の解明と応用。
＊「尚家文書」一八四六年重修記録に登場、正殿の色調を決める根拠

Ⅲ検討、分析作業、連携の体制
★「首里城復元に向けた技術検討委員会」の場での総括的検討。
★4つのワーキンググループ会議における各論的検討。

①木材・瓦類、②防災、③彩色・彫刻、④北殿・南殿等
★2つの作業チーム会議における詳細的検討。
①彩色・彫刻、②塗装
★国と県の連携による再建事業の推進体制が稼働。

むすび：首里城再建に対する期待に向き合うために
「多くの人びとの思い」＋「事業推進者の責務」＋「復興過程の共有」

第二回報告会では安里進委員と伊従勉委員がルヴェルトガ写真を利用して資料で説明しているが、大龍柱の向き問題については、誠意のない論点ずらしとなっている。大龍柱の向きを確定するための作業にはなっていないので、ここで議論する必要はないだろう。安里委員と伊従委員の論点のずらしや実証の仕方、議論の進め方に関心のある読者は、資料で直接確認してほしい。

あらためて確認すれば、首里城復元の主体は国であり、具体的な復元の在り方は技術検討委員会が決めているという形である。そして、その技術検討委員会は琉球史を専門とする高良倉吉を委員長とし、令和復元における大龍柱の向き議論については、安里進委員と伊従勉委員が中心的な役割を担っていることがわかる。

いずれにしても、相対向きが成立するためには解決しなければならない問題点は、解決することができていない。つまり、相対向きを実証できないまま、相対向きを採用している。根拠なき結論である。

三　大龍柱の向き改変と技術検討委員会

日本政府の基本方針や技術検討委員会の議論などを一瞥した。技術検討委員会の大龍柱の向き議論に焦点をあててみると、基礎的な部分で重大な問題を抱えていることが確認できる。第一点は、歴史的事実を検討する資料の恣意的な選択や利用である。歴史学の専門家が実際の議論に加わっているのか、という疑念さえ浮かんでくる。検討作業にアラが多すぎるのである。第二点は、技術検討委員会に不都合な視点や論点を黙殺するという「政治的な方法」である。「資料批判」や資料利用についての基礎的な問題点は、私もいろいろな機会に指摘しているが無視されている。基礎的で重要な点なので、あらためて以下の点を指摘したい。

①【資料の恣意的利用】

資料の恣意的利用と黙殺の代表的な例が、いわゆる「伊藤勝一収集正殿写真」である。「伊藤勝一収集正殿写真」は一九九〇年代に確認され、平成復元の段階で大龍柱の「正面説」の根拠資料の一つとして提示されたものである。市民グループが記者会見を行い、マスコミでも話題となった資料だ。「伊藤勝一収集正殿写真」には、日本兵にへし折られる前の「本来の形」と思われる姿で大龍柱がとらえられており、しかも正面を向いている。当時としては、正殿をとらえた最古の写真の可能性が高かったものだ。しかし、この写真自体、そして資料的価値が平成復元では黙殺されて続けた。理由は分からない。(10)

「伊藤勝一収集正殿写真」は、正殿や「本来の姿」と考えられる大龍柱などをとらえ、貴重な情報を提供している。ただ、その写真は撮影時期や来歴がはっきりしない。しかし、本来なら基礎的作業（いわゆる「資料批判」）を行い、その資料から情報を引き出す前提を整え、情報を引き出す作業をするのが歴史研究者の仕事だろう。「伊藤勝一収集正殿写真」は、当時としては正殿をとらえた最古の写真である可能性が高く、しかも議論のある大龍柱が「本来の形」と考えられる姿で写っているのである。資料の検証などが必ずしも成功するとは限らないが、しかしその資料自体を黙殺することなどありえない。それは「怠慢」であり、もはや学問の名に値しない。その「怠慢」の意図が疑われても仕方がない。そのこと自体が不自然なことだからである。

大龍柱が日本兵にへし折られる前の姿をとらえたと考えられる写真は、「伊藤勝一収集正殿写真」の外にも知られている。しかし、これらの写真に対しても「伊藤勝一収集正殿写真」と同じ扱い、つまり黙殺という方法がとられた。

②ルヴェルトガ図版をめぐるずさんさ

フランス人ルヴェルトガらが一八七七（光緒三、明治十）年、琉球国に来航し首里の王城を訪れて、国殿（正殿）などを写真撮影している。ルヴェルトガは帰国後、その見聞を「琉球諸島紀行」としてまとめ、一八八二（光緒八、明治一五）年に刊行されたフランスの雑誌に発表した。この「琉球諸島紀行」には、斜め正面からとらえた琉球の国殿のほか、瑞泉門、国廟の崇元寺の石門の図版などが掲載されている。これらは印刷用に作成され版画の図版だが、写真を基にして作成したことがキャプションには明記されている。

そして、これらの図版は一九八七年に沖縄の出版社から出版された『青い目が見た「大琉球」』で紹介され、平成復元の前からよく知られていた。[11] しかも、大龍柱は正面向きだ。しかし、平成復元では、この図版の資料的価値は否定された。この図版の資料的を価値の否定した事実は、大龍柱の向き確定をめぐる議論における相対説の「専門性」の欠落を端的に示している。そこから透けてみるとのは、思い込みと、それに基づく

単純な事実誤認である。端的に言えば、基礎的な「資料批判」さえも行っていないのである。(12)

③資料を扱う前提作業の欠落

私たちが現在の立場から、過去の事実を特定、確定するものとして資料を利用する際には、思い込みや恣意的な操作が入り込まないように注意することが不可欠である。どれほど慎重であったとしても、さらに慎重さを心掛けるべきである。そのためにも、誰が、どのような目的で、いつ作成したのかなど、資料の作成主体やその背景や目的などに即して理解する必要がある。「資料批判」と呼ばれる歴史資料を扱う場合の基本的なことである。

大龍柱の向き問題に関して、技術検討委員会の作業にはこの点が欠落している。歴史学の基礎的な作業や手順を踏んでいないのである。具体的でわかりやすい事例が、フランス人「ルヴェルトガ」のカタカナ表記である。この点は別稿でも提起したが、重要な点であるのであらためて指摘しておきたい。技術検討委員会が「ルヴェルテガ」の表記をあえて用いていたので、第一回報告会でその理由を聞いた。

【質問⑧】

○ルベルテガのカタカナ表記が採用されているがその根拠となる資料は何か。

Une visite aux Iles Lou-Tchou, par M. J. Revertegat. . . . .

UNE VISITE AUX ILES LOU-TCHOU,
PAR M. J. REVERTEGAT.
1877. — TEXTE ET DESSINS INÉDITS.

d'après une photographie de M. J. Revertegat.

J. Revertegat.

図版上から①〜④。①は目次、②本文タイトル、③は正殿図面の説明（図版①の原文の図版説明の一部）、④は本文末尾の著者名。いずれもアクサン・テギュはない下線を引いた部分

【回答⑧／伊従委員】

フランス語表記がReverté gat（最後のeにアクサン・テギュ）ですから、カタカナ表記はルヴェルテガがより発音に正確な表記です。

この【質問⑧】は私が出した。質問回答はホームページに掲載された検討委員会公式のものである。「最後のeにアクサン・テギュ」があれば、「ルベルテガ」というカタカナ表記を採用することに異論はないが、私が利用する原文資料には「アクサン・テギュ」がついていない（図版①から④）。そのため、質問の趣旨はその点を確認し、一八八二年に成立した資料で「Revertégat（最後のeにアクサン・テギュ）」が付いたものがあるかを確認するためのものである。つまり、技術検討委員会がフランス語表記を「Revertégat」とする根拠資料を尋ねたのである。しかし、回答は「フランス語表記がRevertégat（最後のeにアクサン・テギュ）ですから」と、質問に対応しないものだった。質問趣旨が明確でなければ質問者に確認するべきだが、思い込みによる一方的な回答になっている。

ルヴェルトガ紀行文（原文）はフランスで一八八二年に出版された。その紀行文でルヴェルトガのフランス語に「最後のeにアクサン・テギュ」は付されていない。[13] 図版①から④は一八八二年に出版された紀行文の"UNE VISITE AUX ILES LOU-TCHOU."LE TOUR DU MONDE,(1882)（「琉球諸島紀行」『世界周遊』一八八二年）から、ルヴェルトガのフランス語表記部分を抜き出した。紀行文が掲載された同冊子で「アクサン・テギュ」のある別の単語もあるので、「Revertegat」には意識的に付されていないのである。つまり、一八八二年段階の資料では「Revertegat」（最後のeにアクサン・テギュはない）であり、「Revertégat」（最後のeにアクサン・テギュがある）ではない。検討委員会が用いた「最後のeにアクサン・テギュ」の入った

「Revertégat」となっている資料やその成立年代を確認するための基礎的な質問だった。

検討委員会は、それまでもルヴェルトガ「琉球諸島紀行」の正殿図版の年代や内容を誤読していたため、私は「琉球諸島紀行」の図版が写真を基にしていることを指摘し、基写真（一八七七年撮影）の存在を紹介した。その際、原文が「Revertegat」（最後のeにアクサン・テギュはない）であることから、「ルヴェルトガ」の表記を採用した。資料に基づくという歴史の基本原則を踏まえたものである。私の写真紹介を受け、検討委員会はルヴェルトガ写真を入手したが、表記は「ルヴェルテガ」を使用し始めた。通常なら、何らかの根拠資料があることとなる。そのため、「Revertégat」の出典を確認するために質問をしたのである。

ここまで説明すれば、伊従委員の回答が、質問の趣旨をすり替えただけでなく、歴史学の基本的ルールを踏まえない形で資料を利用していることが理解できるだろう。これまで検討委員会の「資料批判」の不備などを何度も指摘してきたが、今回も基本的作業が欠落していることを指摘せざるをえない。これは一例にすぎない。検討委員会の作業自体が、「学術的」でないといっていいだろう。

技術検討委員会の資料の扱い方をめぐる事例を幾つか挙げた。大龍柱の向きについて、技術検討委員会が令和復元において史実に基づくという前提に立っているなら、その検討作業は歴史学の基本的な作法、手続きさえも踏まえていないということになる。なぜなら、技術検討委員会委員には歴史研究者もおり、歴史学の基本的な方法を知らないことはありえないからである。もし仮に、真摯に史実を検証した結果、根拠資料を見いだせなくても相対向きをあえて選択しているというなら、技術検討員会の各委員のこれまでの仕事も根底から検証しなおす必要がある。恣意的な資料の利用、根拠や資料のない判断などが常態化しているなら、現在の研究の在り方としては大きな問題をはらんでいるからである。

しかし、もし技術検討委員会が結論ありきで、大龍柱の向きについて史実確定を考えていなかったということなら、別の次元の議論となる。つまり、大龍柱の向きは史実に関わらず、相対向きにするという方針が決定している場合である。それは「史実検証」のテーブルではなく、「政策」のテーブルなのである。その場合、技術検討委員会は相対向きという選択をどのように合理化するか、あるいは説明するかを考えていることになる。そのため、相対向きがルヴェルトガ写真と矛盾していても、向き変更が確認できずさらには資料が確認できなくても、かまわないのである。なぜなら、それは、史実確定の議論だからである。首里城の復元において、技術検討委員会は大龍柱の向きを相対向きとすることを、「政策」として決めていたということだろう。つまり、技術検討委員会は、意図的な大龍柱の向き改変により、琉球の歴史文化の改ざんを仕掛けているといっていいだろう。

四　新しい基準の「復元的整備」と首里城の「復元」

文化庁は二〇二〇（令和二）年四月十七日、文化審議会文化財分科会の審議・議決を経て「史跡等における歴史的建造物の復元等に関する基準」（以下、新基準）を決定した。[14] 旧基準（一九九一年設定）は史実に忠実な復元しか示していなかったため、資料が不十分な場合だと史跡の現状変更に必要な文化庁の許可が下りなかった。新基準の特徴は、従来の「復元」のほか、「復元的整備」を認めたことにある。日本の文化財行政が新基準を採用し、方向転換したことは首里城の大龍柱についても無関係ではない。

令和復元においての大龍柱の向き確定問題についての、技術検討委員会の第一回報告会における高良倉吉委員長の根拠なき相対向きの採用という「暫定的結論」を思い起こせばいいだろう。

新基準の定める「復元的整備」の定義などは以下となる。

史跡等における歴史的建造物の復元等に関する基準

Ⅰ　復元

（中略）

Ⅱ．復元的整備

1．定義

今は失われて原位置に存在しないが、史跡等の保存活用計画又は整備基本計画において当該史跡等の本質的価値を構成する要素として特定された歴史時代の建築物その他の 工作物を遺跡の直上に次のいずれかにより再現する行為を「歴史的建造物の復元的整備」という。

ア．史跡等の本質的価値の理解促進など、史跡等の利活用の観点等から、規模、材料、内部・外部の意匠・構造等の一部を変更して再現することで、史跡等全体の保存及び 活用を推進する行為

イ．往時の歴史的建造物の規模、材料、内部・外部の意匠・構造等の一部について、学術的な調査を尽くしても史資料が十分に揃わない場合に、それらを多角的に検証して再現することで、史跡等全体の保存及び活用を推進する行為

2．基準

「歴史的建造物の復元的整備」は、Ⅰ．2．（1）の基本的事項及び（3）の配慮事項を準用するほか、以下の手順及び留意事項を遵守しながら行い、史跡等の保存及び活用に寄与するものであると認められるものでなければならない。

(1) 手順
(以下略)

「新基準」で新しく認められた「歴史的建造物の復元的整備」は「史跡等の利活用の観点等から、規模、材料、内部・外部の意匠・構造等の一部を変更して再現することで、史跡等全体の保存及び活用を推進する行為」であり、「学術的な調査を尽くしても史資料が十分に揃わない場合に、それらを多角的に検証して再現することで、史跡等全体の保存及び活用を推進する行為」となる。歴史的建造の復元的整備では「往時の歴史的建造物の規模、材料、内部・外部の意匠・構造等の一部について」①利活用の観点から一部を変更して再現でき、また②調査をつくしてもどうしても不明な点がある場合は「それらを多角的に検証して再現する」ことができるのである。

この「新基準」は首里城の令和復元にどのように影響するのか。技術検討委員会が整理している。〈表②全体復元方針【参考：文化庁の基準と復元タイプの対応】〉は技術検討委員会の二〇二二(令和四)年の第一回委員会資料をもとに作成したものである。この表はタイプが色付けされ、「沖縄県首里旧城図」とリンクしている。それによれば、正殿は「特A」と位置付けられている。令和復元での正殿の位置付けは、「新基準」でも「復元」だとされている。

技術検討委員会が正殿の整備を「新基準」における復元と位置付けるなら、正殿「復元」の在り方は「遺構、図面、古写真、配置図、事例、聞き取りの成果等の根拠資料に基づいて、往時の材料・工法でより精度をあげて内外部とも復元した建築物」となる必要があり、史実に基づく必要があることになる。しかし、技術検討委員会の高良倉吉委員長の第一回報告会での「暫定的な結論」は、以下となっている。

表②全体復元方針【参考：文化庁の基準と復元タイプの対応】

史跡等における歴史的建造物の復元等に関する基準

区分	定義
復元	「歴史的建造物の復元」とは、今は失われて原 位置に存在しないが、史跡等の保存活用計画又 は整備基本計画において当該史跡等の本質的 価値を構成する要素として特定された歴史時代 の建築物その他の工作物の遺跡（主として遺構。以下「遺跡」という。）に基づき、当時の規模（桁 行・梁行等）・構造（基礎・屋根等）・形式（壁・窓 等）等により、遺跡の直上に当該建築物その他 の工作物を再現する行為をいう。
復元的整備	今は失われて原位置に存在しないが、史跡等の 保存活用計画又は整備基本計画において当該 史跡等の本質的価値を構成する要素として特定 された歴史時代の建築物その他の工作物を遺 跡の直上に次のいずれかにより再現する行為を「歴史的建造物の復元的整備」という。 ア．史跡等の本質的価値の理解促進など、史跡 等の利活用の観点等から、規模、材料、内 部・外部の意匠・構造等の一部を変更して再 現することで、史跡等全体の保存及び活用を 推進する行為 イ．往時の歴史的建造物の規模、材料、内部・外部の意匠・構造等の一部について、学術的 な調査を尽くしても史資料が十分に揃わない 場合に、それらを多角的に検証して再現する ことで、史跡等全体の保存及び活用を推進す る行為

首里城公園の復元タイプ

タイプ	大分類	定義
特A	復元	遺構、図面、古写真、配置図、事例、聞き取りの成果等の 根拠資料に基づいて、往時の材料・工法でより精度をあ げて内外部とも復元した建築物。
A	復元	遺構、古写真、配置図、事例、聞き取り等の根拠資料に 基づいて、往時の材料・工法で内外部とも復元した建築物。
B	準復元	遺構、古写真（内部写真含む）、配置図、事例、聞き取り 等の根拠資料に基づいて、往時の材料・工法で内外部と も復元した建築物。間取りについては、一部想定している。(南之廊下等)
C	外観復元	往時の間取りは不明であるが、遺構、古写真、配置図、事例等の根拠資料に基づいて、外部を復元し、内部は公 園機能を重視した建築物。
D	外観想定・復元	建物を写した古写真は確認されていない。遺構や配置図、古絵図、事例に基づいて外部を想定復元し、内部は公園 機能を重視した建築物。
E	外観再現	建物の位置や規模等を確認できる遺構や古写真はない。配置図、古絵図、事例に基づいて外部を再現し、内部は 公園機能を重視した建築物。
F	平面表示	建物の位置や規模等を確認できる遺構や古写真はなく、配置図と古絵図等で建物の雰囲気がわかる程度。建物の輪郭のみを平面的に表示。

「北殿・南殿等関係」より（沖縄総合事務局 HP）
https://www.ogb.go.jp/-/media/Files/OGB/Kaiken/kyoku/matidukuri/syurijou_hukugen_kentouiinkai/R04_2_iinkai_R050309/PDF_12_siryou6-1.pdf

ただし、「御普請絵図帳」（一八四六年）からフランス海軍古写真（一八七七年）に至るまでの三十年間において、大龍柱の向き等に変更が加えられたと考えられるので、その経緯や理由を示す説得的な資料および認識が提示されるならば、上記の結論は再検討される。今後の学術的な議論を期待するが故に、今回の決定は暫定的な結論であることを確認しておきたい。

高良委員長の「暫定的結論」は、論理にも実証的にも破綻している。「暫定的結論」のこの説明では「史跡等における歴史的建造物の復元等に関する基準」における「復元」の条件を満たしていないといっていいだろう。

五　王城だった首里城

首里城正殿大龍柱の向き改ざんは、十九世紀末の「琉球処分」以降、日本政府が続けてきた琉球の歴史文化に対する「改変」「再編」行為に連なるものだといっていい。そして、首里城大龍柱の向き改ざんが持つ意味は、一造形物の改ざんにとどまらない。日本政府による改ざんが、「善意と学問」を装いつつ王権の拠点だった象徴的場という核心部分に及んでいるということである。首里城が琉球の王権の拠点であり、龍が王権を象徴するものの一つであることを想起すればその深刻さは明確となるだろう。(15)

首里城での改ざんが持つ意味は、琉球国時代の王城空間の役割を考えればわかりやすい。琉球国は一三七二（洪武五）年から『明実録』などの文献に登場する。中国大陸で明を建国した朱元璋（洪武帝）は一三七二年、琉球国へ楊載を派遣して進貢を求めた。琉球国の察度王は要請に応じ弟泰期を派遣した。これが中国側文献における琉球国の初出である。察度王が一三七二年に派遣した泰期が、中国の進貢使の始まりとされる。

首里城の原初的な部分は十四世紀末ごろには既に存在していたと推定されているが、築城年代を伝える直接的な資料は確認できない。城外苑の龍潭池畔に建立された「安国山樹華木之記碑」(一四二七年)には、国相懐機が外苑に人工池を掘り花木を植えて遊覧の場としたなど、外苑整備事業の経緯が刻まれている。この「安国山樹華木之記碑」建立以前には、既に城郭内の基本的な整備がなされていたことになる。これらを踏まえれば、中山王の王城としての首里城は十五世紀初期までには成立していたと考えていい。

察度王を継いだ武寧は一四〇四(永楽二)年に明皇帝の冊封を受けた。これが中山王の冊封の始まりとされている。一四〇四年には武寧のほか、山南王・汪王祖も冊封を受けていた。琉球の記録『中山世譜』には、攀安知は一三九六年に冊封を受けたとある。明の冊封使節を受け入れ、琉球国が各種儀礼を行うには相応の施設が必要となるので、その時期には王城としての整備がなされていたと考えていい。東アジア諸国の動きに連動する形で琉球国も主体として登場し、中山王の王城として首里城もその過程で整備されたと考えられる。この王権の拠点・外交儀礼の場として利用は王城の基本的な性格を規定し、軍事拠点としての「日本の城」との本質的で重要な違いの基となる。

加えて重要な点は、王城は民族宗教を基礎とした国家祭祀の場でもあったということである。琉球国では民族宗教を国家祭祀として取り込み、王権と結び付けながら最高神官の聞得大君を頂点として制度化していた。正殿二階には「センミコチャ」と呼ばれる琉球国の「火ヌ神」を祭る場があり、城内には御嶽とよばれる祭祀空間が十か所あり、それは「十嶽」と総称された。城内では「火ヌ神」と「御嶽神」が祭られ、年間を通して国王の長寿、五穀豊穣、国家の安泰などを願う祭祀も行われていた(16)。
王城としての首里城は、国王らの生活空間や政治の場だけでなく、外国使節を向か入れての外交儀礼や国家祭祀の場でもあった。『琉球国由来記』巻五の「王城都内祭祀抜」では、城内外の「嶽神」「火鉢」について次のように紹介する(17)。

天子祭二天地一。諸侯祭二封内山川一。古之礼。不レ可レ欠也。雖レ然祭レ神以レ誠為レ本。若誠不レ立。則祭不レ足レ観焉。故云祭レ神如二神在一。敢不レ敬乎。琉球上古之世。風俗淳朴。人心篤実。祭レ神如レ在。故神常為二之護衛一。有レ禱必応。有レ感必現。至レ今王城内外。所有火鉢嶽神。皆斯神也。至二後世一。風俗日下。人心日薄。臨レ祭懈怠。神亦不レ応。天降二災厄一。(後略)

【意訳】天子は天地を祭り、諸侯は封じられた山川を祭ることが古礼である。これは欠かせないことである。神を祭る時に誠を本とし、もし誠がなければ祭祀は意味がない。故に、神を祭る時には神がそこに存在する如くに神を祀らなければならない。琉球上古の世、風俗は淳朴で、人心も篤実であったため、神がそこに存在するかの如くに祭った。故に神は常に人々を護衛し、祷りあれば必ず応じ、感じることがあれば必ず顕現した。今に至り、王城内外に祭られている火鉢と嶽神はそのような神である。しかし、後世に至って、風俗は日に下がり、人心も日に薄くなり、祭祀が懈怠されている。そのため、神々も応じてくれず、天が災厄を降すのである。(後略)

ここに登場する「嶽神」が御嶽の神で、「火鉢」が火ヌ神である。これらは琉球の民族宗教の根幹の神であり、その祭祀空間が王城のほか国内全域で存在していた。『琉球国由来記』巻五は、城内では国王が拝礼する「御日・御月ノ御前」のほか、いわゆる国家の火ヌ神である「御火鉢之御前」、城内台所の火ヌ神である「御タウグラ火神」と「十嶽」と呼ばれる以下の御嶽十か所を挙げている。(18)

御内原ノマモノ内ノ御嶽　神名　ウチアガリノ御イベ
ミモノ内御嶽　神名　カワルメノ御イベ
キヤウノウ内ノ前ノ御ミヤ首里ノ御イベ
キヤウノウ内ノ御嶽　神名　シキヤヂシキヤダケノ御イベ
キヤウノウ内ノ御嶽　神名　ソノイタジキノ御イベ
キヤウノウ内ノ御嶽　神名　アガルイノ大御イベ
真玉城ノ御嶽　神名　玉ノミヤノ御イベ
寄内ノ御嶽　神名　ミヤガモリノ御イヘ
寄内ノ御嶽　神名　カミヂヤナミヤデラノ御イベ
アカタ御ヂャウノ御嶽　神名　アガルタケ押明森ノ御イベ

御嶽と呼ばれる琉球の民族宗教と結びついた城内外の祭祀空間では、女神官がそれぞれの役割などに応じて、各種の年中の祭祀を担当していた。王城としての首里城は、この国家祭祀と冊封儀礼という王権の正当性を担保する二つの重要な要素を展開する空間でもあった。そして、この二つの要素は「日本の城」には存在しない。しかも、「日本」の石垣築かれた本格的な城郭は織田信長の安土城（一五七九年完成）で、首里城外苑整備などを伝える「安国山樹華木之記碑」（一四二七年）からでも一五〇年ほども時代が下る。首里城はその成立の古さと、外国使節を招いた外交儀礼や国家祭祀の場としての空間利用という点に大きな特徴を持っている。それはまた琉球の文化的特質を生み出す要因でもあった。

この王城としての首里城は日本政府によって一八七九年に接収され、城内の祭祀空間もまた奪われたのである。接収後の首里城には日本軍が駐屯し、国王の遺体を安置した御寝廟殿跡を日本軍の弾薬庫として利用している。大正末期には城内に日本系神社「沖縄神社」が設置され「正殿」は拝殿とされ、本殿は御寝廟殿跡の前方に置かれていた。そして、沖縄戦時の城地下には第三十二軍の司令部壕がおかれていた。

十九世紀末の「琉球処分」後、琉球が「日本のなかの沖縄」と位置づけられるなかで、首里城空間も再編されたのである。その過程で、さまざまな場で物理的な改変と価値や意味の再編・改変がなされ、「日本のなかの琉球」「日本のなかの沖縄」が進んだ。その象徴的なもの一つが、接収後の首里城の歩みであり、正殿大龍柱の改変である。そして、現在の「復元」名目による大龍柱向き改ざんもその延長線上で理解する必要があるだろう。

六　おわりに

現在の日本の文化行政において、歴史的建造物の歴史的事実に反する「復元」は、許されるのか。問うまでもないだろう。それは許されない行為であるだけでなく、「復元」の範疇にも入らない。しかし、令和復元における首里城正殿再建は「復元」と位置づけられながら、大龍柱の向きは史実や資料に裏付けられていない相対向きとされる。しかも、この令和復元の主体は国である。その「相対向き」は矛盾を抱え、実証されてもいない。首里城大龍柱の向きについて、国自らが新しく設けた「史跡等における歴史的建造物の復元等に関する基準」にも反していることになる。

それではなぜ、首里城の正殿「復元」で、国は史実に基づかない大龍柱の向きを選択するのか。端的に言えば改ざんするのか。国による「復元」名目での大龍柱の向き改ざんは、十九世紀末の「琉球処分」以降、日本政府が行ってきた琉球の歴史や文化に対する改変・再編行為と同質のものだといっていい。「琉球処分」後における琉球併合政策と同根なのである。「復元」名目での今回の大龍柱の向き改ざんで、改ざんされた造形物が固定化され、その姿が既成事実として未来へ残されることになる。この行為のその背後に見え隠れするものは、「相対向きの首里城正殿大龍柱」を残すという意図である。

大龍柱向き改ざんは、日本政府の現在の沖縄に対する植民地政策の一つであり、支配のための方法でもある。近代沖縄では、首里城以外でも沖縄各地で御嶽が神社化されたほか、軍事施設として利用された例もある。近代日本は琉球の空間を有形無形に改変、再編し、琉球の歴史や文化にも土足で入りこんでいた。令和復元での大龍柱の向き改ざんも、このやり方と地続きなのである。

もう一つの問題は、沖縄側の動向である。沖縄側にこの改ざんに積極的に協力し、さらに主導する者まで存在している。その例として技術検討委員会委員をあげていいだろう。沖縄側の委員を含む技術検討委員会は、大龍柱の向き改ざんを主導している。また、沖縄県も改ざんに無関係ではない。沖縄県は改ざんに対し無条件に資金提供をしている。首里城火災に衝撃を受けた人々から、沖縄県に寄せられた約六十億円の寄附は、琉球の歴史文化の改ざんの資金となる。ここまでくれば、改ざんを支える無自覚な「善意」も歴史的な罪だといっていいだろう(19)。

日本が十九世紀末に琉球国を併合しその王城を接収すると、駐屯した日本軍兵士が「国殿」大龍柱をへし折って破壊した。そして、旧王城内に沖縄神社を建て「国殿・正殿」を拝殿とした上で、日本政府は修復名目で大龍柱の向きを改変した。王城に象徴される歴史・文化の破壊と改変、そして意味や価値の再編である。その大日本帝国は、沖縄を天皇の大権を守るための捨て石として戦場とすることで旧王城自体を物理的に破壊した。そして、現在においても、「復元」名目で琉球の歴史文化の改ざんを進めているのである。

大龍柱向き改ざんの持っている意味は、沖縄にとって本質的で根幹的である。向き改ざんは、現在から過去の琉球に対する破壊行為だといっていい。琉球の島々で培われて歴史や文化に対する改ざん行為は、歴史のなかでも裁かれることになるだろう。首里城大龍柱改ざんに関わった者は、いずれ歴史的責任を負わなければならない。多くの人命を奪い、沖縄を破壊した沖縄戦の際と同じ過ちを繰り返さないためにも、私たちは改ざんの問題と、改ざん者の責任を問い続ける必要がある。改ざんの歴史的責任を明確に位置づけ、その責を問わないかぎり、沖縄社会は未来を拓くことができない。首里城大龍柱の向き改ざん問題を黙認していけない理由が、そこにもある。

《註》

（1）「改ざん」の一般的な意味は「字句などを改めなおすこと。多く不当に改める場合に用いられる」とされる。大龍柱の向きの意図的な改変は、歴史的資料としての意味を変えることにつながることから、「改ざん」を用いた。

（2）比嘉朝健「琉球の石彫刻龍柱」（『アトリヱ』3月号、アトリヱ社、一九二七年の論考。『うるまネシア』24号、二〇二三年、一〇四頁以下に画像で再掲されている。）

（3）後田多敦「首里城正殿大龍柱の向きの検討―近代における大龍柱「改変」史から―」（『非文字資料研究』23号（神奈川大学日本常民文化研究所非文字資料研究センター、二〇二一年）などを参照。

（4）後田多敦「首里城復元で大龍柱の向きは相対と暫定決定―国の「技術検討委員会」報告会の報告―」（『非文字資料研究センター News Letter』48号、神奈川大学日本常民文化研究所非文字資料研究センター、二〇二二年）

（5）沖縄総合事務局ＨＰ内「首里城復元に向けた技術検討委員会 関連」（https://www.ogb.go.jp/kaiken/matidukuri/syurijou_hukugen_iinkai）

（6）後田多敦「首里城の権利をめぐる近現代史」（『うるまネシア』23号、21世紀同人会、二〇二〇年、七八頁以下）

（7）首相官邸ＨＰ内「首里城復元のための関係閣僚会議」（ttps://www.kantei.go.jp/jp/singi/shurijo_fukugen/index.html）

（8）資料は『首里城関係資料』（沖縄開発庁沖縄総合事務局開発建設部、一九八七年）などに収録されている。後田多敦「」（『非文字資料研究』23号、神奈川大学日本常民文化研究所非文字資料研究センター、二〇二一年、二一～四五頁）

（9）『琉球独立学研究』5号（琉球民族独立総合研究学会、二〇二〇年）の六〇頁以下に学会発表での資料が収録されている。ルヴェルトガ写真については、後田多敦「確認された首里城最古の写真」（『沖縄タイムス』二〇二〇年十一月二十六日）、同「ルヴェルトガの正殿写真」（『琉球新報』二〇二〇年十二月一日）。ルヴェルトガの琉球訪問については、熊谷謙介「一八七七年の首里城訪問　フランス人が見た琉球」（上・中・下）（『沖縄タイムス』二〇二〇年十一月二十日～二十二日）

（10）後田多敦「ギルマール写真と伊藤勝一収集首里城正殿写真」（『非文字資料研究センター 『News Letter』46号、神奈川大学日本常民文化研究所非文字資料研究センター、二〇二一年）

（11）ラブ・オーシュリ／上原正稔『青い目が見た「大琉球」』（ニライ社、一九八七年）

（12）これについては、後田多敦「歴史資料としての図版と写真、イラスト―首里城大龍柱の向き「改ざん」問題を事例に」（『歴史と民俗』40号、平凡社、二〇二三年）で具体的に検討しているので、それを参照してほしい。

（13）前掲・後田多「首里城復元で大龍柱の向きは相対と暫定決定―国の「技術検討委員会」報告会の報告―」。M.Jules Revertegat Une Visite aux îles Lou-Tchou 1882 Paris.〈「琉球諸島紀行」『ル・ツール・デュ・モンド（『世界一周旅行』）』

（一八八二年度第2巻）〉。

（14）文化庁ＨＰ内「史跡等における歴史的建造物の復元等に関する基準の決定について」や「史跡等における歴史的建造物の復元等に関する基準」（https://www.bunka.go.jp/seisaku/bunkazai/92199502.html

（15）首里城については多くの著作があるが分かり易いものとして、當眞嗣一『琉球王国の象徴 首里城』（新泉社、二〇二〇年）などがある。後田多敦「大龍柱の受難史とその背景」（『「時の眼―沖縄」批評誌―Ｎ27』9号（Ｎ27編集委員会、二〇二一年、二～一三頁）

（16）琉球の国家祭祀については、後田多敦『琉球の国家祭祀制度―その変容・解体過程』（出版舎Ｍｕｇｅｎ、二〇一九年）を参照。

（17）外間守善・波照間永吉編著『定本　琉球国由来記』（角川書店、一九九七年）一五一頁。呉海寧「『琉球国由来記』にみる「天」の観念」（『沖縄芸術の科学』第33号、沖縄県立芸術大学附属研究所、二〇二一年、一一七～一三三頁）

（18）前掲・外間、波照間編著『定本　琉球国由来記』一三五頁以下。

（19）後田多敦「大龍柱の向き改ざんを止められるか！」（『「時の眼―沖縄」批評誌―Ｎ27』10号（Ｎ27編集委員会、二〇二二年、八八～九一頁）

あとがきに代えて
――「琉球伝統文化継承論」の構想――

狩俣　恵一

近世日本の寺社建築や祭祀運営は、役人がそれらの事業にお墨付きを与えた。資金集めや事業の進め方は、僧侶や神官の指揮のもと、民間の技能者（役者）が中心となり、氏子・檀家をはじめ多くの人々の協力で祭りの継承や文化財の復元が行われた。城郭建築では、普請奉行の下、民間業者に委託して行われるのが通例であった。武家にも優れた技能者はいたが、宮大工・石工・造園家・漆芸家・絵師・鍛冶職人・染織家・芸能家などの技能は、民間の〈家〉を中心に継承された。その代表が家元制であるが、現在の日本の有形・無形の伝統文化継承者は、〈家〉を核とした技能継承の流れを汲んでいる。

ところが、近世琉球では、聞得大君をはじめ、神女たちは祈り人であり、祭りの運営にはほとんど関与しなかった。王府や地方の「役人」が祭りの日を定め、供物を準備させ、芸能を演じさせた。サムレー（士）は、知識人・文化人であり、グスク・寺社・橋を建造し、造園・彫刻・漆芸・絵画を製作する技能者であると同時に、管理運営者でもあった。そのせいだろうか、近世琉球の民間業者は脆弱であり、近世日本のような強固な〈座〉や大きな〈問屋〉はなかった。また、読み書きはサムレー（士）の仕事であり、庶民の識字率は低かった。王府役人は交易を行う商人でもあったが、一八七九年に琉球王府が消滅すると、王府の伝統文化を担った技能者もほとんど消えてしまった。そして、尚泰王が東京に転居すると、王府の有形・無形の文化財継承の技能者は壊滅状態になった。家制度による職人及び芸能家の養成がないため、王府系文化財を専門とする民間の技能者も一部に過ぎなかったからであろう。

ところが、大正から昭和にかけて、折口信夫の琉球古典芸能研究や鎌倉芳太郎の琉球建築・彫刻・染織の調査研究は、沖縄の代表的な文化財への関心を高めることになった。そして現在、有形文化財の継承は首里城が著名であり、無形文化財では組踊や琉球舞踊が代表である。だが、伝統文化継承についてはその方法論が確立されておらず、本土における家を核とする文化財の継承も困難な状況にある。今後の琉球伝統文化の継承は、新たな方法を検討する必要があると考える。その意味において、田場裕規氏が説く「ヒューマニティーとサイエンス」を基本理念とする継承が望ましいと考える。そして、次の(1)~(4)に留意した沖縄独自の「琉球伝統文化継承論」を構想することは喫緊の課題であると考える。

(1)伝統文化財の技能継承は、形（型）を基本としつつも、先祖代々の琉球沖縄の思想（精神性）に対するリスペクトと、現在に適合した継承方法が必要である。

(2)伝統文化財の継承者養成は、師匠が一人の弟子を指導する方法と、学校教育的な方法（一人で多数を指導）の長所を取り入れて実施すべきである。

(3)伝統文化の研修所や大学を終えた若手技能者（職人・役者）のための工房及び展示会場、稽古場及び公演会場等の環境整備が必要である。

(4)政治的なイデオロギーや特定の宗教活動を基盤とした継承は、伝統文化の精神性を歪める危険性をはらんでいる。

この(1)~(4)に留意しつつ、歴史学・考古学・民俗学・図像学・芸術学・文学・言語学の学問、それに技能者の視点を総合した「琉球伝統文化継承論」を構想し、若手技能者を養成することが喫緊の課題であると考える。

追悼 西里喜行先生

本書に寄稿された琉球大学名誉教授の西里喜行先生は、二〇二四年二月二日、八十五歳でご逝去された。先生は私と同じ竹富島生れであるが、私が幼少の頃島を出られたので、先生の知己を得たのは「西塘《にしとう》考」(琉球大学教育学部紀要第32集、一九八八年)という論文からであり、当時東京竹富郷友会のリーダーであった故阿佐伊孫良さんを介してであった。

その後、先生から札幌の拙宅にご質問のお手紙が届き、オヤケアカハチ戦争前後の八重山について意見交換をするようになった。先生は『球陽』『琉球国由来記』『朝鮮王朝実録』等の歴史資料をもとに、当時の八重山を西表島勢力圏と石垣島勢力圏に区分し、西表勢力圏は宮古との交渉ルートを持っていたと考えておられた。一方、私はユングゥトゥ・ユンタ・ジラバ・伝説・昔話・芸能の詞章をもとに古琉球や近世琉球の八重山の社会について考えた。その往復書簡は「西塘とその時代論争―西里・狩俣往復書簡―」として、『竹富町史だより』第21号・第22号に掲載していただいた。

私の力量不足や書簡という性格もあって、先生にとっては不十分な論争であったと思われる。が、記録資料中心の歴史学に加えて民俗学を活用することは、沖縄及び八重山の文化研究を豊かにする。と同時に、近代史学が導入される以前の庶民史は、伝承の中にあったとの共通認識を得ることになり、『竹富町史島々編』に「歴史と伝承」の章を設ける契機となった。

また、先生は、全国竹富島文化協会主催のシンポジウムの基調講演で、「西塘」をテーマにお話された。

その内容は、「アカハチ戦争後の八重山は、宮古の仲宗根豊見親《トゥイミャー》の次男の祭金《マツィリガニ》豊見親、三男の知利真良《チリマラ》豊見親、首里王府から派遣された満挽与人《マンピキユンチュ》が八重山を統治し、その後西塘は帰郷してカイジに蔵元を置いて八重山の頭職に就いた」（『星砂の島』第6号、二〇〇二年）と述べ、西塘の帰郷年と石垣島への蔵元移転に強い関心を示された。

そのシンポジウムでは、真栄里泰山沖縄大学客員教授（第五十七代沖縄竹富郷友会会長）が、「西塘の八重山統治は政治的には成功しながらも、石垣に園比屋武御嶽のような琉球王府の神を安置し得ず、八重山の神々の琉球への精神的な統合は、後世の歴史にゆだねなければならなかった政治問題があったのではないか。琉球王国に統合された八重山には西塘において終わることのなかった淵の深さがあり、それはなおも沖縄のアイデンティティーに関わる課題としてあるのではないかと思うのです」（『星砂の島』第6号、二〇〇二年）と述べられたが、先生は竹富島・八重山・琉球沖縄の多角的な視点からのアイデンティティーについて考えておられた。そして、今の沖縄の政治問題をはじめ、さまざまな問題を克服するには、前提としての島々村々のアイデンティティーについて考えるべきであり、各地域の独自性を踏まえて、首里城を核とした琉球沖縄の思想を検討する必要性を説かれた。その見解は先生の庶民目線の歴史観であったと思われる。

本書のご執筆を依頼したときも、先生は「首里城が火災に遭ったことで、ウチナーンチュは、沖縄のアイデンティティーの重要な象徴が首里城であることに改めて気付いたと思われる」と話され、本書の「歴史学の視点から見た大龍柱の向き」でもそのことについて述べている。要するに、沖縄の各地域が主体となって、琉球王府との関係性を考えることを通して首里城が正真正銘の県民の象徴になると考えておられたのである。

先生は〈琉球処分〉の歴史用語を改めて〈廃琉置県〉とされた。〈廃琉置県〉の造語は、松田道之編『琉球処分』

に記された「琉球藩ヲ廃シ沖縄県ヲ置キ」（下村富士夫編『明治文化資料叢書 第四巻 外交編』一五九頁、風間書房、一九六二年）によると思われる。先生に造語の真意を伺ったことはないが、鳥越皓之先生（沖縄県今帰仁村生れ、早稲田大学名誉教授、父は宗教史・歴史学の鳥越憲三郎氏）から「沖縄は何も悪いことをしていないのに、なぜ処分されないといけないのか」という見解を伺ったときから、〈廃琉置県〉の造語も、先生の庶民目線の琉球沖縄の歴史観が生み出したものであると考えるようになった。

先生は『歴代宝案』の研究をはじめ、琉中関係の著名な歴史学者であったが、そのお忙しい中、沖縄竹富郷友会の第六十一代会長をつとめられた。ただし、それは〈愛郷心の強さ〉という言葉では不十分である。先生の庶民目線の学問が生み出した〈愛郷心〉だったからである。

（狩俣　恵一）

写真・図録等出典一覧

沖縄県立芸術大学附属図書館・芸術資料館……『寸法記』絵図、鎌倉芳太郎撮影：城元仲秋宴図・城元設営絵図・阿形大龍柱と欄干親柱のホゾ穴・阿形龍柱正面向きの写真
那覇市立歴史博物館……「御普請絵図帳」大小龍柱石階段欄干の絵図
雄山閣……監修国立劇場おきなわ・麻生伸一・茂木仁史編著『冊封琉球全図―一七一九年の御取り持ち』冊封儀注・中秋之宴図・『中山傳信録』中山王府中秋宴図
石垣島桃林寺……阿吽仁王像
プロジェクト・オーガン出版局……石井義治写真『白装束の女たち　神話の島・久高』イザイホーの七つ橋
内閣府沖縄総合事務局「首里城復元に向けた技術検討委員会報告資料」（安里進「平成復元の検証」）……大龍柱 Sc- 博 6・大龍柱 Sc- 理 2016-59・沖縄神社拝殿実測図トレース・御冠船之時御道具之図
沖縄県立博物館・美術館……大龍柱 Sc- 博 6・浦添ようとれ（仲座久雄資料）
沖縄県立図書館……『国寶建造物沖縄神社拝殿図』二十三枚をA3の冊子体にまとめた『首里城正殿図面集』より、実測正面図、平面図、正面図
ぎょうせい……『琉球王府 首里城』平成復元の阿形大龍柱
座右宝刊行会……田辺泰『琉球建築』阿形の小大龍柱の写真
国立国会図書館……「デジタルコレクション沖縄風俗図絵」琉球國王城正殿の圖（東陽堂）https://www.dee-okinawa.com/topics/2021/12/15/001.jpg、コマ番号 7/36
西村貞雄作図……本文及び注で記す
浦本寛史作図……首里風水図・京都風水図・浮道図・玉陵図・大和殿の石階段欄干図

大龍柱関連文献

※西里喜行先生が作成した文献目録に狩俣恵一が追補した。

麻生伸一『首里城御普請物語』那覇市歴史博物館、二〇二二年
安里嗣淳「復元の教訓」琉球新報、二〇二〇年十一月十八日
安里進「平成復元の検証―報告資料(改訂版)」(『首里城復元に向けた技術検討委員会報告会資料』沖縄総合事務局)
二〇二二年二月十六日
安里進「大龍柱と台石の機能」琉球新報、二〇二二年九月二十八〜二十九日
安里進「首里城大龍柱の向きの検証(上・下)」琉球新報、二〇二二年二月十七〜十八日
安里進「首里城正殿と大龍柱の検討(中)」沖縄タイムス、二〇二〇年十一月十二日
安里進「変遷した大龍柱の向き」琉球新報、二〇二〇年十一月十八日
池宮正治『南島文化叢書17 琉球古語辞典混効験集の研究』第一書房、一九九五年
伊東忠太『琉球・建築』(『世界美術全集24』平凡社、一九二八年
伊東忠太「琉球紀行」『伊東忠太建築文献5』龍吟社、一九三六年
伊東忠太「琉球芸術の性質」『財団法人啓明会第15回講演集』財団法人啓明会事務局、一九二五年
伊従勉「首里城正殿「建てること・使うこと・描くこと」の歴史」首里城復元に向けた技術検討委員会報告会資料』
沖縄総合事務局 webサイト、二〇二一年一月三十日
伊従勉「首里城正殿と大龍柱の検討(上)」沖縄タイムス、二〇二〇年十一月十一日
伊従勉『琉球祭祀空間の研究』中央公論美術出版、二〇〇五年
内山郁恵編『別冊太陽スペシャル/首里城』平凡社、二〇二〇年

沖縄資料普及会『琉球遺宝史』成章館、一九七二年
沖縄タイムス記事「首里城再興 熱い意見／六人の専門家ら公開討論会」二〇二〇年十一月二十九日
沖縄タイムス特集記事「報道特集　首里城」二〇一九年十一月十五日
海洋博覧会記念公園管理事務所（財）総監修、勝連康之・鈴木嘉吉監修『琉球王府 首里城』ぎょうせい、一九九三年
鎌倉芳太郎『沖縄文化の遺宝』岩波書店、一九八二年
狩俣恵一「正面向きを支えた大きな台石（1・2・3・4）」琉球新報、二〇二二年九月十六、二十〜二十二日
川満信一編『復帰五〇年の記憶─沖縄からの声』藤原書店、二〇二二年
球陽研究会『球陽　原文編　読み下し編』角川書店、一九七四年
窪徳忠「宗教と民俗」『佛教文化学会紀要　一九九七巻六号』、一九九七年
窪徳忠『沖縄の風水』平河出版社、一九九〇年
窪徳忠『中国文化と南島』第一書房、一九八一年
熊谷謙介「1877年の首里城訪問─フランス人が見た琉球（上・中・下）」沖縄タイムス、二〇二〇年十一月二十〜二十二日
栗野慎一郎「首里城の謎と不思議を読む／龍柱、宗教的意義熟考／儀礼や構造からの理解必要」琉球新報、二〇二一年二月十一日
小島瓔禮『神道体系 沖縄』神道体系編纂会、一九八二年
国立劇場おきなわ監修、麻生伸一・茂木仁史編『冊封琉球全図　1719年の御取り持ち』雄山閣、二〇二〇年
阪谷良之進『首里城正殿（沖縄神社拝殿）特別保護建造物修理工事関係資料集』一九三三年
坂本万七『坂本万七遺作写真集　沖縄・昭和10年代』新星図書出版、一九八二年

櫻井満編『久高島の祭りと伝承』桜楓社、一九九一年
後田多敦「首里城大龍柱の本来の向きと「寸法記」イラストの検討―相対説はなぜ根拠イラストを誤読したのか―」『非文字資料研究』26号、神奈川大学日本常民文化研究所非文字資料研究センター、二〇二三年
後田多敦「世界遺産と首里城再建」琉球新報、二〇二二年一月十八日
後田多敦「首里城大龍柱／向きの検証（上・下）」琉球新報、二〇二二年七月二十六〜二十七日
後田多敦「歴史資料としての図版と写真、イラスト―首里城大龍柱の向き「改ざん」問題を事例に―」『歴史と民俗』40号、平凡社、二〇二三年
後田多敦「首里城復元で大龍柱の向きは相対と暫定決定―国の『検討委員会』報告会の報告―」『非文字資料研究センター News Letter』48号、神奈川大学日本常民文化研究所非文字資料研究センター、二〇二二年
後田多敦「首里城正殿大龍柱と「国の技術検討委員会」報告会（『琉球』89号）二〇二二年
後田多敦「ギルマール写真と伊藤勝一収集首里城正殿写真」『非文字資料研究センター News Letter』46号、神奈川大学日本常民文化研究所非文字資料研究センター、二〇二二年
後田多敦「正面を向いていた百浦添の大龍柱―「琉球処分」を乗り超えたTwo Hunge StoneDragons―」『琉球独立学研究』5号、琉球民族独立総合研究学会）二〇二二年
後田多敦「大龍柱の向きの根拠（上・下）」琉球新報、二〇二一年十月十九〜二十日
後田多敦「ギルマール写真と首里城正殿（上・下）」沖縄タイムス、二〇二一年一月二十七〜二十八日
後田多敦「東博首里城古写真を考える」沖縄タイムス、二〇二一年三月二十四日
後田多敦「大龍柱の受難史とその背景」『時の目―沖縄 N27』9号、二〇二一年
後田多敦「首里城正殿大龍柱の向きの検討―近代における大龍柱「改変」史から―」『非文字資料研究』23号、神奈川大学日本常民文化研究所非文字資料研究センター、二〇二一年

後田多敦「首里城正殿大龍柱の向き「改変」の意味―『復帰』50年―封印される『琉球』と恐れる『日本』」（『現代の理論DIGITAL』27号）二〇二一年
後田多敦「大龍柱　沖縄の歩みを象徴／歴史を根源的に問う機会に」沖縄タイムス、二〇二〇年十月十四日
後田多敦「首里城の大龍柱／歴史「改ざん」の危機」東京新聞、二〇二〇年十月三十日
後田多敦「確認された首里城最古の写真／従来の歴史像転換させる／大龍柱1877年は正面向き」沖縄タイムス、二〇二〇年十一月二十六日
後田多敦「ルヴェルトガ写真／龍柱置県前も正面向き／琉球国末期の姿伝える」琉球新報、二〇二〇年十二月一日
首里城研究グループ編『首里城入門―その建築と歴史』ひるぎ社、一九八九年
首里城公園友の会編『首里城研究1号～20号』一九九四～二〇一八年
首里城公園友の会編『首里城の復元―正殿復元の考え方・根拠を中心に―』海洋博覧会記念公園管理財団、二〇〇三年
首里城復元期成会編『首里城復元期成会会報1号～25号』首里城復元期成会、一九八二～二〇〇七年
首里城復元期成会編『蘇る首里城　歴史と復元』首里城復元期成会、一九九三年
高良倉吉「総括的な視点から」『首里城復元に向けた技術検討委員会報告会資料』沖縄総合事務局webサイト、二〇二一年一月三十日
高良倉吉監修、島村幸一編『首里城を解く―文化財継承のための礎を築く』勉誠出版、二〇二一年
高良倉吉「大龍柱向き合う理由」琉球新報、二〇二〇年十月三十一日
高良倉吉「首里城復元の経緯と意義に関する覚書」『沖縄文化協会創設70周年記念誌』沖縄文化協会、二〇二〇年
高良倉吉『琉球王国史の探究　琉球弧叢書26』榕樹書林、二〇一一年
高良倉吉「コラム 国建抜きに首里城復元は語れない」株式会社国建HP - 国建の半世紀、http://www.kuniken.co.jp/

history/index.html
高良倉吉「首里城正殿に関する建築史年譜」『沖縄県立博物館紀要第14号』一九九八年
田辺泰『琉球建築』座右宝刊行会、一九七二年
照屋正賢「近世琉球の都市計画」『沖縄の風水』平河出版社、一九九〇年
當間嗣一「頭部のノミ跡丸見えに」琉球新報、二〇二〇年十月三十一日
豊見山和行「首里城正殿と大龍柱の検討（下）」沖縄タイムス、二〇二〇年十一月十三日
永津禎三「首里城大龍柱 技術検討委への指摘（上・下）」琉球新報、二〇二二年三月十五～十六日
永津禎三「絵図の「読み」とは何か／首里城大龍柱の向きを考える（上・下）」沖縄タイムス、二〇二一年九月十五～十六日
永津禎三「大龍柱（下）」琉球新報、二〇二〇年十月一日
那覇出版社編集部『写真集　首里城』那覇出版社、一九八七年
那覇出版社編集部『写真集 沖縄　失われた文化財と風俗』那覇出版、一九八四年
那覇市歴史博物館編『国宝「琉球国王尚家関係資料」資料集／首里城御普請物語』那覇市、二〇二〇年
西村貞雄「絵図による混乱　首里城大龍柱（上・下）」琉球新報、二〇二二年五月十七～十八日
西村貞雄「首里城大龍柱　向きをひもとく（上・中・下）」、」琉球新報、二〇二二年十一月一～三日
西村貞雄「大龍柱の特殊性について」『琉球89号』、二〇二二年
西村貞雄「大龍柱（上・中）」琉球新報、二〇二〇年九月二十二～二十三日
西村貞雄「独自性と大龍柱」（上・下）」沖縄タイムス、二〇二〇年九月二十二～二十三日
西村貞雄「琉球処分後の沖縄の文化財―琉球王朝の造形文化を通して―」『沖縄キリスト教学院大学論集第8』、二〇一一年

西村貞雄「ベトナム・グェン王朝その龍と首里城の龍」『なんぶ文芸第4号』沖縄県南部文化連合会刊行、二〇一一年
西村貞雄「世界遺産・首里城と沖縄の造形文化」（琉球歴史研究会講演資料）、二〇一〇年
西村貞雄「政変から見る首里城の形」『やちむん会誌 第15号』、二〇〇九年
西村貞雄「薩摩侵政400年　龍柱の形とは」『やちむん会誌 第15号』、二〇〇九年
西村貞雄「首里城周辺の建築物と彫刻に関する意匠の共通性と独自性について」『琉球大学教育学部紀要（72）』二〇〇八年
西村貞雄「首里城の形について一復元を通して」『民族藝術 VOL19』、二〇〇三年
西村貞雄「世界文化遺産と首里城の謎」『Recurrent　Education—移動大学の活眼と郷学講義録 23 稿』琉球大学教育学部移動大学研究会編、二〇〇二年
西村貞雄「首里城正殿の龍の構成—美意識から」『澪 BAKEN—仲井間憲児還暦記念論集』仲井間憲児先生還暦記念論集刊行会編、一九九九年
西村貞雄「首里城正殿の建築に付随する彫刻の意匠としての解明」『平成八年度～平成九年度科学研究費補助金基盤研究（C）（2）研究成果報告書』、一九九八年
西村貞雄「首里城正殿大龍柱の形態と台座及び欄干についての考察」『ドラゴンブックレットNO.3』ドラゴンブックレット刊行会、一九九七年
西村貞雄「首里城正殿の龍の配置と様式についての考察」『琉球大学教育学部紀要第一部・第二部（48）』、一九九六年
西村貞雄「首里城正殿の龍についての考察」『琉球大学教育学部音楽科論集（2）』、一九九六年
西村貞雄「昭和の解体修理後の大龍柱と形態についての考察」『ドラゴンブックレットNO.2』ドラゴンブックレッ

ト刊行会編『首里城正殿予備設計報告書』沖縄総合事務局国営沖縄記念公園事務所、一九九六年
西村貞雄「復元に関する文化行政の反省と提言」『新しい教育行政学の創造—生涯教育行政学とは何か—島袋哲教授退官記念論文集刊行会』編、三菱印刷えにし出版、一九九五年
西村貞雄「大龍柱の正面性を仁王像の構えや末広がりの階段との関係からの考察」『琉球大学教育学部教育実践研究指導センター紀要（3）』、一九九五年
西村貞雄「絵図についての考察—「百浦添御殿普請付御絵図并御材木寸法記」の絵図をとおして」『ドラゴンブックレットNO.1』ドラゴンブックレット刊行会、一九九五年
西村貞雄「首里城正殿大棟龍頭棟飾りについての考察」『琉球大学教育学部紀要第一部・第二部（42）』、一九九四年
西村貞雄「首里城正殿・大龍柱の「向き」についての考察」『琉球大学教育学部紀要第一部・第二部（42）』、一九九三年
西村貞雄「首里城正殿の彫刻（龍柱等）の意味するもの」『博友　第8号』沖縄県立博物館友の会機関誌、一九九三年
西村貞雄「首里城正殿実施設計（彫刻）報告書」沖縄総合事務局国営沖縄記念公園事務所、一九九〇年
西村貞雄「首里城正殿大龍柱（縮尺1／5）復元経過について」『首里城正殿予備報告書』沖縄総合事務局国営沖縄記念公園事務所、一九八八年
西村貞雄「龍柱について」『琉球大学教育学部紀要第一部・第二部（33）』一九八八年
野々村孝男『首里城を救った男—阪谷良之進・柳田菊造の軌跡』、ニライ社、一九九〇年
比嘉景常「首里城正殿の大龍柱に就いて（一・二・三）」、「百浦添御普請日記1728-29年」抜書き、琉球新報一九四〇年一月一日～六日

比嘉春潮「首里城正殿の龍柱」『比嘉春潮全集第五巻』沖縄タイムス社、一九七三年
比嘉朝健「琉球の石彫刻龍柱」、アトリエ、一九二六年
文化庁監修『月刊文化財700号』第一法規、二〇二二年一月
外間守善・波照間永吉編著『定本 琉球国由来記』角川書店、一九九七年
真栄平房敬『首里城物語』ひるぎ社、一九八九年
真境名安興「笑古漫筆」『真境名安興全集第三巻』琉球新報社、一九九三年
宮城鷹夫（文）・石井義治（写真）『白装束の女たち「神話の島・久高」』プロジェクト・オーガン出版局、一九七八年
宮城久緒「大龍柱向きの論点／繰り返した正殿再建／一九九二年復元は「寸法記」根拠」琉球新報、二〇二〇年十一月十四日
文部省沖縄神社拝殿修理事務所編『國宝建造物沖縄神社拝殿実測図』は二十三枚の大型図で箱入り。その二十三枚をA3の冊子体にしたものが『首里城正殿図面集』、いずれも沖縄県立図書館蔵、一九二八〜一九三三年
琉球新報記事「大龍柱向き再検討へ／首里城討論会・復元委・高良氏が言及」二〇二〇年十一月二十三日
琉球新報特集記事「甦れ 首里城」二〇一九年十二月二日

執筆者略歴

狩俣恵一（かりまた けいいち）一九五一年沖縄県竹富島生まれ。國學院大學大學院文學研究科博士課程後期（日本文學専攻）満期退学一九八二年。博士（民俗学）國學院大學二〇〇〇年。沖縄国際大学名誉教授。沖縄国際大学南島文化研究所特別研究員。
主な編著書『種子取祭』瑞木書房（改訂版二刷）二〇一九年、『芸能の原風景─沖縄県竹富島の種子取祭台本集─』（改訂増補版）瑞木書房二〇〇四年、『琉球の伝承文化を歩く2─西表・黒島・波照間の昔話』三弥井書店二〇〇三年、『南島歌謡の研究』瑞木書房一九九九年、『南島昔話叢書9 八重山諸島竹富島・小浜島の昔話』同朋舎出版一九八四年。

熊谷謙介（くまがい けんすけ）一九七六年宮城県仙台市生まれ。神奈川大学教授。神奈川大学日本常民文化研究所非文字資料研究センター研究員。Ph.D（文学）パリ＝ソルボンヌ大学二〇〇六年。東京大学大学院総合文化研究科博士課程単位取得退学二〇〇八年。
主な編著書 La Fête selon Mallarmé, L'Harmattan, 2008、『18世紀ヨーロッパ生活絵引─都市の暮らしと市門、広場、街路、水辺、橋』非文字資料研究センター二〇一五年、『破壊のあとの都市空間─ポスト・カタストロフィーの記憶』青弓社二〇一七年、『男性性を可視化する─〈男らしさ〉の表象分析』青弓社二〇二〇年、『動物×ジェンダー─マルチスピーシーズ物語の森へ』青弓社二〇二四年。

崎浜靖（さきはま やすし）一九六四年沖縄県本部町生まれ。沖縄国際大学教授。沖縄国際大学南島文化研究所所員。立正大学文学部地理学科卒。同大学院博士後期課程満期退学。文学修士（立正大学）一九九一年。
主な著書（共著）『「沖縄1972年」考 返還・復帰・再併合』（Ryukyu企画、二〇二三年）、『日本の地誌10 九州・沖縄』（朝倉書店、二〇一二年）、『地域の諸相』（古今書院、二〇一〇年）。

後田多敦（しいただ あつし）一九六二年沖縄県石垣市生まれ。神奈川大学教授。神奈川大学日本常民文化研究所非文字資

料研究センター研究員。神奈川大学大学院歴史民俗資料学研究科前期課程修了。博士（歴史民俗資料学）。沖縄国際大学南島文化研究所特別研究員。
主な著書　『救国と真世—琉球・沖縄・海邦の志史』（Ryukyu 企画、二〇一九年）、『琉球の国家祭祀制度—その変容・解体過程』（出版舎 Mugen、二〇〇九年）、『琉球救国運動』（出版舎 Mugen、二〇一〇年）、『「海邦小国」をめざして』（出版舎 Mugen、二〇一六年）。「歴史資料としての図版と写真、イラスト—首里城大龍柱の向き「改ざん」問題を事例に」（『歴史と民俗』40号、平凡社、二〇二三年）。

田場 裕規（たば ゆうき）一九七二年沖縄県那覇市生まれ。沖縄国際大学教授。沖縄国際大学南島文化研究所所員。兵庫教育大学大学院学校教育研究科教科・領域教育学専攻言語系コース国語分野修了二〇〇九年、修士（学校教育学）。
主な論文等　「憂鬱なることばの教育—『琉球板本六諭衍義大意』をめぐって」『沖縄国際大学日本語日本文学研究』26巻2号 二〇二二年、沖縄芝居実験劇場の挑戦—『嵐花—朝薫と朝敏—』をめぐって」『沖縄を求めて沖縄を生きる 大城立裕追悼論集』インパクト出版会 二〇二二年、「琉舞・組踊 継承の現場から」（沖縄タイムス 芸能欄）連載二〇二二年五月〜。

西里 喜行（にしざと きこう）一九四〇年 沖縄県竹富島生まれ。二〇二四年二月二日没。京都大学大学院文学研究科博士課程（東洋史学専攻）一九六九年。文学博士（京都大学）二〇〇四年。琉球大学名誉教授。
主な著書　『清末中琉日関係史の研究』京都大学出版会二〇〇五年、『バウン号の苦力反乱と琉球王国 揺らぐ東アジアの国際秩序』榕樹書林二〇〇一年、『近代沖縄の寄留商人』ひるぎ社一九八二年、『沖縄近代史研究 旧慣温存期の諸問題』沖縄時事出版一九八一年、『論集・沖縄近代史 沖縄差別とは何か』沖縄時事出版一九八一年。

西村 貞雄（にしむら さだお）一九四二沖縄県佐敷村新里生まれ。東京芸術大学大学院美術研究科彫刻専攻課程修了一九七〇年。琉球大学名誉教授。
主な作品・論文　「首里城周辺の建築物と彫刻に関する意匠の共通性と独自性について」『琉球大学教育学部紀要（72）』二〇〇八年、首里城正殿復元にともなう彫刻復元制作および下絵制作（一九八六〜一九九二年）、「龍柱について」『琉球大学教育学部紀要第一部・第二部（33）』一九八八年、第61回二科展彫刻部《僻日》特選賞一九七六年、第50回春陽展《孤影》入選一九七四年。

火難の首里城
— 大龍柱と琉球伝統文化の継承 —

2024年7月12日　第1版1刷発行

編著者　狩俣恵一　田場裕規
装　幀　宗利淳一
発行人　川満昭広
発　行　株式会社インパクト出版会
東京都文京区本郷2-5-11 服部ビル2階
Tel 03-3818-7576 Fax 03-3818-8676
impact@jca.apc.org http://impact-shuppankai.com
郵便振替　0010-9-83148

印刷・製本　モリモト印刷